KB117834

철학, 인간을 답하다

나를 비추는 10개의 거울

철학,
인간을
답하다

신승환 지음

21세기북스

· 차례 ·

인간은 나약하기 그지없는 존재이지만
생각함으로써 우주보다 더 위대한 존재가 된다.

－파스칼B. Pascal

거울에 비춰 본 인간

1

우리는 언제부터 사람이 된 것일까? 인간은 어머니와 아버지로부터 생명을 선물받으면서 태어난다. 태어나는 순간 우리는 생물학적으로는 사람이다. 그럼에도 "사람이 돼라" 혹은 "사람답지 못한 놈"이라거나 "사람이면 다 사람이냐, 사람이라야 사람이지" 등과 같이 '사람다움'에 대해 이야기한다.

대체 '사람답다'는 것은 무엇일까? 우리는 언제부터 사람이었을까? 우리를 사람으로 태어나게 만든 어머니와 아버지는 언제부터 사람이었을까? 이런 물음에 대해 종교나 철학에서 주는 답과 자연과학에서 내놓는 대답은 저마다 다르다. 종교에서는 우리에게 생명을 주고, 인간을 인간으로 만들어준 절대적 존재를 그 답으로 내세운다. 철학 역시 이런 면에서는 근본적으로 큰 차이가 없다. 비록 절대자에 대한 믿음이나 창조를 주장하지는 않지만, 그래도 생물학적 차원을 넘어 인간의 인간다움과 인간의 본질 등을 언급하며 '인간이 되는' 특별한 계기에 대해 말하고 있지 않은가.

우리는 거울에 자신의 얼굴을 비춰 보려 한다. 그 거울은 우리의 인간다움을 비춰준다. 그것은 나를 나로 보여주는 거울이자, 인간으로 하여금 자신을 이해하게 하는 거울이다. '인간의 거울'이라고 표현할 때 소유격인 '인간의'는 목적어임과 동시에 주어이기도 하다. 거울에 비친 인간을 바라본다는 의미에서는 목적어적이지만, 인간이 스스로를 이해하고 규정하는 자기의 거울이란 관점에서는 인간이 지닌 거울이다.

그래서 이 거울은 주어적이다. 그 어떤 경우이든 거울은 인간이 자기이해를 밝혀내는 도구이므로 인간 존재의 얼굴이다. 또한 인간은 그 거울을 탐하고 욕망하며, 그것을 통해 자신의 성취를 확인하려 한다. 그런 까닭에 거울은 인간이 향하는 목적지이기도 하지만 자신의 존재가 실현되는 얼굴이기도 하다. 내가 책임져야 할 나의 얼굴 말이다.

이 거울은 존재의 맨얼굴을 비추지만, 다른 한편으로는 분장한 얼굴을 비추기도 한다. 욕망과 권력의 거울인 이것은 자본의 거울로 나타나는가 하면 때로는 허무의 거울이기도 하고, 자신의 실존에 가슴 떨려 하는 흔들림을 비추기도 한다. 이 거울은 인간을 자기 도취에 빠뜨리는 욕망의 늪일 때도 있고, 자신을 되돌아보는 성찰의 거울이 될 때도 있다. 인간이 스스로를 이해하는 모습이 이 거울을 통해 드러나기에 이것은 자기이해의 거울이다. 또한 그 모습을 보면서 우리는 우리가 찾아가야 할 존재의 얼굴을 만들어갈 수도 있다. 이 거울은 인간의 자기이해가 재현된 표상이다.

2

신화의 세계에서 거울은 매우 중요한 의미를 지닌다. 단군신화에서는 단군의 아버지인 환웅이 천제天帝로부터 거울, 칼, 방울 등의 세 가지 천부인天符印을 받았다고 전해진다. 그중 하늘의 능력 또는 예지력을 상징하는 성스러운 물건인 거울은 때때로 점술적인 측면에서 이해되기도 한다. 점을 치는 마법사가 지닌 신령한 물건도 바로 거울이지 않은가.

　거울은 또한 자신의 마음을 비추는 얼굴이기도 하다. 그 마음은 자신다움을 보여주는 얼굴이기도 하지만 때로는 그것에 자신의 욕망이 투영되어 왜곡되어 보이기도 한다. 백설공주의 계모인 왕비는 매 순간 거울에게 묻는다. "거울아, 거울아! 세상에서 제일 아름다운 사람은 누구니?" 매일 확인하는 자신의 아름다움, 그 욕망을 남김없이 보여주는 것이 거울이다.

그런 의미에서 거울은 우리의 마음이다. 백설공주의 왕비와 달리 많은 사람들은 이 거울을 자신을 비추는 성찰의 도구로 이해한다. 그 거울은 뉘우침과 회한의 거울이기도 하며, 때로는 깨달음을 상징하는 거울이기도 하다. 이런 은유는 마음의 깨달음을 강조하는 선불교에서 자주 찾아볼 수 있다.

점진적으로 도를 닦아야 깨달음에 이를 수 있다고 주장했던 당나라 때의 북종선北宗禪에서는 '마음을 닦아 깨달음에 이른다'는 은유를 거울로 표현한다. 북종선의 시조 신수神秀는 "몸은 보리수요 마음은 맑은 거울, 부지런히 털고 닦아서 때 묻지 않도록 하라"라는 게송偈頌을 남겼다. 그러나 순간의 깨침을 강조하는 남종선南宗禪의 시조인 혜능慧能은 마음이란 거울은 본래 있지 않다고 했다. 즉, 그러니 갈고 닦을 것도 없다는 뜻이다.

혜능의 제자 중 가장 중요한 선사인 마조도일馬組道一의 일화는 이런 사실을 잘 보여준다. 제자 시절, 도道를 깨치기 위해 온종일 좌선하는 그를 보면서 스승이었던 남악회양南岳懷讓은 벽돌을 갈기 시작했다. 호기심 어린 눈으로 무얼 하는지 묻는 제자에게 남악 선사는 "벽돌을 갈아 거울을 만들려고 한다"라고 대답했다. 온종일 행하는 좌선만으로 도를 깨치려는 것은 벽돌을 갈아 거울을 만들려는 것처럼 어리석은 행동일 뿐임을 경고한 것이다. 이 일화에서의 거울 역시 마음을 닦는 상징으로 나타난다.

거울에 비친 모습은 나의 마음과 나의 이해, 나 자신이 본 나의 얼굴이다. 그것은 본질일 수도 있지만, 나의 한계와 욕망, 무지의 어두움일 수도 있다. 그렇기 때문에 우리는 거울에 비친 얼굴을 보면서 우리 마음과 존재를 깨칠 수도 있지만, 욕망과 어리석음에 잠긴 거울로 인해 오히려 자신의 존재를 제대로 보지 못할 수도 있다.

이 모든 것은 거울에 비친 얼굴을 보는 내게 달려 있다. 예지력과 영적인 힘을 은유하는 이 거울이라는 도구에 우리는 우리가 보지 못하는 우리의 본모습, 맨얼굴을 비춰 봐야 하지 않을까.

물론 이때의 거울은 그저 은유일 뿐이다. 그래서 우리는 성서에서 말하듯 '모든 것을 깨치게 되는 그때가 되면 거울에 비춰 보듯이 희미하게 보지 않고, 얼굴과 얼굴을 마주하면서 남김없이 그 본모습을 볼 수 있을 것이다.'(「고린도전서」 13 : 12) 그리스 교부 철학자들은 이것을 일컬어 '본질직관'이라 했고, 장자莊子 역시 이와 비슷한 의미로 "성인의 마음은 천지를 그대로 비춰주는 거울이며, 만물을 있는 그대로 비춰주는 거울이다"라고 말한 바 있다.

3

거리의 인문학이 흘러넘치고 인문학 관련서들이 서점을 가득 덮고 있는 요즘이지만 외려 학문으로서의 인문, 체계로서의 인문학은 죽어가고 있다. 철학의 종말, 인문학 위기에 대한 담론은 이미 진부하기 이를 데 없는 이야기가 되었다. 거리의 인문학을 보면 인문학의 전성기 같지만 학문으로서의 인문학이 고사되면 일상의 인문학도 함께 사라질 뿐이다. 그 풍성함은 거짓된 것이다.

무엇이 문제일까. 현실을 성찰하지 않는 제도권의 인문학이 문제일까, 아니면 인문학을 자신의 필요에 따라 이용하는 현실이 문제일까. 자신의 존재와 그 현재를 성찰하지 못하는 인문학이 죽어갈 수밖에 없다면, 현실의 모순과 한계를 메우고 그저 힐링healing과 치유의 차원에 머무르는 인문학도 결국 사라지고 말 것이다.

어떤 경우에도 인문학이 자본의 모순과 그 빈 틈새를 메우는 여분의 학문이 되어서는 안 된다. 그것은 인문학에 대한 배반이다. 그리고 그런 인문학은 사라질 수밖에 없다. 인간에 대한 우리의 생각은 인문학적 성찰로 이어져야 하며, 인문학은 현실의 모순과 한계를 경고하고 비판하는 예언豫言의 학문으로 자리해야 한다. 여기서 말하는 예언은 점술적인 관점에서의 예지豫知가 아닌, 참다운 말을 맡아 이를 실현하는 예언預言이다. 다시 말해 인문학은 '훗날 무슨 일이 벌어질 것이다'라는 점술이 아니라 '참다운 삶이란 이런 것이며, 그렇게 살려고 하지 않을 때 너는 살아 있되 살아 있지 않은 인간이 될 것이다'라는 경고를 담은 것이다.

영화 〈매트릭스Matrix〉에서 모피스는 인공지능이 지배하는 매트릭스에 갇혀 있는 네오에게 이렇게 말한다. "파란 약을 먹으면 넌 침대로 돌아가서 잠들 것이고 내일 아침 일어났을 때 아무것도 기억하지 않은 채로 그냥 살아갈 거야. 하지만 빨간 약을 먹으면 고통스러운 '진실'을 알게 되지." 어떤 길을 갈 것인지, 선택은 자신에게 달려있다.

인간에 대한 학문은 사회에 찌든 인간에게 헛된 위안을 주는 마약이 될 수 없다. 인간 이해의 학문은 치유나 힐링이 아닌 존재의 문제를 다루어야 하고, 그렇기 때문에 그 배움은 인간의 존재를 되돌아보고, 그 문제를 넘어 자신을 올바르게 바라보는 인간의 학문이 되어야 한다. 철학을 비롯한 인문학은 본질적으로 인간에 의한, 인간의 학문이다. 신학과 다르게 철학은 인간을 말하며, 과학과 다르게 인간학은 자연에 대한 객체적 지식이 아닌 자기존재에 대한 성찰을 말한다. 이러한 인간학은 그 본질에서부터 철학적이다.

따라서 철학이라는 거울에 얼굴을 비춰 보는 것은 단순히 욕망을 투영하는 것이 아니라 자신의 내면을 성찰하는 것이어야 한다. 철학적이며 인간학적인 학문은 인간에 대한 이해를 거울에 담아 나의 맨얼굴을 되돌아보게 하고, 욕망으로 성형하지 않은 얼굴을 보면서 자신이라는 존재의 의미를 깨닫고 나아가야 할 길을 보게 한다. 내 삶의 무늬(紋)를 보면서 가져야 할 결(理)을 살피는 것, 내 존재에서 욕망과 거짓을 비우고, 의미로 채워가는 것이 사람다움의 길이다.

이 책은 그 길 위에 서 있는 사람의 얼굴을 거울에 비춰 볼 것이다. 그 거울은 어쩔 수 없는 숙명적인 것이기도 하지만, 시대에 따라 달라지기도 한다. 그렇기 때문에 이 책은 전통적인 측면에서의 '철학적 인간학'이 아니라, 현재의 거울에 나의 맨 얼굴을 비춰보는 생각함이다.

/ 1장 /
자기의 거울

나의 존재와 역사, 나의 이야기와 의미가
사라진 곳에 자리하는 이따위 것들은 과연 무엇일까.
한 줌의 성공과 바꾼 나의 이야기,
그 존재와 의미는 너무 아깝지 않은가.

01
이야기하는
존재

....

삶의 근원을 찾아서

인류의 조상은 초원savanna이란 터전에서 삶을 시작한 뒤 오랫동안 유목생활을 했다고 한다. 농경생활이 시작되어 정착문화를 이룩한 것은 비교적 최근의 일로 추정된다. 이때가 대략 1만 년 전쯤이니 우리 조상은 대부분의 시간을 수렵과 채취에 쓰는 유목민으로 살았던 것이다. 유목민이란 초원과 사막 등지에 가축을 방목하면서 살아가는 사람들이다. 그런 삶의 모습은 오늘날에도 몽골 같은 곳에 여전히 남아 있다.

몽골은 한반도보다 약 여덟 배 정도 넓지만 인구는 280만 명 정도다. 그중 30% 정도가 유목민이니 대략 85~90만 명 정도가 여전히 이런 삶을 살고 있는 셈이다. 이들은 가축에게 필요한 목초지를 따라 떠돌며 살고, 정착이 아닌 방랑하는 그 과정에서 자신의 삶을 찾는다. 또는 유럽의 집시처럼 유목을 하지 않음에도 아예 방랑 자체를 삶으로 이해하는 존재적 유목민도 있다. 현재 전 세계에는 약 3,500~4,000만 명 정도의 유목민이 존재하는 것으로 추정된다.

유고슬라비아의 에밀 쿠스트리차Emir Kusturica 감독이 1989년에 만든 〈집시의 시간Time of the Gypsies〉은 현대 유목민의 삶과 방황을 잘 보여주는 걸작으로, 1980년대를 대표하는 10대 걸작 영화에 선정되기도 했다. 방랑 속에서 자신의 존재를 보는 유목민의 삶은 어떠했을까.

유목민의 일상은 낮과 밤이 같지 않다. 낮의 삶은 목초지를 찾아 끊임없이 떠도는 가운데 이루어진다. 그들의 친구는 자연이지만, 그 자연이 문제가 되기도 한다. 사람조차 그러하다. 때로는 낯선 부족과 마주치게 되는데, 다툼 없이 지나가면 다행이지만 불가피하게 목숨을 건 싸움을 벌이기도 한다. 또 가뭄이나 추위 같은 급격한 기후 변화는 방목하던 가축을 떼죽음으로 몰아넣어 생존에 위협을 주기도 할 것이다. 냉혹한 자연환경과 늘 떠돌아다녀야 하는 그들의 생활에서 우리가 지금 누리는 문화적 혜택이나 풍요로움은 기대하기 어렵다. 그들에게 자연은 생존에 직결되는 가장 중요한 조건이고, 같은 부족 이외의 다른 것들은 대부분 경계의 대상이거나 위협적 존재로 여겨진다.

그럼에도 그들은 우리처럼 사랑하고, 희망하고, 내일의 삶을 생각하며 살 것이고, 어려운 환경에서도 서로를 돌보며 보다 풍성하고 의미 있는 삶을 만들기 위해 노력할 것이다. 타인은 적이기도 하지만 친구일 때도 있고, 자연과 싸워야 하지만 동시에 그것과 함께 지내야만 한다. 공동체를 받아들이고, 역사와 문화를 만들었으며, 오늘과 내일을 생각하면서 지난날을 되돌아보기도 한다. 자연과 인간, 역사와 문화, 그 시간과 어울려 살아가는 그들의 삶은 인간적인 관점에서 우리가 유래한 삶의 근원이다.

한편 유목민의 밤은 어떠했을까. 모닥불을 피워놓고 모여 앉아 그들은 낮에 있었던 사건에 대해 이야기하고, 가혹한 자연 속에서 살아남을 수 있는 방법에 대해 토론하기도 했을 것이다. 『구약성서』에 나타난 유목민은 그들의 선조인 아브라함이 겪은 고난과 신적인 체험, 노아의 방주 이야기를 통한 벌과 언약의 체험, 또는 노예 생활을 벗어나 40여 년이나 광야를 방황했다는 모세의 영웅담을 듣기도 했다.

유목민들은 쏟아지는 별을 보면서 그들의 경험을 되새기고 현재의 삶을 돌아보며 미래의 삶에 대해 이야기했는가 하면, 흩어져 있는 하늘의 별을 보며 그 별에 자신들의 삶을 투영한 이야기를 엮어내면서 별자리를 만들기도 했다. 그들의 역사와 서사는 그렇게 만들어져왔고, 그것은 대를 이어 후손들에게 전해졌으며, 후손들은 그 이야기에 자신들의 경험과 해석을 덧붙여 그것을 새롭게 이어갔을 것이다. 그리고 우리에게는 바로 그런 이야기가 전승되고 있다.

말하자면 하늘에 떠 있는 별을 보며 별자리를 만들고, 그 별자리에 이야기를 만들어놓았을 때 인간은 인간이 된 것이다. 서양의 별자리와 우리의 별자리는 서로 다르다. 같은 별을 보면서도 우리는 다른 별자리와 다른 이야기를 만들었고, 그 이야기를 통해 인간은 자연을 이해하고, 자신의 과거를 되돌아보았고, 현재의 삶을 설명했다. 또한 다가올 시간과 더불어 불가사의하지만 도저히 피해갈 수 없는, 죽음과 같은 사실들에 대해 해명하고자 했다. 과연 죽은 자의 영혼이 저 하늘 어디에 모여 상과 벌을 받는 것일까? 그들은 우리를 지켜보다가 가끔 우리에게 와서 하소연하고, 복수하거나 또는 우리를 지켜주는 것일까? 이들을 관리하는 어떤 초월적인 힘이 존재하는 것일까?

농경문화를 이룩한 뒤에도 서로 이야기를 나누고 이를 전승하며 살아가는 삶의 방식은 그대로 이어졌다. 우리 전래동요를 보면 이런 가사의 노래가 있다.

부엉 부엉새가 우는 밤

부엉 춥다고서 우는데

우리들은 할머니 곁에

옹기종기 모여 앉아서

옛날이야기를 듣지요

우리는 할머니 곁에서 어떤 이야기를 들었나? 여우가 나오는 산골 이야기를 들었을 수도 있고, 산 너머 마을의 이야기를 전해 들었을 수도 있다. 그 이야기는 선조들의 경험과 그에 따른 해석일 수도 있고, 때로는 규범 혹은 도덕적 명령이거나 단군 할아버지의 이야기일 수도 있으며, 활을 잘 쏘던 주몽이 맞서 싸운 중국 사람에 대한 이야기일 수도 있다.

신화와 전설은 왜 만들어졌을까

인류의 모든 공동체에는 이렇게 일정한 형태로 이야기를 기술한 신화와 전설, 민담이 전해진다. 그 신화가 전하는 이야기를 자세히 보면, 그 안에는 인간으로서 우리가 느끼는 근원적 문제는 물론 우리 공동체의 체험이 담겨 있음을 알게 된다. 신화와 전설은 인간이 마주친 문제에 대한 해명과 역사적 체험은 물론, 그들이 바라는 미래에 대한 바람을 이야기 형태로 전하고 있다. 따라서 자신들만의 신화와 전설, 이야기를 지니지 않은 사람이나 공동체는 존재하지 않는다.

왜 모든 인간과 공동체는 나름의 이야기와 신화를 간직하는 것일까. 인간은 근본적으로 그들의 세계와 존재에서 부딪히는 문제를 해명하고 이해하려는 노력을 지닌 존재이기 때문이다. 인간은 자신이 접하는 세계와 다른 사람에 대해서는 물론 자신의 기원과 역사,

자신이 속한 공동체에 대한 것, 나아가 나라는 존재의 근원적 문제에 대해서도 이해하고 해명하고자 하는 의미론적 존재다. 그러한 본성은 죽음과 자신을 초월하는 힘에 대한 이야기 또는 그런 문제에 대해 설명하려 했던 원초적 이야기로 나타나기도 했는데, 그 최초의 형태가 신화다.

인간의 원초적 이해를 담은 이야기인 신화에는 야생의 사고가 담겨 있다. 그와 동시에 놀라운 자연의 힘을 내면화하려는 인간의 욕망, 그리고 도저히 이길 수 없는 자연의 힘과 하나가 되려는 간절함도 내포되어 있다. 1839년 발견된 메소포타미아의 길가메시Gilgamesh 신화가 단적인 예다. 이 서사신화에 담긴 내용은 어쩌면 인간에 대한 이야기 중 가장 오래된 것일 듯하다. 그 이야기는 결코 과학적 사실에 대한 기록이 아니라, 인간이 처음으로 이야기를 통해 자신의 존재를 되돌아본 거울이다.

'이야기한다'는 인간의 독특한 행동은 모든 사물을 이해하고 해석하려는 본성에서 시작되었다. 그래서 독일 철학자 하이데거M. Heidegger는 인간의 실존적 특성을 이해와 해석에서 찾고 있다. 이러한 이해와 해석이 방법론적 과정을 거쳐 지식으로 체계화될 때 우리는 이를 철학이라 부른다. 현재의 모든 학문은 이런 특성에서 비롯되었다. 인간이 마주하는 온갖 문제를 어떤 초월적인 힘에 의지해서 설명하려 했던 것이 신화라면, 자신의 관점에서 자신의 지성적 능력을 통해 합리적인 형태로 해명해보려는 데서 출발한 것이 철학이다.

예를 들어 하늘에서 눈이 내리면 우리는 왜 눈이 오는지를 물었다. 동요에서 보듯이 '하늘나라 선녀님들이 하얀 송이 눈송이를 자꾸 자꾸 뿌려'준다고 생각할 수도 있고, 증발한 수증기가 모였다가 어떤 자연적 조건이 갖추어지면 비가 되지만 그보다 차가운 공기에서는 결빙하면서 떨어지는 것이 눈이라고 설명할 수도 있으며, 분노한 창조주가 인간에게 내리는 재앙을 자연재해로 여길 수도 있다. '벼락 맞을 놈'이란 말은 무엇을 뜻하는가. 옛날에는 지진이나 혜성과 같은 자연재해를 두고 '인간이 저지른 죄에 대해 하늘이 분노한 것'이라고 생각하지 않았던가.

이처럼 인간은 자연현상이나 그 원인을 신화적 세계의 힘을 빌려 설명하거나, 이를 넘어 인간의 지성에 따라 이해하고 해명하려 하기도 했다. 흔히들 철학은 이런 태도에서 시작되었다고 말한다. 근대에 이르러서는 객관적 사실을 중심으로 그 이유를 찾고 지식을 찾는 과학이라는 학문이 등장하기도 했다.

인간이라면 누구나 자신이 당면한 문제에 대한 대답은 물론 근본적인 진리를 찾고자 하는 열망을 갖는다. 인간은 근원적으로 의미를 추구하는 존재이기 때문이다. 그래서 인간에게서는 다양한 형태의 이야기를 통한 인간의 얼굴이 보인다. 철학 역시 '이야기한다'는, 인간의 원초적이며 근본적인 본성에서 시작된 학문이라고 말할 수 있다. 즉, 철학의 본질은 '이해하고 해석하는 인간의 이야기'가 체계화된 것이다.

나만의 이야기를 잃어버린 사람들

전승된 이야기에는 전승된 삶이 담겨 있다. 삶에서 겪은 일과 그에 대한 기억, 가족과 공동체를 지키기 위한 노력, 적과 친구에 대한 이야기, 험악한 자연과 기후에 따라 생겨난 일들이 그 안에 담겨 있었을 것이다. 전승된 이야기는 전설이나 민담, 설화일 수도 있고 신화로 표현되기도 한다. 그것은 거대한 서사narrative가 되는가 하면 시와 문학이 되기도 한다. 때로는 철학과 역사가 되고, 때로는 예술과 문화, 가끔은 이데올로기가 되어 사람을 옥죄기도 한다.

어떤 형태로든 그것은 과거의 경험과 미래에 대한 바람을 담고 있으며 지금 이곳에서 구체적 삶을 살아가는 우리라는 존재에 의해 이해되고 해석된다. 지난 이야기에는 삶과 존재는 물론 과거와 미래의 시간이 담겨 있다. 이렇게 살아 있는 이야기는 지금의 우리에 의해 새롭게 이해되고 해석되면서 우리의 삶과 존재를 의미로 매듭짓는다.

우리 삶은 일정한 때와 구체적인 어떤 곳에서 이루어진다. 삶은 때와 곳, 즉 현재라는 지평에서 형성된다. 그래서 삶의 현재는 '지금 여기hic et nunc'라는 시간과 공간, 그 씨줄과 날줄이 만나는 터전이다. 삶의 철학은 우리의 삶이 시간과 공간, 즉 '현재'라는 해석학적 지평에서 이루어진다고 말한다. 이 지평에서 이루어지는 삶이 이야기로 재현되는 것이다.

삶의 이야기는 나의 존재이고 역사이며, 나 자신이다. 그 안에는 사랑하는 이와의 관계, 나의 기쁨과 희망, 지난날의 고뇌와 미래의 꿈, 나의 잘못과 부끄러움, 실패의 아픔과 극복의 기쁨이 모두 담겨 있다. 거기에는 타인과의 관계, 상대방에 대한 아픔과 잘못, 부끄러웠던 옛날의 기억도 있다. 또한 가슴 설렘과 회한, 어쩔 수 없었던 좌절과 더불어 그럼에도 다시 일어서려는 나의 마음이 담겨 있다.

우리 삶의 현재는 과거와 미래가 만나는 가운데 생겨나는 이야기 그 자체다. 전승은 과거의 경험을 담고 있지만 '지금 여기'에서 이야기하는 우리의 꿈과 희망, 슬픔과 고통, 사랑을 비롯한 내면적인 마음들, 그리고 실존적 삶이 한데 어우러져 이야기로 전해지는 것이다. 그것은 역사이자 현재, 어제의 이야기임과 동시에 내일에의 바람을 담은 이야기이기도 하다.

현재는 과거가 새롭게 해석되는 터전이자, 미래의 결단이 현재화하는 자리다. 다시 말해 삶은 언제나 현재의 것이며 그 현재는 시간적인 '지금'이 아닌, 과거의 기억과 미래에의 결단이 뒤엉켜 새롭게 해석되는 터전이다. 삶이란 나의 존재 전부가 담긴 이야기다.

그리고 우리는 이 모든 이야기 안에 자리한다. 우리는 실타래처럼 엉킨 과거와 미래를 향한 초월이 함께 자리하는 현재에 살고 있다. 삶이란 결국 이렇게 만드는 이야기의 현재인 것이다. 특정 이데올로기는 신념이 지나친 나머지 이런 이야기를 무시하는 잘못을 저지른다. 포스트모더니즘은 인간이 만들어낸 이야기가 거대담론으로 흘러 일상의 작은 이야기를 상실했다고 비판하고, 해체주의는 그 이야기가 선험적으로 주어졌다며 그 토대를 비판한다. 그럼에도 그 누구도 삶의 이야기를 거부하지는 못한다. 문화와 예술, 철학과 학문, 심지어 역사와 사회, 경제와 과학조차도 이야기를 떠나서는 존재하지 않는다.

현재를 사는 우리는 어떤 이야기를 가지고 있는가. 아쉽게도 오늘날의 문화에서는 이야기가 들리지 않는다. 그것이 있어야 할 자리에는 다만 외적 성공과 잘난 이름, 물질적 풍요와 정략적 쟁취만이 헛되이 울린다.

나의 존재와 역사, 나의 이야기와 의미가 사라진 곳에 자리하는 이따위 것들은 과연 무엇일까. 한 줌의 성공과 바꾼 나의 이야기, 그 존재와 의미는 너무 아깝지 않은가. 이야기를 잃어버린다는 것은 존재와 의미 모두를 잃는 것이다. 삶이 힘들어도 나라는 존재의 이야기에 귀기울이며 우리는 의미를 되찾게 된다. 인간은 이야기를 통해 자신의 과거를 새롭게 해석하고 내일의 삶을 결단하면서 지금을 살아가는 존재이기 때문이다.

그렇기 때문에 인간을 인간이게 하는 가장 중요한 행위는 이해하고 해석하는 데서 나온다. 옛부터 인간은 주어진 사실을 어떻게든 이해하고 해석하려 했다. 비가 오고 천둥이 치는 자연현상은 물론, 살아간다는 사실, 또는 죽는다는 미래의 사건을 생각하면서 인간은 왜 그런 일이 벌어지는지 이해하고자 했다. 그러한 이해는 불가피하게 주어진 현상을 해석하는 과정을 필요로 한다. 인간이 다른 생명체와 구분되는 일차적이며 근본적인 근거는 이러한 이해와 해석, 다시 말해 반성하고 생각하는 행위, 지나간 시간을 되돌아보고 현재를 해명하며 미래를 기획하는 행위에 있다.

∩2
나를 어떻게
이해할 것인가

·············

이해하고 해석하는 인간

진화생물학과 문화인류학의 연구결과에 따르면 '호모 사피엔스 사
피엔스Homo sapiens sapiens'라 불리는 현생 인류는 약 15만 년 전 아프
리카 동부 사바나 지역에서 탄생했다고 한다. 1974년 돈 조핸슨Don
Johanson의 연구진은 동부 아프리카 지역에서 유인원과 같은 뇌를 가
졌고 직립 보행했던 동물의 유골을 발굴했다. 그는 이 유골에 비틀
즈Beatles의 노래 제목에서 따온 '루시Lucy'라는 이름을 붙였다. 루시
는 약 14만 5000년경에 아프리카 동부에 살았으며, 현생 인류의 직
접적 조상으로 간주되기 때문에 흔히 '아프리카 이브Africa Eve'라 불
리기도 한다.

약 1만 년 전 이들은 농경생활을 하면서 정착하여 문명을 이루어 갔다. 그것이 바로 우리 문화의 원형原形이고, 현재의 문화는 거기에 덧붙여진 우리 삶의 흔적과 기억이다. 그들이 처음 경험하고 그 경험을 되돌아보면서 이룩한 문화는 앞서 이야기했듯 신화와 전설, 민담과 설화, 시와 서사, 문학과 예술로 우리에게 전해져왔다.

인간은 자신들이 죽는다는 사실과 죽은 자에 대한 기억의 흔적을 고인돌 같은 문화적 결과물로 남겼는가 하면, 피할 수 없는 고통과 폭력 앞에 희생제의를 올리거나 삶의 전환기와 기쁨의 시기에 축제를 벌이기도 했다. 이렇게 전해진 문화와 그 안에 담긴 이야기를 통해 우리는 그들이 역사에서 경험하고 기억한 것은 물론 그것을 이해하고 해석한 원형을 보게 된다. 문화의 원형인 그 이야기 안에는 마음의 기억과 이해, 그리고 그에 대한 해석이 담겨 있다. 그것은 경험과 기억의 흔적이자, 이해와 해석의 얼굴이다.

그러한 원초적인 기록 가운데 하나를 우리는 『구약성서』「창세기」 편에서 찾아볼 수 있다(굳이 창세기를 거론하는 것은 특정 종교의 경전을 말하기 위해서가 아니라, 인류의 공통된 고전 가운데 하나로서 성서가 지니는 의미 때문이다. 이 이야기는 길가메시 신화와 밀접히 연관되어 있다). 독일의 성서학자 폰 라트G. von Rad를 비롯한 구약성서 연구자들에 의하면 「창세기」 1~11장의 이야기는 원인론原因論적 설명을 담고 있다. 원인론적 설명이란 인간의 삶에 불가피하게 주어진 사실과 사건의 원인이 무엇인지 설명함으로써 그것을 이해하고 해명하려는 방법을 말한다.

죽음과 고통, 생존과 투쟁, 선과 악은 물론 고통과 미움, 사랑과 증오 등 인간이 어쩔 수 없이 겪어야 하는 일들은 무언가 근본적인 이유가 있어 생겨났을 테다. 까닭 없이 생기는 일이 어디 있을까. 이러한 생각은 운명적으로 일어나는 사건에 대한 원인을 찾아낸다면, 불가피한 사건이나 인간으로서는 어찌할 수 없는 일을 이해하고 극복할 수 있을 것이라 여겼기에 시작된 것이다.

『구약성서』는 죽음과 성의 문제, 선과 악의 문제는 물론 척박한 자연 속에서 겪어야 하는 고된 노동과 출산의 고통, 형제 사이의 싸움과 살인 등의 문제에 대해 그 원인을 밝혀 설명하려는 이야기를 담고 있다. 그 안에는 낙원에서의 삶에 대한 그리움이 담겨 있으며, 죽음을 넘어설 계기와 현실에서 벗어날 구원에의 희망과 후손에 대한 기대가 스며 있다. 실존적 삶에 대한 해명과 함께 초월적 세계와 시간에 대한 생각이 함께 얽혀 현재의 이야기로 나타나는 것이다.

모든 서사는 이해하고 해석하려는 인간의 의지와 그 결과를 담고 있다. 그 이야기는 역사적이며, 기억을 해석하고 미래를 희망하는 인간의 마음이 비춰지는 거울이다. 그 안에서는 미래가 과거로 드러나고, 과거가 미래의 희망으로 새롭게 기억된다. 이야기를 나누는 지금 여기, 우리의 현재는 그저 공간적인 '여기'와 시간적인 '지금'이 아니라 과거와 미래가 만나고 길항拮抗하는 지평이고, 우리는 깊이를 알 수 없는 현재에서 예견할 수 없는 미래와 이해하기 힘든 과거를 해석하고 있다.

물리적으로 시간은 과거에서 미래로 흐르지만 의미론적으로 보면 현재에서 과거로, 미래에서 현재로 흘러간다. 인간은 미래에 대한 희망을 담은 채 과거를 해석하고, 미래에의 꿈에 의지하여 현재를 견디며 감내하기 때문이다. 현재는 미래를 위해 결정하는 지금이며, 과거는 미래에 의해 새롭게 비춰져 현재에서 해석된 기억이다. 미래는 역사의 기억에 의해 규정되기에 과거의 미래이며, 현재의 해석에 의해 설정되기에 다가올 현재다. 그 모두가 만나고 흩어지며, 이해되고 해석되는 시간의 지평이 바로 구체적 삶이 이어지는 우리의 현재다. 현재는 바로 이러한 이야기이며, 그에 대한 이해와 해석을 비춰주는 거울이다.

이 시대의 인간상은 무엇인가

한편 우리는 전승된 이야기를 통해 그 문화와 시대가 표상하는 인간에 대한 이해를 찾아볼 수 있다. 그 모습은 그 시대가 이상적으로 제시하는 인간상이기도 하다. 서사시epic의 대표적인 작품으로 꼽히는 것은 기원전 8세기경에 쓰인 호메로스Homeros의 『오디세이아Odysseia』다. 트로이 전쟁 후 고향으로 돌아가면서 오디세우스가 겪은 10여 년의 여정을 이야기하는 이 작품은 오디세우스의 경험과 이해를 다루고 있다.

이 작품에는 세계와 인간에 대한 당시의 이해와 역사를 바라보는 생각, 그리고 '지금 여기'의 우리가 지니는 이해와 해석 전체에 대한 문제가 드러나 있다. 이 이야기는 우리의 현재와 다가올 미래에 대한 우리의 태도에 대해 질문하고 그에 대한 결단을 촉구한다. 이렇게 전승된 이야기를 통해 우리는 그 시대의 문제나 숙명적 과제 앞에 마주 선 인간, 그것을 받아들이고 극복한 인간, 때로는 나약하게 무너지기도 하는 그 시대의 인간에 대한 보편적 이해를 깨닫게 된다.

오디세우스가 그 시대의 영웅이자 이상적인 인간상이었다면, 그와는 다른 서사를 지닌 우리 시대의 이상적 인간은 어떤 모습일까? 자본과 경제의 시대인 지금 이상적인 인간의 모습은 어디에서 드러나고 있는가. 경제적으로 성공한 사람에게서 이상적인 모습을 찾는다면 그것은 우리가 경제라는 이름, 자본이라는 이름을 우리 존재의 목표와 이상으로 삼고 있다는 반증에 지나지 않는다. 어쨌거나 이야기로서의 서사에는 그 시대를 이해하고 해석하려 했던 사람들의 일반적 생각이 담겨 있다. 우리는 서사를 통해 그 이해를 드러내고 지금의 이해를 되돌아볼 수 있다.

우리의 이야기는 『오디세이아』나 고대 게르만 민족의 서사시 『니벨룽겐의 노래Das Nibelungenlied』와는 다른 경험과 역사, 다른 이해와 해석을 담고 있다. 우리의 서사와 이야기에는 어떤 경험과 역사, 어떤 이해와 해석이 담겨 있을까? 말로 전해져오던 단군신화를 새롭게 기억하여 기록한 『삼국유사』는 원元 제국의 침략에 맞선 고려 민족의 현실과 결코 무관하지 않다. 그 서사는 시간 안에서 매 순간 새롭게 해석되고 다시금 이해된다. 현대의 서사는 어떤 모습으로 드러나고 있는가? 그 이야기는 무엇을 재현하고 있는가? 혹시 우리는 이런 이야기를 잊어버리고 서사를 상실한 시대를 살고 있는 것은 아닌가? 그렇다면 이 시대가 겪는 허무함은 결코 우연한 것이 아닐 것이다.

삶은 이해와 해석의 연속이다

철학과 문학은 이러한 이야기를 사유하고 표현하는 학문이다. 이 학문들은 이런 작업을 통해 과거의 기억과 미래의 바람, 현재의 삶을 재현하는 지식 체계다. 그 안에는 과거와 미래가, 역사와 초월이 담겨 있다. 인간 이해의 학문인 인간학은 인간의 경험과 기억에 기반하여 인간의 존재와 세계를 이해하고 해석한 결과이고, 그것을 엮어내고 체계화하는 지성의 작업이다.

따라서 인간학은 인문학이면서 다른 한편 우리의 삶이자 존재이기도 하다. 그런 연유에서 인간이라면 누구나 철학적이다. 그럼에도 모두가 철학자라고 말할 수는 없다. 이러한 성찰을 포기할 때 인간은 철학적이기를 멈추게 되고, 그럴 때 그 존재는 소외될 것이다. 소외란 내가 나 자신이 되지 못하고 나 아닌 다른 것이 된다는 뜻이다.

철학은 인문적 경험에 대한 사유의 작업이다. 그 철학이 학적으로 체계화되고 계보사적 맥락에서 정립될 때 철학은 좁은 의미에서의 학문이 된다. '인간은 누구나 철학적이다'라는 말에서의 '철학'은 학문적 체계로서의 '철학'과 구분된다. 다시 말해 비록 학문적인 철학은 아니지만 인간은 본성적으로 인간학적이며 철학적인 존재란 뜻이다.

넓은 의미에서의 철학은 인간이 지닌 의미의 지평에 의해 형성된다. 인문학이 이해와 해석에 관계하는 인간의 학문이란 말은 곧 인간은 이해와 해석의 존재란 의미이기도 하다. 인간은 이해하는 만큼 존재하며, 해석하는 그 모습대로 존재하게 된다. 이해하고 해석하므로, 나는 그렇게 존재한다. 내가 가진 것, 소유한 것, 누리는 것이 나의 존재가 아니라, 이해하고 해석한 그 세계가 나 자신이며 나의 존재인 것이다.

해석학적 관점에 따르면 무엇을 해석하는 작업은 우리가 지닌 앞선 이해(先理解, pre-understanding)와 관련되어 이루어지며, 이 앞선 이해 역시 해석 행위를 통해 새롭게 정립된다. 이른바 해석학적 순환hermeneutic circle은 인간의 이해에 담긴 필수적인 조건이다. 이에 근거해서 본다면 인간에 대해 이해하고 해석하려는 우리는 이미 인간에 대한 앞선 이해를 지니고 있다. 해석학에서는 그러한 이해가 다시금 인간과 삶, 존재와 역사를 해명하는 작업의 틀을 세운다고 말한다. 이해하고 해석하는 모든 행위는 우리가 지닌 근원적 존재 이해에 근거하는 것이다.

따라서 인간에 대해 질문하고 이해하려는 우리는 먼저 존재이해에 대해 물어야 한다. 그 이해는 일반적인 이해가 아니라 인간에 관계된 '존재이해'다. 우리는 그에 대한 앞선 이해를 이미 가지고 있으며, 그 앞선 이해가 지금의 나와 너, 인간을 인간으로, 사람을 사람이게 하는 터전을 결정할 것이다. 그것을 일컬어 우리는 이해와 해석이라 한다.

∩3
인문학의 거울로
비춰 본 나

···········

시간, 결코 벗어날 수 없는 조건

인문학은 인간의 삶과 존재에 관계하는 학문이다. 인문人文이란 말은 인간 삶의 무늬(紋)와 결(理)이라는 뜻이다. 이해하고 해석하는 존재로서 인간이 살아간 무늬가 인문이며, 그의 존재와 삶을 움직이는 결이 인문이다. 그 삶이 인간의 존재를 재현하고 있기에 인문학은 삶과 존재의 재현이다. 재현으로서의 인문학은 인간의 삶과 존재를 역사적이고 현재적이며 초월적인 관점에서 다시금 드러내는 과정이다.

이러한 인문학은 먼저 시간이란 측면을 지닌다. 삶과 존재가 역사적이며 현재적이고 초월적이라는 말은 그것을 곧 시간적인 관점에서 이해한다는 의미다. 여기서 말하는 시간은 물리적인 현상이나 시계적 시간이 아니다. 그것은 우리가 살아가는 터전, 우리에게 주어진 가장 중요한 조건 중 하나이며 우리가 결코 벗어날 수 없는 제약 조건으로서의 시간이다. 이 시간은 인간을 이해하기 위해서 반성하고 되돌아보는 순간이고, 인간의 존재이해에 의해 성찰하는 시간이다. 이것을 시간과 달리 시간성時間性이라 부르기로 하자. 인간의 삶은 이렇게 성찰된 시간, 즉 시간성을 떠나 이해되지 않는다.

현대 철학이 해명한 중요한 주제 가운데 하나는 '모든 존재는 시간이란 지평에서 드러난다'는 사실이다. 세계 안에 존재하는 모든 사물과 사건은 시간이란 터전에서 나타나는 현상이다. 시간 속에서 드러나는 사물과 사건, 모든 존재자는 그것을 이해하고 해석하는 인간의 존재에 의해 의미를 지닌다.

플라톤platon 이래 서구철학은 진리나 신 등 본질적인 것들은 영원하며 변하지 않는다고 주장했다. 다시 말해 진리와 신적 존재는 시간성을 초월해 있으며, 시간의 힘과 영역에 제약받지 않는다고 본 것이다. 우리가 영원한 사랑을 꿈꾸고, 변하지 않는 진리를 찾고 싶어 하는 마음속에는 이러한 생각이 은연중에 담겨 있다고 볼 수 있다. 플라톤은 시간의 영역 너머에 있는, 불변하는 '이데아idea'의 세계를 이 세계의 원형이라고 생각했다.

그러나 현대에 이르러 이러한 생각은 니체F. Nietzsche 이래 더 이상 유효하게 받아들여지지 않았고, 인간과 존재의 실존성을 성찰하면서 포기하거나 극복되기에 이르렀다. 인간을 포함하여 모든 존재하는 것들은 시간적 맥락을 떠나서는 올바르게 해명되지 않는다. 그모두는 실존의 영역에 자리하는 것이다. 실존existence이란 현재 그렇게 존재하는 실제적 모습을 가리키는 개념이다.

인간은 궁극적으로 시간성에 따라 이해되는 역사적 존재다. 그래서 현대 사조는 생물학적 차원을 넘어 역사적 존재로 자리하는 인간의 실존적이며 존재론적 의미를 역사성歷史性이라는 개념으로 정의한다. 영원히 살지 못하고 주어진 시간 안에서 살아가야 하고, 결코 그 시간을 벗어날 수 없는 인간이라는 존재를 이해하기 위해서는 이러한 역사성을 진지하게 살펴볼 수밖에 없다.

역사성이란 그저 시간의 객체적인 흐름과 그 결과를 말하는 것이 아니다. 역사성은 사건의 기록과 시간의 흔적으로서의 사실史實을 해석하고 해명하는, 인간의 근본적 존재이해에 따른 역사의 의미를 가리키는 말이다. 인문학적 행위와 인간의 의미론적 작업, 이해와 해석의 행위는 이러한 역사성에 근거하여 의미를 갖게 된다.

예를 들어 조선 시대의 역사를 그저 실록의 기록이나 왕의 역사를 중심으로 인식할 수도 있겠지만, 그것을 통해 우리는 그 시대를 살아간 사람들이 느꼈던 삶과 존재의 의미를 이해할 수 있을 것이다. 구체적인 역사의 흐름은 이러한 역사성에 근거하여 지니게 되고, 이런 이해는 언제나 해석학적으로 이루어진다.

인간과 존재는 철저히 시간적이며 시간과 함께, 시간 안에서 드러난다. 그래서 그 삶과 존재를 성찰하는 학문인 인문학은 경험과 기억으로서 역사의 학문이자, 이해와 해석으로서 현재의 학문이다. 때문에 인문학은 시간을 극복하고 넘어서려는 꿈을 담고 있다는 점에서 초월의 학문인 셈이다. 이 안에는 자신의 삶과 세계는 물론 다른 생명체와 타자와의 관계가 담겨 있다. 이렇게 자연과 세계에 대한 이해와 해석, 초월에의 결단을 담아내는 과정이 인문학이다.

인문학은 학문하는 존재가 지닌 의미에 대한 총체적인 생각 안에서 드러난다. 의미에 대한 총체적 생각은 역사의 기억과 해석, 미래에의 바람이 현재라는 지평에서 표현된다. 그래서 이렇게 해석된 과거와 초월해가는 미래가 만나는 현재를 '지금, 여기'라고 말하는 것이다. 그런 관점에서 인문학은 철저히 '지금 여기'의 학문, 현재의 학문이다. 현재는 시간적인 의미의 지금이나 우리가 자리한 이곳만이 아니라 시간과 공간이, 역사와 역사의 터전이 만나고 중첩하는 존재의 터전이다. 따라서 인간의 시간성은 현재다.

이처럼 다가올 내일을 앞당겨 '지금 여기'에서 미리 해명할 때 생명은 삶이 되고, 동물적 존재였던 인간은 사람이 된다. 이야기 속에서는 이러한 이해와 해석이 재현되고, 그 재현 속의 의미를 우리는 진리라 부른다. 인간은 진리를 향한 존재다. 진리는 신의 말씀이나 종교적 선언이 아닌, 이념이나 사회의 규범 그 이상이다. 그것에 진리가 아닌 다른 어떤 이름을 붙여도 좋다. 진리, 규범, 이념 또는 그 무엇이든 인간은 이러한 의미 지평을 필요로 하며, 그를 떠나서는 살아갈 수 없는 의미론적 존재다.

인간은 경제적 동물이 아니고, 성적 존재만도 아니며, 정치적 존재에 불과한 것도 아니다. 인간은 역사와 미래를 현재에서 만나게 하는 존재이며, 이해와 해석을 통해 의미를 설정하는 존재다. 그러한 작업은 미래에의 꿈과 자신의 한계를 넘어서려는 초월에의 염원을 현재화하는 과정이다.

인간의 역사는 인간을 인간으로 만드는 과정이고, 인간답게 살기 위한 흐름이며, 인간이 되고자 하는 노력이 만들어낸 결과다. 자신에게 주어진 조건과 한계를 안고서 이를 넘어서는 인간, 자기를 버리고 미래의 사건인 죽음을 기억하고 해명하는 인간, 남을 사랑하고 남을 위해 희생하며 자신을 버릴 수 있는 존재가 인간이다. 인간다움이란 이처럼 주어진 조건과 현실적 지평을 끊임없이 넘어서는 과정에서 주어진다. 인간은 그러한 과정에 선 존재이고, 인문학은 그런 존재가 펼쳐가는 자신에 대한 이야기인 것이다.

___

우리가 인문학적 존재인 이유

인문학 없이는 인간이 존재하지 않으며, 인문학적 작업 없이는 인간이 인간일 수 없다. 이해와 해석의 이야기가 없는 인간은 공허하고 무의미한 허무적 존재일 뿐이다. 그것이 없을 때 역사는 다만 기억의 다발에 지나지 않고, 미래는 그저 다가올 시간의 다음에 지나지 않는다. 그래서 인간은 존재의 의미를 만든다.

인간을 인문학적 존재라 하는 까닭은 인간에 관한 성찰, 인간에 의한 성찰 없이는 인간이 인간으로 자리하지 못하기 때문이다. 인간은 다만 생물적 현상에 머무르는 존재가 아니라 자신의 생물학적 한계와 조건을 넘어 그것을 성찰하고 그 의미를 묻는 존재다. 이러한 성찰과 질문, 그렇게 설정한 의미 속에서 인간은 자신의 생물학적 존재를 넘어선다. '지금, 여기'에서 구체적인 삶을 살아가는 인간은 생물학적이며 인문학적 존재다. 그러한 존재로서 인간은 무엇을 생각하고 느끼며, 원하고 있는가.

노년에 이른 칸트I. Kant는 자신의 철학 전체를 요약하면서 결국 문제는 '인간이란 무엇인가'라는 질문이라고 말한다. '인간은 무엇을 알 수 있고, 인간은 무엇을 할 수 있으며, 인간은 무엇을 바랄 수 있는가'라는 세 가지가 그가 평생을 작업했던 철학적 과제였다. 그럼에도 이 세 가지 질문과 대답은 결국 '인간이란 무엇인가'라는 문제를 앞서는 작업이다. 즉, 인문학은 결론적으로 '자신의 존재가 무엇인지 알기 위해 인간이 벌이는 생각의 과정'이다.

인간으로서 우리는 어떠한 삶을 사는 것일까? 인간이란 궁극적으로 어떠한 존재일까? 이것은 영원히 정답이 없는 질문이지만, 인간으로서는 끝까지 포기할 수 없는 질문이기도 하다. 이 질문을 어떻게 제기하느냐에 따라서, 또한 나름대로 어떠한 대답을 준비하고 있느냐에 따라서 사람의 모습도 달라질 것이다. 이 질문과 대답은 개개인마다 차이를 보일 수밖에 없다. 각자가 태어나고 자란 환경은 물론 어떠한 문화적 세례를 받았는지에 따라 좌우되기 때문이다. 신앙을 가진 사람과 가지지 않은 사람이 같을 수 없음은 분명하고, 자신이 생각하는 최고의 가치에 따라 그 삶에 차이가 생길 것은 불을 보듯 명백하다. 또한 삶을 바라보는 관점과 인간을 이해하는 나름의 생각에 따라서도 분명 이런 질문과 대답은 다르게 드러나고 다른 얼굴로 나타날 것이다.

이렇게 생각해보면 인간이란 자신이 제기하는 질문의 모양과 그에 대해 자신이 형성해가는 대답에 따라 다른 존재로 결정된다고 말할 수 있다. 어떠한 문제를 가지고 있는지, 이 문제에 대해 어떻게 응답하는지는 결국 자신이 지닌 삶과 인간에 대한 이해에서 주어질 테니 말이다. 이 이해는 전체적이지만 자신의 존재에 따라 달리 나타날 것이고, 또한 자신의 사유 작업과 성찰적 행위를 거쳐 명확히 주어지기 전까지는 비주제적이며 비명시적이라고 말할 수 있다.

그럼에도 인간은 자신의 존재에서부터 이런 물음과 문제를 가지고 있으며, 그에 따라 어떠한 형태의 대답이든 가지고 있을 것이다. 주제적이거나 명시적인 형태에서 차이가 있을망정 이런 물음과 응답을 가지지 않은 인간은 없다. 이렇게 주제적이거나 비주제적인 차이, 명시적이거나 그렇지 않은 질문과 응답의 차이가 학문으로서의 인문학과 일상적 삶으로서의 인문을 구분하는 근거가 된다.

이 물음과 문제, 이에 대한 나름의 해답과 응답은 자신의 존재에서 주어지는 것이며, 또한 그것이 자신의 존재를 결정한다. 그래서 인간은 자신에서부터 자신을 이해하고, 그에 따라 자신을 결정하는 존재다. 자기이해의 존재인 인간은 '있음'의 의미가 무엇인지를 결정하면서 그에 따라 살아간다. 이러한 물음과 응답에 대해 철학은 나름의 해답을 제시해왔다. 무엇을 믿거나 어떤 이념을 소유하는 것 역시 자신의 존재를 투신하는 행위로 이해할 수 있다. 그것은 이미 나의 인격으로 던지는 한 가지 태도의 결정이며, 궁극적으로 알고자 하는 학적인 행동임과 동시에 삶의 실천이기도 하다.

인간은 자신의 존재에 대한 이런 이해를 통해 만들어진다. 나아가 그러한 이해의 전체 지평에 근거하여 다른 사람과 생명체, 자연과 세계, 역사와 문화를 이해한다. 그에 따라 사회와 경제를 만들고, 정치와 교육을 이끌어가며, 다른 사람과의 관계와 다른 생명체와의 관계를 형성해간다. 이 모든 것 뒤에는 '있음'에 대한 물음과 응답이, 그에 대한 이해가 자리하고 있다. 그런 의미에서 인간은 철저히 존재론적이다. 이렇게 이해하고 해석하는 행위와 과정, 그 내용을 해명하는 학문을 존재론적 해석학이라 부른다.

이렇듯 인간의 존재에 대해 나름대로 생각하고, 그에 따라 걸어가는 길이 우리의 삶이자 인간의 존재 전체다. 그 길은 하늘 위 어디에선가 주어지는 이념이거나 당연히 따라야 하는 신념이 아니다. 그것은 철저히 자신의 존재에 바탕을 둔 물음에서, 그 이해와 해석에 근거해 응답하는 과정이다. 인간은 질문과 응답의 길 위에 있는 나그네이다. 나그네에게는 나그네의 삶이 있다. 나그네의 삶에 이런 응답을 할 수 있다면 그 길은 결코 외롭지 않을 것이다.

글을 읽고 쓴다는 것의 의미

인간에 대한 우리의 이해와 해석은 글쓰기를 통해 나타난다. 글쓰기는 이해의 거울이고, 글은 자신의 문제를 말로 드러내는 과정이다. 글을 쓰면서 우리는 자신 안에 숨어 있는 소리를 드러내고, 미처 알거나 듣지 못했던 나의 소리를 글을 통해 보게 된다.

글은 나의 것이되 나의 것 이상이다. 내가 모르던 소리를 말로 드러내는 과정인 글쓰기는 내 안에 숨어 있던 나를 보게 만들고, 그럼으로써 내가 보지 못했던 문제의 답을 보게 되기도 한다. 그 답은 정답이나 모범 답안이 아니라 각자에게 고유한 해답이며, 실존적 해명을 담고 있다. 글을 읽고 쓰는 것은 존재의 실현이다.

글쓰기는 전문작가가 되거나 발표하기 위한, 혹은 남에게 보이기 위한 작업이 아니다. 올곧이 인간 본성을 이루어가는 과정인 글쓰기는 타자가 아닌 자신을 위한 것이다. 나는 나를 위해 글을 쓴다. 그 글쓰기를 통해 내 안의 주제화되지 않은 실존성을 주제화하고, 숨어 있던 문제와 답을 명시적으로 드러낸다. 글쓰기는 자신의 삶을 드러내는 행위이며, 그 글로써 삶을 결집시키는 행위다. 글쓰기를 통해 우리는 우리 자신의 결핍을 보게 된다. 따라서 글쓰기는 지극히 실존적임과 동시에 존재의 성취이기도 하다.

플라톤은 "글이란 약藥이면서 독이 되기도 한다"라고 말했다. 기억을 보존하는 데는 글쓰기가 약이 될 수도 있지만 그와 동시에 말로 드러나는 지혜를 글 속에 가두기 때문에 독이 되기도 하는 것이다. '약'을 뜻하는 영어 'pharmacy'는 치료하거나 또는 치료하는 물질을 의미하는 그리스어 'pharmakeia' 'pharmakon'에서 유래했다. 올바르게 사용하는 독은 약이지만, 남용하거나 오용하는 약은 독이 된다.

나를 이해하고 해석하면서 이렇게 드러난 것을 글로 재현하는 작업은 성찰하는 나의 존재를 보게 만든다. 나의 존재 의미에서 드러나는 글은 나를 치유하는 약이 되며, 그 존재를 실현하는 마법이 될 것이다. 글쓰기와 읽기는 마법적인 인간 행동이다. 그러니 읽기와 쓰기는 내 존재의 거울이 아닌가.

04
진정한 의미의
인간다움

호모 페렌스, 인간이지만 인간이 아닌 존재

전설과 민담을 통해 인간과 짐승 사이에 놓인 존재에 대한 이야기는 어느 문화권에서도 쉽게 찾아볼 수 있다. 사람이 되고 싶어 하는 요괴인간은 물론 인간이었지만 어떤 알 수 없는 힘에 의해 인간성을 박탈당한 흡혈귀나 늑대인간, 사랑하는 사람을 사랑하기 위해 자신의 목숨까지 포기했지만 결국 인간이 되지 못한 인어공주 전설이 그 대표적인 예다.

〈요괴인간〉은 1968년 일본 후지 TV에서 방송된 만화영화였는데, 이것을 당시 동양방송이 국내에 방영하여 선풍적인 인기를 끌었다. 그 외에도 반인반수半人半獸의 존재, 동물과의 관계를 통해 태어난

존재와 도깨비, 요정, 프랑켄슈타인, 좀비Zombie 등 인간과 유사하지만 인간답지 못한 존재인 유사인간similitudines hominis에 대한 이야기들은 문학과 예술, 학문 영역에서 쉽게 찾아볼 수 있다. 2006년 하라다 히로시原田浩가 새롭게 연출한 〈요괴인간(妖怪人間ベム, Humanoid Monster BEM)〉은 수시로 이렇게 외친다. "빨리 사람이 되고 싶다!"

생물 분류학을 정립한 스웨덴의 린네Carl von Linné는 이처럼 인간과 비슷하지만 인간이 아닌 존재를 '호모 페렌스Homo ferens'라 명명했다. 실제 역사에서도 야생의 상태에 빠진 늑대 소년이나 프랑스 아베롱에서 발견된 야생 소년 등의 사례가 있었다. 북아프리카 히포Hippo(지금의 알제리 지역)의 주교였던 아우구스티누스Augustinus는 신체적 기준이 아닌 문화적인 기준에 따라 인간을 분류한 최초의 사람일 것이다. 인간이지만 인간답지 않은 인간을 인간과 다른 존재로 구분 지은 셈이다.

진화적 연속성을 고려할 때 동물과 인간은 생물학적·진화적으로 동일한 구조와 체계를 가진다. 또한 유인원과 인간을 구별할 기준도 분명하지 않다. 이런 예는 인간을 인간이게 하는 생물학적 조건을 찾는 일이 결코 녹록하지는 않다는 사실을 잘 보여준다. 그래서 학자들은 인간을 인간이게 하는 고유한 문화적인 조건이나 어떤 특성에 대해 끊임없이 논란을 벌인 것이다.

예를 들어 아리스토텔레스Aristoteles는 이러한 조건을 이성에서 찾았다. 인간만이 지닌 이성과 그에 의해 이루어진 문화적 조건이 인간을 인간답게 만든다고 생각한 것이다. 인간만이 지닌 본성, 인격이나 영혼, 인간성 등에 대한 논의도 이런 맥락에서 이해된다. 근대에 이르러 생겨난 '금기를 금기시한다'는 모토는 역설적으로 인간을 반反인간이 되게 만들었다. 인간이기에 차마 해서는 안 되는 것, 인간만이 지닌 인간다움을 위해 금지된 것이 있다.

그런데 그렇게 금지된 것을 거부할 때, 인간과 반인간은 무슨 차이를 갖는 것일까? 무엇이 인간을 인간이게 하는 것일까? 인간과 반인간의 차이는 인간다움을 지니고 있는지 여부에 달려 있다. 겉으로 보기에 인간은 아니지만 가장 인간다운 이들, 요괴인간과 늑대인간, 구미호, 흡혈귀를 보면 오히려 인간을 인간이게 하는 본래의 특성을 잘 알 수 있다.

___

좀비가 되어버린 현대인

좀비는 원래 부두Voodoo교에서 생겨난 영혼 없이 신체만 남은 인간, 걸어다니는 시체를 가리킨다. 인간에게서 영혼을 제거하고 다만 주인의 명령에 무조건적으로 복종하게 만들어진 '움직이는 죽은 시체'인 좀비는 아무것도 느끼거나 생각하지 못하고 오직 살아 있는 인간을 향해 자신의 독니를 세우고 돌진하는, 죽지 못하는 삶에 갇힌 존재다. 무협지의 강시에게는 그래도 귀여운 면이나마 있다면 좀비는 추악하고 괴기하며 때로는 역겹다. 그럼에도 좀비 영화와 문화가 범람하는 것이 분명 시대적 현상임에는 틀림없다. 우리는 인간이 좀비가 되는 계기를 쉽게 상상해볼 수 있다.

좀비가 대중문화에서 첫 번째로 나타난 예는 1968년 조지 A. 로메로George A. Romeo의 영화 〈살아 있는 시체들의 밤Night of the Living Dead〉이 처음일 것이다. 이어 그가 1978년에 두 번째로 만든 영화 〈시체들의 새벽Dawn of the Dead〉을 통해 좀비는 소설과 게임, 심지어 춤에 이르기까지 그 영역을 확장하여 지금은 대중문화의 중요한 소재 중 하나가 되었다. 이것이 좀 더 진화하여 2012년의 〈웜 바디스Warm Bodies〉에서는 사랑에 의해 심장이 다시 뛰기 시작하고, 영혼이 회복되는 좀비가 나타나기도 했다.

그런데 좀비는 여기에서 더 발전하여 이제는 인간과 함께 인간적 질문을 던진다. 2013년 개봉된 〈월드워ZWorld War Z〉에서는 이런 모습을 분명히 볼 수 있다. 기존에는 좀비 영화가 C급으로 인식되었지만, 마크 포스터Mark Foster 감독은 브래드 피트Brad Pitt라는 명배우를 앞세우고 이 영화가 A급의 스펙터클 및 가족영화라며 당당히 내놓았다. 좀비는 어느덧 저급문화의 탈을 벗고 인간학적 영역으로 나타나 묵직한 인문학적 주제를 던지고 있는 것이다.

좀비 이야기를 보면 무섭다기보다는 저돌적인 공격성, 그리고 그와 반대로 너무도 허망한 결과에 허탈해지곤 한다. 좀비 영화는 확실히 지저분하고 역겹다. 그런데 좀비들이 날뛰는 세상을 생각해보면 이런 영화를 그렇게 우습게 볼 것만은 아니다. 좀비는 자신이 좀비인 줄 모르는 채 더 좋은 옷과 더 높은 자리, 더 큰 집을 원한다. 가질 만큼 가져도, 누릴 만큼 누려도 더 많은 것을 손에 넣고 싶어하는 것이다. 좀비의 특성은 먹어도 먹어도 배고파하는 게걸스러움에 있다.

좀비가 성공하는 이유는 최소한의 고뇌도 생각도 없이, 그냥 날뛰고 돌진하기만 하기 때문이다. 아무리 누리고, 아무리 가져도 좀비는 좀비일 뿐이다. 이렇게 좀비가 날뛰는 세상, 좀비가 극성을 부리는 것을 보고 있자니, 차라리 나까지 좀비가 되어버리는 편이 더 편할 듯하다. 고통과 연민, 생각하기 때문에 생기는 괴로움 없이 세상 편하게 살 것 같으니 말이다.

그럼에도 그 누구도 좀비가 되려 하지는 않는다. 아무리 좀비가 극성을 부려도 사람이 스스로 좀비가 되기를 택하는 좀비 영화를 본 적 있는가? 좀비가 되지 않으려 몸부림치는 가운데 우리는 우리 안의 영혼 없는 모습, 껍데기에 홀린 모습을 되돌아보게 된다. 아쉽게도 다만 C급으로 말이다.

좀비는 사람의 감정을 느끼지 못한다. 다른 사람과 함께하지 못하는 것은 물론 공감하거나 연대하지도, 울지도 못한다. 이 시대 좀비의 독침은 경제란 이름의 돈벌이와 그 성공신화다. 좀비는 '여하튼 더 많이'란 신음소리를 내면서 게걸스럽게 돌진한다. 권력과 자본으로 성공한 좀비는 세상을 다 가진 듯하지만, 어느 순간 허망하게 부서진다. 좀비가 부서지는 장면을 보면 참 허무하고 비참하다.

세상의 좀비들도 그럴까. 좀비의 슬픔은 아파할 수 없다는 데 있고, 남과 함께 느끼지 못한다는 데 있다. 살아 있는 것을 향해 맹목적으로 파괴될 때까지 돌진해야만 하는 운명을 지닌 좀비, 그들은 어떤 순간에도 생명을 느끼지 못하고, 마음의 설렘과 아련한 그리움을 모르며, 생각하는 고뇌가 안겨주는 아픈 기쁨을 이해하지 못한다.

그들에게 내일은 없다. 좀비는 다른 사람을 보지 못하며, 공동체를 생각하지 못하고, 자연과 생명을 알지 못한다. 그래서 옆의 좀비가 죽어가도 아무런 느낌을 받지 못할 뿐 아니라 오히려 자신의 친구도 파먹으려 든다.

좀비는 살아 있지만 살아 있지 않은 존재다. 그는 인간과 인간의 숨은 욕망을 드러내는 존재이긴 하지만, 인간성이란 측면에서 보면 경계에 선 존재다. 그는 또 다른 의미에서의 '사이의 존재'다. 하늘과 땅, 성스러움과 악 사이의 존재가 아니라 인간과 비인간 사이, 이상으로서의 인간과 현실로서의 인간, 낮과 밤 사이의 인간을 표현하고 있다.

뱀파이어는 낮에 활동하지 못하지만, 변종 좀비는 대낮에도 어슬렁거린다. 좀비는 부끄러움을 알지 못한다. 최소한의 염치를 상실한 인간, 양심이 사라진 인간, 스스로 판단하고 인식할 능력을 포기한 비인간적 인간이 좀비다. 그는 욕망의 노예가 된 인간, 자신의 몸이 떨어져나가도 욕망을 향해 돌진하는, 어찌할 수 없는 욕망의 굴레에 몸을 실은 존재들이다.

성공을 향한 욕망에만 휘둘리며 달리는 인간을 좀비와 연결 짓는 것은 전혀 무리가 아니다. 갑을甲乙 관계의 권력은 좀비와는 무관한 것일까? 현실의 수많은 좀비 같은 반인간들은 생물학적 인간일까, 아니면 존재론적으로도 인간일까? 좀비는 살아 있는 생명이나 존재가 지닌 생명의 힘(영혼, 살아 있는 피 또는 다른 그 무엇)이든 다만 그 살아 있음만을 끊임없이 탐욕하는 죽음의 존재다. 그 죽음은 삶을 되돌아보는 죽음이 아니라 철저한 무無와 늪으로 빠져드는, 함몰되기만 하는 죽음이고, 그 끝은 다만 부서져 흩날리는 완전한 파멸일 뿐이다.

어쩌면 좀비의 삶은 죽음보다 더 비참하고 추악한 죽음일지도 모른다. 비록 그는 죽지 않았지만 그럼에도 죽음보다 더 비참하게 죽어 있지 않다. 그는 죽을 수 없는 죽음을 살고 있지만 인간은 죽을 수 있는 존재로 산다. 좀비는 죽지 못하지만 인간은 죽음을 받아들일 수 있는 존재다.

죽지 못하는 존재, 살아 있지도 않는 존재, 죽음을 삶으로 가져오지 못하는 존재가 좀비라면 우리는 어떻게 좀비로 자리하고 있는가. 성찰하지 못함에서, 타인의 감정과 고통을 감지하지 못할 때 우리는 좀비가 된다. 무한경쟁, 성장신화에 휘둘려 더 가지려는 존재는 좀비보다 더 좀비적이지 않은가. 좀비는 타자의 존재를 듣지 못한다. 다만 타자의 소유물만 볼 수 있고, 그가 지닌 생명의 힘만을 욕망할 뿐이다.

자본주의 사회에서 노동자는 자신의 노동으로 상품을 생산하지만, 자신의 노동으로 그 상품을 소유하지는 못한다. 방글라데시의 페스트 패션이나 나이키 신발은 물론, 명품을 생산하는 수많은 제3세계의 노동자는 자신이 생산한 상품을 자신의 임금으로 구입하지 못한다. 자본주의는 사용가치의 물건이 아니라 교환가치의 상품을 만들어낸다. 모든 사물과 자연, 생명과 인간조차도 교환가치를 생산하는 상품으로 바꾸는 것, 그것이 자본주의의 좀비가 아닌가.

마르크스의 말처럼 자본은 죽은 노동이며, 살아 있는 노동의 생기를 마심으로써만 유지되는 좀비의 노동이다. 인간을 성취하게 하던 일, 존재와 연결되어 자신을 드높이던 일이 이제는 상품을 생산하는 노동이 되어버린 것이다. 인간이라면 누구나 일해야 하지만, 아무도 노동하려고는 하지 않는다. 누구나 일하지만 아무도 자기가 하는 일이 노동이라 불리기는 원하지 않는다. 그렇게 노동은 자본주의 사회에서 좀비가 되었다.

—

우리의 어둠을 비추는 좀비의 거울

서구 문화권에서 좀비에 대한 두려움이 이야기의 소재가 된다면, 우리나라에서는 구미호 이야기가 그 자리를 대신한다. 텔레비전에서는 여름이면 어김없이 구미호를 다룬 드라마가 방영된다. 구미호는 사람의 간을 빼먹는 무서운 존재이기도 하지만 인간에게 수도 없이 배반당하는 어수룩한 존재, 마음 깊은 곳에 인간미를 간직한 존재로 나타나기도 한다. 역겨운 좀비와는 영 딴판이고, 어떤 면에서는 인간보다 더 인간다운 존재다.

그에 비해 구미호를 배반하거나 사람이 되지 못하게 방해하는 진짜 인간은 구미호보다 더 짐승스럽다. '인간보다 인간적인 구미호와 금수禽獸만도 못한 인간'이 대비된다. 인간과 짐승을 구별하는 갈림길에는 과도한 욕심과 광기, 자신만을 생각하는 탐욕이 자리하고 있다.

구미호의 거울에 비친 이중성은 인간 안에 담긴 동물적 탐욕의 강고함과 그럼에도 전적으로 짐승이 될 수 없는 즉, 여전히 남아 있는 인간성 사이의 갈등을 초래하는 양면이다. 구미호는 인간이 지닌 이 이중성과 양면성, 하늘과 땅 사이에 있는 인간의 사이적 특성을 보여준다.

수많은 다양한 형태의 구미호 이야기가 있지만 그 어디에서도 구미호는 결코 인간이 되지 못한다. 인간이 되고 싶어 인간적으로 행동하면 할수록 그는 인간에게 배신당하고 비인간적인 인간에 의해 결국 다시금 짐승으로 돌아가고 만다. 거기에서는 탐욕과 배신만이 남게 되지만, 그와 더불어 희망과 믿음, 희생과 사랑 등 인간이 무엇인지 묻는 질문도 심각하게 제시된다.

과학의 시대를 사는 현대의 구미호는 강력한 기계인간으로 나타나기도 한다. 미래형 기계군단과의 싸움을 그리는 제임스 캐머런 James Cameron 감독의 영화 〈터미네이터Terminator〉 시리즈가 대표적이다. 이 영화는 우리에게 무력감과 절망감에 몸서리치게 만든다. 그나마 영화적 상상력을 동원하기에 망정이지 그런 상황에서 인간이 이긴 다는 것은 애당초 불가능해 보인다.

이 영화가 절망감을 주는 이유는 아무런 감정과 생각도 하지 않고 어떠한 상황 변화에도 변함없이 오직 프로그램된 목표만을 향해 끝까지, 그 끝까지 달리기만 하는 기계들의 무감각 때문이다. 그들은 절대적으로 무감각하다. 어떠한 느낌도 어떠한 생각도, 어떠한 변화도 소용이 없다. 다만 자신들이 원하는 목표만을 향해, 끝까지 달려가 끝내줄 뿐이다. '터미네이터'란 단어가 최종적 끝을 뜻하는 라틴어 'terminus'에서 유래했듯이 그들은 다만 절망의 끝, 끝을 보는 자들이다.

지금 우리의 현재를 보면 이런 터미네이터가 생각난다. 마치 좀비처럼 정치권력과 자본의 욕망에 질주하고, 성공신화와 맹목적 교육에 헌신하는 그들은 좀비 같기도 하고 터미네이터 같기도 하다. 터미네이터의 질주, 그 절망과도 같은 싸움에 죽음으로밖에 대응할 수 없는 이들은 결국 절망으로 끝을 맺는다.

이들과 싸워 이긴 자는 아무도 없다. 얼마나 더 많은 절망과 끝이 우리를 휩쓸고 갈까. 그러나 그들은 이 절망에 절대적으로 무감각하다. 마치 어떠한 상황 변화에도 오직 하나의 끝을 향해 달리는 터미네이터처럼 말이다. 과연 그 끝은 무엇일까. 그들은 자신들만의 세계와 삶, 얼굴을 보지 못한다.

그런데 이 욕망의 터미네이터, 오로지 자신의 프로그램만으로 끝까지 달리고 다른 것에는 전혀 감응하지 않는 절대적 끝과 싸워 이기는 과정은 참 어처구니없다. 인간의 군대는 사람 때문에 이길 수 있는 길을 포기한다. 죽음만이 남은 동료에 대한 감정, 프로그래밍된 칩을 내장했기에 그대로 움직여야 함에도 그것을 거부하는 인간 죄수, 다른 사람에 대해 아파하고 그를 동정하느라 싸움을 포기하는 나약한 인간들임에도 그들은 패하질 않고, 터미네이터로서는 도저히 이 과정이 이해되지 않는다.

그들은 절망의 끝에서 '이것은 끝이 아니다'라며 싸운다. 인간은 타자를 자신의 마음 안에 담을 수 있기에 절망을 넘어선다고 말한다. 그 절망의 끝에서 오히려 아파할 수 있기에 자기만을 향해 달리는 욕망의 기계를 이길 수 있단다. 인간은 이해할 수 없게도 이렇게 외친다. "우리는 영혼을, 마음을 지니고 있다. 우리 운명은 우리가 만든다." 참 어처구니없다. 그런데 이런 불가능함 앞에서 삶을 보는 우리는 누구인가. 그 인간은 좀비이거나 구미호일 수도 없고, 어떤 기계인간이고 싶지도 않은, 사람이다.

인간이 아닌 좀비 또는 인간이 되고자 몸부림치는 구미호는 우리의 타자성을 비추는 거울이다. 그들은 그 어떤 괴물보다도 더 비인간적이며 공포를 자아내는 반인간이다. 역사에서 보는 수많은 권력자들, 즉 진시황秦始皇, 히틀러Hitler, 스탈린Stalin, 이디 아민Idi Amin 같은 광란의 살인자들은 인간일까? 또한 성도착자나 연쇄살인범들은 과연 인간일까? 아니면 일상에서 보는 욕심과 이기심, 광기에 빠진 수많은 평범한 사람들은 어떤 의미에서 인간일까?

재벌들의 끝없는 자본에의 탐욕, 이른바 사회지도층 인사들의 일상화된 투기와 부정부패, 전관예우, 성에 대한 추잡스러운 집착, 집단적 이기심은 자신의 부를 증식시키는 데 그치지 않고 이 사회에서 가장 약한 이들이 지닌 최소한의 삶의 기반조차 탐욕스럽게 뺏고 있다. 도대체 사람 같지도 않은 사람들이 오히려 큰소리치면서 사회의 부와 명예, 권력을 소유하려 든다. 그러면서 평범한 사람을 훈계한다. "정직하게 살아라"라고. 참으로 헛웃음이 나온다. 이런 모습을 일상적으로 접하면서 우리는 묻게 된다. 과연 그들은 우리와 다른 사람일까. 이처럼 사람답지 못한 그들도 과연 사람일까. 그들은 혹시 좀비가 아닐까.

사실 동아시아 철학에서는 인간성과 동물성에 대한 논의가 폭넓게 이루어졌다. 조선 후기의 주요 논쟁 가운데 하나였던 '인물성동이론人物性同異論'은 인간과 다른 생명을 포함한 사물이 어떤 면에서 같으면서 다른지를 논의한 유학의 주제였다.

유학은 인간을 비롯하여 존재하는 모든 것에는 하늘의 본성이 자리하고 있다고 생각했다. 모든 존재는 이러한 하늘이 명한 본성을 따르고, 이를 완성해가는 데 그 존재의 본질과 과제가 자리한다고 여긴 것이다. 사람이 사람인 까닭은 동물이나 사물과 다르게 주어진 본성, 하늘을 따르고자 하는 본래의 성품을 유지하고 그렇게 살아가기 때문이다. 그렇기에 그는 겉모습이나 소유물과 무관하게 사람인 것이다.

좀비의 거울은 우리에게 '사람다움은 무엇을 말하는가'라고 묻는다. 인간으로서 부끄러운 일들을 차마 하지 못하는 것은 사람을 사람이게 하는 최소한의 요소일 것이다. 사람이기에 해서는 안 되는 일, 사람이니까 해야만 하는 일이 있음을 우리는 알고 있다. 아무리 강력한 욕망 앞에서라도 인간이라면 인간다움 때문에 멈출 줄을 안다.

좀비를 닮은 인간보다는 '빨리 사람이 되고 싶어 하는' 구미호나 요괴인간이 차라리 훨씬 더 사람답다. 이 어두운 거울을 깨고 일어나는 것이 인간의 길이고, 그 힘이 인간을 인간이게 한다. 그 힘은 터미네이터같은 강력함이 아니라, 고통스러워하며 다른 사람의 마음과 함께 하는 우리의 인간다운 연약함이다. 그 살아 있는 약함이 강력한 욕망을 넘어서게 한다.

좀비의 거울은 우리가 보고 싶지 않은, 하지만 우리 안에 감춰져 있는 어두움을 비춘다. 유사인간의 거울은 우리 안에 감춰진 타자성의 얼굴이다. 어쩌면 우리 안에도 그런 모습이 있을지 모른다. 그럼에도 우리는 이 거울을 보면서 자신의 추악함과 욕망을 성찰하는 시간을 가지려 한다. 그 누구도 스스로 좀비가 되려 하지는 않는다.

그럼에도 성찰하지 않을 때, 그 이질성을 극복하려 하지 않을 때 우리는 좀비보다 더 괴물스러운 괴물이 될 것이다. 좀비의 거울은 인간의 그런 간절함을 남김없이 보여주고 있다.

/ 2 장 /

철학의 거울

철학에는 정답이 아닌 해답이 존재하며,
결정되고 완성된 지점이 아니라
언제나 걸어가는 과정만이 있을 뿐이다.

01
철학하는
인간

━

철학이란 무엇인가

인간을 동물과 구별 짓는 가장 큰 특징 가운데 하나는 분명 학문이
다. 호미니드(hominid, 유인원에 속하는 모든 종)의 한 종種이었던 인간은
어느 순간 자연적 사실을 있는 그대로 바라보는 데 그치지 않고 그
이유와 근거에 대해 묻고 해명하기 시작했다. 그 순간 인간은 인간
이 되는 첫걸음을 떼었다. 학문 활동이 인간만의 독특한 특징임에
는 틀림없다.

학문이란 인간이 가진 수많은 질문에 대해 외적인 어떤 초월적 힘
에 의지하지 않고 자신의 능력으로 답을 찾으려는 지적 행위를 뜻
한다. 스스로 생각하고 성찰하는 행위는 분명 인간을 인간이게 하

는 근본적인 특성이다. 그것은 인간이 마주하게 되는 수많은 의문을 외적인 요소가 아닌, 스스로의 힘과 생각으로 해결하려는 인간만의 고유한 경향인 것이다. 이것을 그리스에서는 처음으로 철학philosophia이란 말로 규정했으며, 동아시아에서는 '배우고 묻는다(學問)'라는 말로 정의했다.

철학은 인간의 인간됨을 철저히 인간 편에서 비춰주는 가장 좋은 거울이다. 철학이란 말의 어원을 살펴보면 이 사실을 잘 알 수 있다. 이 단어는 근원적인 지혜sophia를 사랑하는philos 행위를 가리킨다. 즉, 인간이 당면하는 근원적 문제에 대한 진리를 찾으려는 열정과 그 행위를 철학이라 일컬은 것이다. 그 이후 기나긴 세월 동안 수많은 여러 학문은 철학에서 출발하여 지금에 이르고 있다. 지금도 끊임없이 대상에 따라 다양한 학문이 분화되고 있지 않은가. 지난 세기말 생겨난 심리학이나 문화학은 물론, 유전학과 진화심리학이나 그 외 여러 분과학문이 좋은 사례에 해당한다.

역사적으로 보면 인간이 신화적 단계를 벗어나 자신의 내적 능력에 근거하여 생각하고 이해하려 했던 행위는 대략 기원전 6~7세기경에 시작되었다. 스스로의 생각에 근거해 자연과 세계는 물론 자신의 근거와 이유, 또는 그 모든 것의 원인과 의미에 대해 해명하려 했던 노력이 동과 서를 막론하고 거의 동시대에 시작된 것이다. 독일의 철학자 야스퍼스K. Jaspers는 이 시기를 '축의 시대axial age'라고 불렀다. 이 시대가 바로 인류의 정신적 발전의 중심축을 이루는 기원이

되기 때문이다.

그는 이때의 대표적 사상으로 중국을 중심으로 하는 유학과 도학적 학문, 인도의 힌두교 철학과 불교, 이스라엘을 기원으로 하는 유일신교와 그리스의 철학적 사유를 꼽았다. 그리스 문화권을 중심으로 발전한 유럽은 '변화하는 자연의 근거는 무엇인가'라는 질문으로 시작되었는데, 이것이 오늘날 철학이라 불리고 있다.

동아시아에서는 비록 철학이란 말을 쓰지 않았지만 학문이란 말로 이런 행위를 표현했다. 동아시아에서 철학이란 말은 서양의 문물을 수입하던 19세기에 일본에서 만든 말이다. 메시지유신 시대의 니시 아마네西周는 『백일신론百一新論』(1874)에서 서양의 'philosophia'를 '밝을 철哲' '배울 학學'이란 말로 옮겼다. 그 이후 동아시아에서 철학이란 말은 전통적 학문을 대신하는 말로 사용되었다.

그런데 그 말이 있기 이전에도 우리에게 철학이 있었을까? 많은 사람들은 그렇다고 대답한다. 철학이 '이해하며 해석하는 인간의 성찰적 작업 전부'를 가리킨다면 이 말은 옳다. 그럼에도 철학은 특정한 역사와 주제, 생각의 방법론을 가졌기에 이 말은 틀린 것이기도 하다. 서양의 철학은 우리에게 없었다. 서양철학이라는 거울은 우리의 얼굴을 비춰보는 것이 아니기 때문이다. 우리는 이 거울을 철학과 같지만 철학과는 다른 말인 '학' 또는 '학문'으로 읽었다.

그래서 독일 현대 철학자 하이데거 같은 이는 "철학이란 오직 그리스에서 시작된, 유럽만의 것"이라고 말하기도 한다. 그렇다고 이 말이 '유럽은 우월하다'는 교만에 찬 발언은 결코 아니다. 철학을 엄밀히 이해한다면 하이데거의 이 말은 충분히 이해 가능하다. 고유명사로서의 '철학'은 유럽의 거울이기 때문이다. 여하튼 이 책에서는 '넓은 의미에서 보편적으로 이뤄지는 인간의 성찰적 지성과 해석 행위'를 가리키는 말로 '철학'이라는 표현을 쓰기로 하자. 그렇기에 인간이라면 누구나 철학한다고 말할 수밖에 없으며, 철학이란 말로 학적 행위 전체를 보편적으로 일컫게 되는 것이다.

이해하고 해석하는 것이 인간다움의 특성이라면 그 행위가 곧 우리 존재이며, 그 형태가 바로 나의 모습이며 삶이지 않을까. 나의 존재와 삶을 이해하고 해석하려는 지성적 행위와 그것이 체계화된 것이 학문으로서의 철학이다. 다만 철학자들은 이론적이며 학문적으로 철학하지만, 사람들은 자신의 삶과 존재를 통해 철학적으로 살아간다는 점이 다를 뿐이다. 비록 명시적으로 드러나지는 않지만 사람이라면 누구나 철학한다. 누구나 자신이 이해하고 해석하는 삶을 살고, 누구나 그에 따라 행동하고 살아가기 때문이다. 모두가 그렇게 존재하기에 우리는 철학하는 존재다.

——

놀라움에서 시작된 철학

아리스토텔레스에 의하면 철학은 놀라움에서 시작된다. 인간의 역사가 시작되면서 인간은 엄청난 힘을 지닌 자연현상에 두려움을 느끼거나, 반대로 자연의 아름다움과 신비로움에 경탄하기도 했다. 현대의 기술문명에 젖어 사는 우리는 자연을 크게 두려워하지 않지만 초기 문명 시대의 사람들에게 있어 자연현상은 아마도 가장 무서운 대상이었을 것이다. 한편으로 자연이 주는 축복과 아름다움이 없었다면 인간다운 삶은 애초에 불가능했을 것이다. 이러한 놀라운 자연현상에 대해 사람들은 먼저 묻기 시작했다. 이 자연의 근원은 무엇이며, 왜 이런 일이 일어나는 것일까?

철학은 자연에 대한 놀라움과 자연이 무엇인지에 대해 질문하면서 비로소 시작되었다. 일상의 삶에서 놀라움이 사라지고 아무런 새로움도 느끼지 않는 사람은 결코 묻지 않는다. 놀라운 자연현상을 처음 접하면 "왜 그럴까?"라고 묻기 이전에 "이게 뭐지?"라는 질문이 먼저 떠오를 것이다. 철학은 인간이 지닌 이러한 근본적 질문이자 그 해답인 것이다. 이런 의미에서 철학은 개별적이며 특수하지만 그 특수함을 넘어 가장 보편적인 인간의 지적 활동이기도 하다.

흔히 철학은 기원전 5~6세기에 이르러 지중해 연안의 학자들이 자연의 근원에 대해 물으면서 시작되었다고 말한다. 그 지역이 그리스 문화권이었기에 그리스에서 철학이 시작되었다고들 하는 것이다. 물론 이런 측면만 보고 '철학은 그리스에서 시작되었다'고 주장해야 마땅한 까닭은 없다. 다만 유럽문화가 현대세계에서 강력한 힘과 영향력을 행사하기에 그렇게 이야기하는 것이니 말이다.

여하튼 여기서 중요한 것은 이들 철학자들이 어떤 답을 제시했는가가 아니라, 철학이란 학문은 문제를 제기하고 풀어가는 과정과 방식에서 시작되었다는 점이다. 이들 철학자들은 자신의 지성적 능력, 흔히 '로고스logos' 또는 '누스nous'라 부르는 능력에 의지하여 문제를 제기하고 풀어나갔다. 그리고 이것은 철학을 철학이게 하는 중요한 기준이 되었다.

이러한 지성적 사유를 기록으로 남긴 것에서 처음 거론되는 사람은 기원전 6세기경 지금의 터키 지방인 밀레토스Miletos에서 활동했던 탈레스Thales다. 기록에 따르면 탈레스는 처음으로 자연의 근원이 무엇인지 질문한 사람이다. 모든 자연 사물은 물 없이는 살 수 없기에 그는 이 근원적 요소로 물을 거론했다고 전해진다. 그러나 만물의 근원에 대해 그가 찾은 답보다 더 중요한 것은 그가 자신의 지성으로 자연의 근원에 대해 질문했다는 사실이다. 그 근원이 물이든 불이든 무엇이 그리 중요하겠는가.

흔히 그리스 자연철학자라 불리는 그 무렵의 사람들은 '강력한 힘을 지니고 있으며 끊임없이 변화하는 자연과 만물의 근원이 무엇이고 그 근거는 무엇인가'에 대해 질문하고 답을 찾으려 했던 이들로 기억되고 있다. 그들의 공로가 있다면 그들이 그에 대해 특정 답을 찾았다는 것이 아닌, 신화적 세계를 넘어 인간의 지성으로 이런 변화의 원리와 만물의 근거에 대해 질문했다는 바로 그 사실에 있을 것이다.

자연철학자들 가운데 반드시 거론하고 싶은 두 사람이 있다. 이들은 이후의 세계에 대한 설명에 중요한 두 가지 방향을 제시한 철학자들이기 때문이다. 한 사람은 파르메니데스Parmenides이고, 다른 한 사람은 지금의 터키 지방에서 활동했던 헤라클레이토스Heracleitos다. 그들의 생각은 영원과 변화, 불변과 생성에 대한 사유로 갈라져 이후 이런 흐름을 대변하는 출발점으로 간주된다.

파르메니데스는 끊임없이 변화하는 자연을 보면서 그런 변화는 우리가 잘못된 지식을 가지고 있기 때문에 생기는 억측에 불과하다고 여겼다. 참다운 지식을 가진 자는 이렇게 변화하는 듯이 보이는 세계 속에 숨어 있는 근본적 원리를 깨달을 수 있다는 것이다. 즉, 파르메니데스에게 있어서 변화란 그저 환상에 불과한 것이었다.

있는 것은 존재하는 것뿐이며, 존재하지 않는 것은 없다. 존재하는 것을 이해하는 생각, 그 생각하는 능력인 인간의 이성理性만이 참된 것이다. 그에 비해 변화의 환상에 잠겨들고, 생성과 소멸이 있는 듯이 생각하게 만드는 감각은 모든 잘못의 근원이다. 그래서 그는 존재하는 것과 생각하는 것은 동일하다고 주장한다.

이런 생각은 사실 그렇게 낯선 것이 아니다. 인도 철학에서 말하는 변화의 환상maya이나, 불교적으로 보면 모든 것이 공空하며, 있는 것과 없는 것을 같은 지평에서 사유하는 『반야심경』의 생각(色卽是空 空卽是色)도 이런 흐름을 보여준다고 말할 수 있다. '남가일몽南柯一夢' 이야기나 김만중의 소설 『구운몽九雲夢』을 생각해보라. 또 『장자』에서 말하는 '나비의 꿈'은 무엇을 말하는가. 나비 꿈을 꾸는 장자가 살아 있는 장자인가, 아니면 나비가 장자의 꿈을 꾸는 것인가.

영화감독 요제프 루스낵Josef Rusnak의 1999년작 〈13층The 13th Floor〉도 이런 생각을 잘 보여준다. 이 영화의 줄거리는 컴퓨터 프로그램으로 만든 가상세계를 방문하는 동료가 죽자, 주인공이 그 세계로 들어가서 사건의 전모를 밝힌다는 것이다. 그런데 이 주인공 역시 프로그래밍된 가상세계에 사는 프로그램일 뿐이다. 마지막에 그가 현실 세계로 와서 자신을 만든 여인과 사랑에 빠지긴 하지만 그 세계가 실재하는 곳인지는 또 어찌 알 수 있는가.

또는 1999년부터 2003년까지 만들어진 워쇼스키Wachowski 형제의 영화 〈매트릭스〉 시리즈 역시 이런 맥락에서 이해할 수 있다. 우리는 어쩌면 프로그램된 가상의 공간에서 허상을 참된 실재로 믿고 살고 있는지도 모른다. 빨간 약을 먹으면 고통스럽게 진실된 세계를 보게 될 것이다. 그런데 그 세계가 현실인지를 어떻게 알 수 있겠는가. 우리는 그저 생각을 통해 진실을 감지할 뿐인데 말이다.

이에 비해 헤라클레이토스는 '있는 것은 오직 변화일 뿐'이라고 주장하며 "만물은 흐른다panta rei"라고 이야기한다. 모든 것은 끊임없이 변화하며, 변화만이 변화하지 않는 것이다. 그는 이 변화의 원리인 '로고스'가 만물을 있게 하는 근원이라고 말한다. 이 로고스는 한편으로는 '말'이기도 하고, 다른 한편으로는 '인간의 지성'이기도 하다.

서양철학에서 가장 중요한 개념이 있다면 분명 이 로고스일 것이다. 인간이 이러한 변화의 원리를 깨닫고 세계를 이해할 수 있는 이유는 로고스에서 파생된 정신nous을 소유하기 때문이다. 이 두 사람의 생각은 이후 서양철학에서 세계를 이해하는 중요한 두 흐름을 대변한다. 파르메니데스가 생성과 변화를 거부하고 그 근거에 놓인 존재를 사유했다면, 헤라클레이토스는 생성과 변화만을 주장하면서, 그 원리인 로고스와 그것을 이해하는 인간의 지성적 능력인 이성을 강조한 것이다.

철학은 인간이 지닌 지성에 따라 사실과 의미를 밝히려는 노력의 과정이자 그 결실이다. 그래서 철학은 무엇을 이해하고 해석해보려는 인간의 질문에서 출발하지만 일상적 해명과는 달리 지성을 매개로 하며 체계화되고, 근원적 진리를 향한 열정과 체계를 지닌다.

이처럼 철학이란 인간이 접하는 세계의 여러 사건과 현상은 물론 인간의 내면적 상태, 삶과 관계되는 온갖 것들에 대해 스스로 해명하고 해답을 찾아보려는 노력이다. 철학은 어떤 주어진 이념이나 믿음이 아닌, 우리 모두가 가진 '지성'이라 부르는 능력에 따라 이 모두를 생각하고 풀어가는 과정의 학문이다.

그렇기 때문에 철학에는 지성적 체계가 있으며, 개념과 이론이 담겨 있다. 철학이 인간의 근본적인 질문에 관계한다는 사실을 보면 누구나 철학적일 수 있지만, 학문이란 측면 때문에 철학은 어렵고 복잡해진다. 철학을 이해하기 위해서는 어쩔 수 없이 이런 학문적 노력을 해야 한다. 그러나 철학은 우리 누구나 지닌 문제에 대해 묻고 답하는 인간적인 학문이기에 그런 어려움을 넘어서면 새로운 의미의 세계를 보여주는 놀라움의 학문이기도 하다.

유럽 철학의 두 흐름

파르메니데스와 헤라클레이토스가 철학적 사유의 두 원천이라면 이러한 생각을 종합하면서 처음으로 유럽적 철학의 틀을 세운 사람이 바로 플라톤이다. 그는 자신의 저서『국가國家』제7권에서 사용한 '동굴의 비유allegory of the cave'에서 세계의 근원을 설명하며 '이데아idea' 학설을 제시했다.

그에 따르면 이 세상에 존재하는 모든 사물과 사건은 천상 세계에 존재하는 본래의 모습인 이데아를 반영한 것이다. 그 모두는 이데아의 반영이며 그림자에 불과하다. 인간은 그림자인 이 세계를 벗어나 참된 세계인 이데아를 찾아가야 하며, 자신의 무지를 벗어나 이 영원하며 불변하는 원형의 세계를 알기 위해 노력해야 한다. 그러한 세계를 찾아가는 일은 인간이 로고스를 지니고 있기 때문에 가능하다.

인간의 이성은 이 원형적 세계에 대한 기억을 갖고 있지만, 육체와 감각의 사슬에 묶여 그것을 잊고 있다. 이 참된 세계를 찾아가야 하는 인간의 의무와 열정을 그는 '철학함'이라고 말한다. 플라톤은 철학을 지혜에 대한 열정으로 규정하고, 그 열정을 지닌 자를 철학하는 사람이라 이야기한 것이다.

우리에게는 지상의 그림자를 벗어나 참된 세계와 진리를 찾아가야 할 의무가 있다. 인간이라면 누구나 이런 의무와 열정을 갖고 있으며, 그렇기에 인간은 근본적으로 모두 철학자다. 우리 모두는 참된 세계를 향한 열정과 진리를 추구하는 존재이기 때문이다.

이에 비해 그의 제자이면서 철학의 또 다른 축을 이룩했던 아리스토텔레스는 구체적으로 존재하는 자연과 사물의 원인을 추구했다. 세상에는 어떤 원형이 있어 현실적으로 존재하는 모든 자연과 사물을 지금처럼 구체적인 모습으로 만들어낸다. 그것이 우리가 일상에서 접하는 자연이나, 세계, 또는 살아 있는 생명체이거나 사물들이다.

사물이 존재하는 원리로 아리스토텔레스가 제시한 네 가지 원인은 형상과 질료, 목적과 운동이었다. 이렇게 구체적인 사물의 원인과 현상을 설명하려 했기에 아리스토텔레스는 근대 이후 유럽이 이룩한 자연과학적 세계관을 정립한 원조로 꼽히곤 한다.

사실 그는 물리학, 동물학, 식물학, 천체학, 기상학과 같은 자연과학은 물론 정치학과 시학, 논리학과 윤리학 등 오늘날 존재하는 수많은 학문의 갈래를 정한 사람이다. 현대에서 보는 학문의 구체적인 모습은 그에 의해 시작되었다고 말해도 과언이 아니다. 그뿐 아니라 아리스토텔레스는 자연적 영역을 넘어서는 그 이상의 것에 대해 논의하는 철학을 '형이상학(形而上學, metaphysics)'이라는 이름으로 정형화하기도 했다. 자연학 이후의 학문이라는 뜻의 형이상학은 존재의 원인이나 의미, 또는 신적인 영역, 초월적 원리를 생각하는 철학을 가리킨다.

이처럼 서양의 모든 사상, 학문과 철학은 플라톤과 아리스토텔레스라는 두 갈래에서 시작되기에 이들은 철학과 자연과학의 원형으로 간주된다. 그리스 철학으로 대표되는 서양사상은 이처럼 존재하는 사물의 근원을 묻는 존재의 사유임과 동시에 존재하는 사물에 대한 지식을 묻는 학문으로 구체화되었다. 이렇게 그리스 철학자들이 물었던 질문들이 현대의 학문, 특히 자연과학으로 발전한 것이다. 그리고 오늘날 자연과학은 철학을 밀어내고 자신이 참된 지식의 준거이며 가장 올바른 모든 학문이라고 주장하기에 이르렀다. 다시 말해 오늘날 인문학이 처한 위기는 성찰적 학문인 철학조차 과학이 되고자 하는 데서 비롯되었다고 말할 수 있다.

동아시아 철학의 근원

문화와 역사가 동과 서를 중심으로 나누어질망정 인간은 하나의 종이며, 동일한 역사와 근원을 지닌 존재다. 인간이 자신을 타자화해서 바라보며 자신의 존재를 성찰하고, 또한 자신을 둘러싼 세계와 자연, 역사와 문화, 나와 너를 인식하고 질문하면서 이해하고 해석하려 했던 본질적 행위 역시 동과 서에서 보편적으로 발견되는 현상이다. 그럼에도 동아시아 문화권에서는 철학이란 말을 쓰지 않았다. 보편적인 지성적 활동으로서의 철학에 상응하는 동아시아 문화권에서의 표현은 '배우고 묻는다'는 뜻에서 쓰인 '학學', 또는 '학문'이었다.

서양문화를 대변하는 유럽과는 달리 동아시아에서는 변화에 대한 질문과 해명을 통해 인간의 근원적 행위로서의 철학을 이끌어 갔다. 자연의 근원을 설명하려는 동아시아의 사상은 무엇보다 먼저 『역경易經』에서 찾아볼 수 있다. 역易은 변화를 의미한다. 변화하는 자연을 해명하기 위한 생각의 흔적을 담은 책이 『역경』이며 이 가운데 주나라에서 편찬한 판본을 『주역周易』이라 부른다.

『역경』은 유학의 중요한 경전일 뿐 아니라 심오한 사유를 담은 철학서다. 그럼에도 난해한 책이며 점술서로 쓰였던 전통 때문에 오늘날 여러 면에서 오해되고, 점술서로 악용되기도 한다. 그래서 다산 정약용조차 "『역경』을 공부하는 것은 중요하지만 공부가 깊어진 뒤에 해야 하며, 『역경』에 사로잡혀 있어서도 안 된다"라고 경고했을 정도다.

『역경』은 1차적으로 자연의 변화를 설명하고 이를 바탕으로 하여 다가올 미래를 예측하고자 했다. 즉, 이 책은 자연의 원리는 물론 인생의 길흉화복과 삶의 문제, 처서의 지혜 등을 담은 철학서인 것이다. 과거에 대한 해석과 함께 현재를 살펴보려는 반성적 사고가 담겨 있는 이 책은 '역은 생겨나고 또 생겨나는 것(生生之謂易)'이라고 말한다. 그것은 한편으로 생성이고 생명이며 또한 변화다. 생성과 변화의 책『역경』은 하나로 된 선, 양(陽, ─)과 그 사이가 갈라진 선인 음(陰, ──)인 효爻의 조합을 통해 미래를 예측하고 현재를 설명하려 한다. 세 개의 효가 짝을 지어 하나의 괘卦를 이루며, 이것이 여덟 개의 기본 괘를 형성한다.

이를 기본으로 한 여덟 가지 원리는 건(乾, ☰) 곤(坤, ☷) 진(震, ☳) 손(巽, ☴) 감(坎, ☵) 이(離, ☲) 간(艮, ☶) 태(兌, ☱)로 각각 하늘(天), 땅(地), 우뢰(雷), 바람(風), 물(水), 불(火), 산(山), 연못(澤)의 여덟 가지 자연현상을 상징한다. 이것들이 이루는 64괘의 조합과, 나아가 64의 각종 배수로 확장하여 자연현상과 그에 미루어 삶과 인생사를 해석하려 했던 것이다. 역을 기술한 그림이 우주가 생겨나 움직이는 모습과 흡사한 것은 어쩌면 세계의 근원에 대한 인간의 직관적 지혜가 발휘된 결과일지도 모른다.

여하튼 역의 사상은 동아시아의 철학적 사유를 이끌어가는 중요한 근거가 된다. 상대적으로 형이상학적 생각이 부족했던 유가적 전통에서 이런 변화의 사상을 태극太極과 연결 지어 만물의 생성과 변화를 설명한 것은 12세기 송나라에서 형성된 신유학新儒學, 즉 성리학性理學이었다.

유가의 철학은 사회질서와 통치체제에 관계하거나 인간의 인성론에 치중하는 학문이다. 그러한 학문이 불교와 노장 사상에 대응하면서 형이상학적 체계를 갖춘 대표적인 이론체계로 형성된 것이 성리학이다. 이 성리학의 문을 연 주돈이周敦頤는 역경의 철학과 태극 사상을 만물의 원리인 성性과 리理에 연결하여 설명한다. 그는 그 해명을 『태극도설太極圖說』에서 형상화하여 표현하고 있다.

태초의 모습은 무극無極이면서 태극太極이다. 태극이 움직여 양을 생성하고 극에 이르면 고요해져 음을 만들어낸다. 이 고요함이 극에 이르면 다시 움직이니, 한 번 움직이고 한 번 고요해져 음과 양으로 갈리니 그것이 양의兩儀다. 이 양의의 변화에 따라 오행五行이라 이르는 수, 화, 목, 금, 토가 만들어지니, 그 다섯 가지 원리에 의해 남과 여의 원리가 생기며 만물이 생겨나고 변화한다. 성인은 이 만물화생萬物化生의 원리를 알고 그 덕과 합일하여 인간의 삶과 죽음, 역사와 사회를 해석하여 인의仁義의 도에 맞게 세워야 한다. 위대하고 위대한 것이 '역'이며 그 지극함이다.

－『태극도설』 서문

이 『태극도설』은 동아시아의 초기 철학을 성리학의 원리에 따라 새롭게 해명하고 해석한 철학이다. 이는 주자는 물론 조선의 성리학과 일본에까지 커다란 영향을 미쳐 동아시아 철학적 사유의 근거로 작용했다.

동아시아 철학의 특징

동아시아의 철학은 하늘에 대한 생각에서부터 시작하고, 그에 기초하여 세계와 인간의 삶을 설명한다. 하늘은 '자연적인 하늘(宇宙天)'이자 '인격적인 하늘(人格天)'이며, 또한 철학적 원리로 해명된 '형이상학적 하늘(形而上學天)'이었다. "하늘에 죄를 지면 빌 곳이 없다" 또는 "하늘이 나를 버리시는구나" "하늘이 알고 땅이 안다" 등 『논어』에 등장하는 말들은 이를 잘 보여준다. 이러한 하늘에 대한 생각이 통치철학을 필요로 했던 한무제漢武帝에 이르러 '하늘과 인간이 합일하고 상응한다(天人相應)'라는 동중서董仲舒의 사상으로 발전했다. 황제는 하늘의 명을 받아 세상을 통치하는 천자다. 그와 함께 하늘은 만물의 원리인 도道이면서, 모든 사물의 내적 원리인 성性이기도 하다는 것이다.

유학의 경전을 집약한 책 『중용中庸』은 맨 첫머리에 '하늘이 명한 바를 가리켜 성이라 하고, 이 성을 따르는 것을 도라 하며, 도를 닦는 것이 배우고 가르치는 것(天命之謂性 率性之謂道 修道之謂敎)'이라 했다. 만물을 이루는 원리인 성性과 그 내적 원리인 리理를 동일한 것으로 해석한 것(性卽理)이 성리학이다. 사물은 이치와 물질적 원리가 합쳐진 것, 즉 이理와 기氣의 결합물이다. 인간 역시 마찬가지의 원리로 이루어진다.

조선 시대 유학은 이를 해석하여 인간의 정신적 본성인 인의예지

仁義禮智는 이理의 측면이며, 질료적 요소인 기氣는 사물을 접하면서 표현되는 인간의 자연적인 감정의 근원이라고 한다. 무엇을 측은하게 여기는 마음(측은지심 惻隱之心)과 자신의 옳지 못함을 부끄러워 하고 남의 옳지 못함을 미워하는 마음(수오지심 羞惡之心), 다른 사람을 배려하고 예를 갖추는 마음(사양지심 辭讓之心)과 옳고 그른 것을 가리는 마음(시비지심 是非之心)은 인간에게만 있는 것이다. 이런 사단四端의 원리적 근거는 이미 『맹자』에 나타나 있다. 이를 확대하여 사단칠정론四端七情論을 인간 본성으로 해석한 퇴계 이황李滉의 철학은 인간 본성에 대한 매우 체계적인 해석인 셈이다.

사단에 덧붙여 퇴계는 인간의 기적 측면에서 일곱 가지 정감적인 면들, 즉 기쁨, 노여움, 슬픔, 두려움, 사랑, 미움, 욕망으로 해명했다. 그 뿌리는 이미 『예기禮記』「예운禮運」편 등에서 찾아볼 수 있지만 이처럼 논의가 발전하면서 후대에 이르러서는 인간의 본성을 이해하는 철학으로 체계화되었다.

동아시아의 철학은 서양과 달리 인간과 사물을 이루는 원리를 동일한 근거에서 찾았다. 그것은 바로 하늘의 명命이다. 이제 학문은 이러한 원리를 알고 깨달아 내 안에 내면화하는 데서 완성된다. 유학자들은 안으로 이 원리를 깨달아 성인이 되고, 밖으로는 이에 근거하여 백성을 다스리는 것을 최고의 덕목으로 간주했다. 이른바 '안으로는 성인이 되고 밖으로는 올바른 통치자가 된다(內聖外王)'는 논리다.

이처럼 동아시아의 학문은 한편으로 백성과 나라를 다스려 천하를 평화롭게 하면서(修身齊家 治國平天下), 다른 한편으로는 자신의 마음과 뜻을 지극히 하고(正心誠意), 사물의 원리와 이치를 곰곰이 탐구하여 군자가 되는 데 학문과 삶의 목적을 두었다. 이른바 격물궁리格物窮理와 수기치인修己治人의 두 길이 그것이다.

그래서 성리학은 자연의 원리와 이치를 깨닫는 것과 자신을 닦는 것이 하나가 되어야 공부가 완성된다고 보았다. 인간이 인간답다는 것을 철저히 배우고 익히는 데서, 그래서 자신 안에 내재한 천명과 이치를 깨쳐가는 데 공부의 목적이 있다는 것이다. 학문의 원리와 목표도 모두 여기에 존재하며 그럴 때만이 의미를 지닌다.

동아시아 철학은 어떤 경우도 사람의 위치나 권력, 소유의 정도로 인간됨을 판단하지 않았고, 오로지 사람이 사람답게 사는 것이 삶의 목적이자 가치임을 지향했다. 그러한 맥락에서 동아시아의 학문은 '아는 것과 행동하는 것은 같아야 하고, 깨달았다 하더라도 올바르게 내면화되지 않으면 헛된 것'이라고 생각했다. 그렇게 인성론과 지식론이 함께 이루어진 철학이 동아시아의 전통이었다. 단적인 예가 퇴계 이황이 1568년, 성왕聖王 및 성인聖人이 되기 위한 유교철학을 열 가지 도설圖說로 작성하여 선조에게 올린 〈성학십도聖學十圖〉일 것이다. 이 그림을 통해 퇴계는 선비의 표상인 왕이 가야 할 길을 간략하게 요약해서 설명하고 있다.

02

이해와 해석으로서의 철학

································

모든 인간은 본성적으로 알기를 원한다

철학은 과연 어떤 학문일까? 철학은 모든 것을 이해하고 해석하려는 인간의 본성에서 시작되었다고 했다. 그렇기에 철학은 해석하는 사람에 따라 다양한 형태로 주어지지만, 근본적인 원리란 측면에서 보면 동일한 특성을 지닌다. 철학은 보편적 현상을 각기 다른 대답으로 드러낸다. 철학이 무엇인지 묻는 질문은 곧 이 '같음과 다름'에 대해 묻는 것이다. 철학이 무엇인지 묻는 것 자체가 철학이다. 이렇게 묻고 이해하는 과정의 학문이기에 철학은 철학이 무엇인지를 묻는 가운데 성립된다. 바꾸어 말해 어떻게 질문하고 그에 대해 어떠한 이해의 체계를 제시하는지, 그에 따라 우리가 어떤 길을 걸어가야 하는지를 묻는 그 질문 가운데 철학이 자리한다는 말이다. 그 모두를 철학이라 하기에 철학이 무엇인지 묻는 물음은 그 자체로 거울에 비친 거울이 무엇인지 묻는 질문과 같다. 이 물음에 대한 답이 체계화된 것이 학문으로서의 철학이다. 그러한 대답은 인간의 존재에 관계되는 모든 것이다.

철학은 언제나 질문하고 비판하는데, 이렇게 질문하고 해명하는 과정에 있는 학문 또한 철학이다. 다른 학문들, 가령 자연과학이나 사회학, 또 다른 어떤 응용 학문들은 객체적 사물이나 현상에 대해 설명하고 기술하기에 명확한 답과 결과를 말할 수 있다.

이에 비해 철학은 인간의 자기이해에 관계되고, 묻고 답하는 과정에 있으며, 이해하고 해석하는 체계에 관계되는 학문이다. 그래서 정답이 아닌 해답이 존재하며, 결정되고 완성된 지점이 아니라 언제나 걸어가는 과정만이 있을 뿐이다. 철학사에서 보는 수많은 철학적 사유는 이러한 과정에서 모습을 드러내는 그만큼의 얼굴이며 그것을 비추는 거울인 셈이다. 그렇기에 철학은 자기의 거울이며, 인간이 스스로를 이해한 거울 속의 거울이다.

사람이라면 누구나 자신에게 일어난 일이 왜 그렇게 되었는지 이해하고 설명할 수 있기를 원한다. 또 사물이나 사건을 보면 그 원인은 무엇이며 내용은 어떤지에 대해서도 알고 싶어 할 것이다. 그래서 아리스토텔레스는 "인간은 본성적으로 알기를 원한다"란 말로 철학을 시작했다. 여기서 말하는 앎이란 일반적인 지식일 수도 있지만 근본적인 원인이거나 근거일 수도 있다. 일반적인 지식을 넘어서는 근본적 원인과 근거에 대한 질문을 아리스토텔레스는 철학의 본래적 과제라고 말한다. 눈에 보이거나 지각 가능한 사물에 대한 지식을 넘어서는 근본적 앎을 철학의 주제라고 생각한 것이다.

그래서 아리스토텔레스는 지각할 수 있는 사물에 대한 학문을 자연학이라 부르고, 그를 넘어서는 지식을 '자연학 이후의 학문'이라 일컬었다. 그의 저서를 정리하던 후대 철학자가 이 말에서 '형이상학'이란 단어를 만들었다. '넘어서 있다'는 의미의 그리스어 'meta'와 '자연'을 뜻하는 'physis'가 합쳐져 자연적인 것을 넘어서 있는 영역을 다루는 학문이란 뜻으로 이런 이름을 붙인 것이다.

이렇게 보면 철학은 자연사물에 대한 일반적인 지식을 뛰어넘은, 근본적인 영역에 관계되는 학문임을 알 수 있다. 때문에 철학은 본래적으로 형이상학일 수밖에 없다. 철학이 어려워지고 낯설어지는 것은 이처럼 감각적 영역을 넘어서며 지각할 수 없는 것에 대해 설명하고 이해하려 하기 때문이다. 우리는 많은 경우 감각적 영역에 매달려 살아가고 있기에 이런 학문이 낯설 수밖에 없다.

물론 모든 사람들이 매 순간 이런 근본적인 질문이나 그런 지식을 추구하는 것은 아니지만 어느 순간 근본적인 질문이 떠오르기도 하고, 갑자기 삶의 이유와 목적에 대한 의문이 들기도 한다. 가까운 사람이 죽는다거나 도저히 받아들일 수 없는 나쁜 일이 벌어졌을 때, 또는 설명할 수 없는 현상이 일어난다면 그에 대해 "왜?"라고 묻게 되지 않는가. 이는 사람은 본성적으로 알고자 하고 이해하며 설명할 수 있어야 살아갈 수 있기 때문이다.

이런 문제를 자연과학적으로 해명할 수 있을 것 같지는 않다. 측정하고 관찰하여 그 안에 들어 있는 지식과 원리를 찾아내는 발견하는 학문이 과학이라면, 철학은 그 원인과 목적에 대해 이해하고 해명하려 하기 때문이다. 따라서 철학을 짧게 정의한다면 '근원적 이해의 학문'이라고 말할 수 있다. 철학은 객관적인 지식을 찾아내는 학문이 아닌, 우리가 스스로 이해하고 해석하기 위한 학문이다. 이것을 '자기이해'란 말로 규정하기로 하자.

또한 철학은 바깥이 아닌 나 자신에게서 답을 찾고, 철저히 인간의 영역에서 이해하고 해석하려는 지적인 노력이다. 그렇기에 철학은 인간에 의한 인간을 위한, 인간의 학문이다. 인간의 자기이해, 그것이 철학인 것이다.

이러한 생각을 바탕으로 철학의 특성을 정리해보면 첫째, 철학은 먼저 이해와 해석의 학문이다. 그러한 인간의 본성에서 주어지는 생각의 과정, 이해의 과정을 철학이라고 부르기 때문이다.

둘째, 인간이 지닌 이 이해와 해석의 과정은 자신에서 비롯되어 자신을 향하는 것이기에 자기회귀적이란 말로 표현된다. 즉, 인간이 이해하는 것은 자신의 이해와 해석을 통해 자신으로 되돌아오는 회귀적 특성을 지닌다는 뜻이다. 연어가 몇 만 킬로미터를 헤엄쳐 결국 자신이 태어난 고향으로 돌아오듯이 철학은 자신의 근원, 그 고향으로 회귀하는 학문이다.

셋째, 철학은 역사성의 학문이다. 앞에서 말했듯 철학은 철저히 역사성에 근거하여 이루어지는 인간의 지성적 작업이므로, 인간의 시간적 조건과 그에 대한 사유로서의 역사성을 떠나서는 철학을 이해할 수 없다. 또한 초월을 지향하기에 철학은 초월성을 사유하는 학문으로 규정할 수 있다. 이 모두는 결국 의미를 찾으려는 본성에서 시작되기에 철학은 우리의 존재 자체와 관계된다. 그래서 철학의 마지막 특성을 존재론에서 찾는 것이다.

이러한 특성이 철학의 본성이라면, 그것은 결국 인간의 본성에서 유래되었음을 알 수 있다. 어쩌면 인간의 인간다움이야말로 철학의 본성에서 이해된다고 말해야 할지도 모른다. 그런 의미에서 철학은 인간 존재의 거울이며, 스스로를 비추는 거울 속의 거울이다.

___

철학은 이론이 아니라 실천이다

흔히 사람들은 이론과 실천을 구분해서 생각한다. 아는 것과 행하는 것은 같지 않다는 것이다. 지식이 뛰어난 학자가 반드시 도덕적인 사람이 아니듯이, 철학적으로 유명한 사람이 곧 윤리적인 사람인 것도 아니다. 그래서 유명한 신학자라 해서 신심이 깊은 영성가나 성인聖人인 것은 아니라고도 생각하기 쉽다. 그러나 철학이 처음 시작되었을 때의 모습을 돌아보면 이것은 잘못된 생각인 듯하다.

기원전 6~7세기경, 철학은 존재하는 것을 이해하려는 본능적 욕구에서 시작되고 등장했으며, 그 이해는 곧장 실천적 행위와 함께했다. 아는 것은 행하는 것이며, 행함이 없는 앎은 앎이 아니다. 이 시대는 이론과 실천을 명확히 구분하지 않았고, 이런 구분은 자연과학이 성립된 근대 이후에 나타났다.

동아시아는 물론이고 유럽철학의 뿌리인 그리스 철학에서도 '이해하고, 해석하기' 위해 인간이 지닌 지성을 사용했다. 그렇기 때문에 철학은 이론적 형태를 띠게 되었고, 철학적 사유가 발전해감에 따라 점점 더 체계화되고 개념화되었다. 따라서 철학은 불가피하게 학문으로 자리하게 된 것이다.

더욱이 현대 철학은 2500여 년에 이르는 이러한 생각과 이론의 결정체이기에 무척 난삽하고 복잡하다. 그래서 철학에 관심을 갖고 접근하는 사람들에게 이 이론의 역사는 무척 당황스럽고 생소하며, 끝내는 철학을 포기하게 만드는 이유가 되기도 한다. 그런데 삶이 쉽지 않다면 삶을 해명하는 학문 역시 쉬울 수 없는 것이 당연하지 않은가. 쉬운 삶이 없듯이 쉬운 철학도 없지만, 이해되지 못할 삶이 없다면 이해 못할 철학도 없을 것이다.

철학은 인간이 당면하는 근본적 질문에 대해 이해하고 해석하는 사변적인 체계였던 만큼, 이것을 삶에 뿌리내리게 하고 실제적인 행동으로 구현하기 위해 실천을 중요하게 여겼다. 인류 역사에서 처음으로 철학적 작업을 수행했던 이들의 대부분은 형이상학적 이론이나 교리적 체계를 세우는 데는 관심이 없었다. 오히려 그들은 구체적인 삶의 과정에서 어떻게 살아가고 행동하며, 자연이나 사물, 또는 다른 사람과 맺어가는 관계가 어떠해야 하는지에 대해 고뇌했다. 초기 철학자들은 구체적인 행위와 분명한 실천을 통해 자신이 이해하고 해석해왔던 것, 이른바 철학을 구현해갔던 것이다.

'영원의 철학'으로 불렸던 이 학문은 분명 근원적 세계에 대한 이론이며 그러한 학문적 체계란 특성을 지니지만, 그럼에도 결코 실천을 배제한 채 이루어진 순수한 생각의 놀이거나 그 결과만은 아니었다. 오히려 반대로 초기 철학자들은 올바르게 행동하고 참되게 살기 위해 본질을 따지고, 근원적 세계에 대해 생각했으며, 어떻게 자신의 삶과 일상을 세계와 일치시켜나갈지를 심각히 고민했다. 철학을 실천과 떨어뜨려 놓고 생각할 수 없는 이유는, 이해하고 실천하는 과정에서 깨달음을 얻을 수 있다는 특성을 지니고 있기 때문이다.

그러므로 올바르게 이해되는 철학은 인간의 몸과 마음 모두로 이루어가는 존재론적 행위일 수밖에 없다. 인간이 자신의 존재와 인격을 실현하려는 노력에서 주어지기에 굳이 말하자면 철학은 실천과 함께 할 수밖에 없는 학문이다.

현재의 학문, 영원의 철학

독일 근대 철학자 라이프니츠G. W. Leibniz에 따르면 철학의 주제는
진·선·미라는 세 단어로 요약할 수 있다. 진리란 무엇이고 참되다
는 것은 무엇인지를 따지는 진리론, 인간다운 삶과 본성의 탁월함에
관계하는 윤리적 질문이 전통적인 철학의 주제였다면, 그에 덧붙여
아름다움을 느끼고 아름다움을 추구하는 인간의 본성에 대해 탐구
하는 것이 철학의 본래적 과제라는 말이다.

라이프니츠의 이 말은 그만의 생각이 아니라, 철학을 처음으로 정
의했다고 할 수 있는 플라톤 이래의 전통을 정리한 것이었다. 철학
은 본질적 문제에 대해 해명하려는 인간의 본성에서 비롯된 지적
노력이다. 즉, 세계와 역사, 자연과 인간, 삶과 죽음 등에 대한 본질
적 질문과 대답이 철학인 것이다.

따라서 인간이라면 누구나 철학적 관심과 철학적 노력을 기울일
수밖에 없다. 비록 매 순간 이런 문제를 의식하면서 학문적으로 철
학하지는 않지만 인간이라면 누구나 이러한 삶을 살아가고 있다.
따라서 인간은 철학적 존재라고 할 수 있다. 학자로서의 철학자는
인간의 보편적 노력과 본성을 학문적이며 체계적으로, 또는 전문적
으로 수행하는 사람일 뿐이다.

그래서 라이프니츠는 철학을 '영원의 철학philosophia perennis'이란 말
로 정의했다. 철학은 인간의 본성, 그리고 영원하고 보편적인 문제

에 관계되는 학문이기 때문이다. 철학은 인간이 살아 있는 한 결코 사라질 수 없는 영원의 학문이다. 인간이 지각하는 현상을 넘어 근본적인 원리를 찾으며, 일시적이며 지나가는 사건을 넘어 그것을 근거 짓는 본성에 대해 생각하는 학문, 그것이 철학이다.

라이프니츠에게 있어 철학이란 영원한 진리를 추구하고, 인간의 본성적 선함과 올바름을 실천하는 삶이며, 아울러 참되고 선하기에 아름다울 수밖에 없는 미美의 본성을 찾는 지적 노력이었다. 그래서 그는 수학자로서 아이작 뉴턴Isaac Newton과 별개로 미적분학을 정립했고, 물리학자로서 에너지에 대한 논의도 전개했는가 하면, 종교개혁에 따라 요동치는 유럽 사회의 통합을 위해 노력한 외교가이기도 했다. 그 모든 것은 철학적 지평에서 이루어지는 것이기에 가능했다.

이처럼 철학이란 대학 구석에서 철 지난 사상가가 다루는 학문이 아니다. 또한 보통 사람들은 거의 관심을 쏟지 않는 난삽한 논리적 문제를 풀거나 그냥 지나가도 될 문제에 시비를 거는, 다루기 힘들고 별로 쓸모없는 일을 하는 학문은 더더욱 아니다. 철학은 일상적 맥락을 벗어난 주제에 빠져 있거나, 살아가는 데 별 도움이 되지 않는 고리타분한 문제를 다루는 작업이 결코 아니다. 사람이 사람답게 살아가기 위해 마주하게 되는 모든 문제를 스스로의 생각을 통해 찾아가려는 노력, 그것이기에 철학은 지금 이 자리에 선 우리의 본래적 관심에 따른 철저히 현재적인 학문인 것이다.

그와 함께 생각해볼 필요가 있는 것은 철학과 다른 학문과의 관계다. 역사적으로 서구에서 철학이란 말은 인간이 펼치는 학문 일반을 지칭하는 단어였다. 즉, 철학은 학문이라는 말의 동의어와 같았던 것이다.

예를 들어 동물의 다양한 모습을 해명하려 했던 라마르크J. B. Lamarck의 진화설은 『동물철학Philosophie Zoologique』이란 저서로 발표되었고, 뉴턴의 물리학 이론서의 제목은 '자연철학의 수학적 원리Philosophiae Naturalis Principia Mathematica'이다. 철학은 인간이 펼쳐가는 자기이해와 해석의 지성적 노력 전부를 가리키는 말인데, 이것이 개별 사물에 관계될 때면 그에 따른 구체적 이름을 지니고 나타난다. 이러한 분화는 근대에 이르러 자연과학이 등장하면서 시작되었다.

자연적 대상에 대한 객체적 지식을 찾는 과학과 달리 철학은 그 근거를 묻고 그 의미가 무엇인지 해명하는 학문이었다. 근대에 이르러 분과학문 체계가 생겨나면서 철학의 근원적 특성을 매몰시키고 철학을 그저 철학사에 대한 지식, 또는 논리학이나 인식론 같은 학문으로 잘못 이해한 것이다.

이런 사실은 심리학과 심리철학, 역사학과 역사철학, 자연과학과 자연철학이 어떻게 같고 다른지를 생각해보면 명확히 알 수 있다. 예를 들어 생명과학과 생명철학은 어떤 점에서 같고 어떤 점에서 다른가? 이 문제를 생각해보면 철학의 특성이 무엇인지 이해할 수 있다. 철학은 객체적 지식을 찾는 것이 아니라, 이해하고 해석하려는 인간 본성이 비춰진 거울이다.

03

철학적 인간학이란
무엇인가

철학적 인간학의 배경

철학은 문제에서 시작하여, 역사의 과정을 통해 이루어진다는 점에서 철학사는 문제사問題史이다. 철학의 시작은 '존재란 무엇인가'에 대한 질문이었지만 사실 그 바탕에 자리한 문제는 존재에 대한 물음을 통한 인간의 자기이해였다.

철학의 질문이 비록 존재에서 인식론의 문제로, 또는 윤리와 아름다움에 대한 질문으로 변형되어왔을지라도 그 바탕에는 언제나 질문하는 인간과 그를 이해하는 우리의 존재론적 지평이 문제로 자리 잡고 있었던 것이다. 그런 까닭에 철학은 철저히 인간의 학문이었다. 그럼에도 철학적 사유의 역사에서 인간을 독립된 주제로 다루기 시작한 것은 최근의 일이다.

앞서 언급했듯 칸트는 자신의 철학을 네 가지 질문에 대한 대답이었다고 말한다. 그것을 그는 우선 '인간은 무엇을 알 수 있는가', '인간은 무엇을 할 수 있는가', 또한 '인간은 무엇을 바랄 수 있는가'라는 세 가지로 요약한다.

그 대답은 그가 쓴 유명한 3대 비판서에서 언급되었다. 인간의 앎과 인식에 관한 『순수이성비판』, 실천 행위와 윤리적 질문에 관계되는 『실천이성비판』, 미적 판단에 관한 『판단력비판』과 그 외 종교철학에 대한 저서가 각기 이 질문에 대한 대답이었다. 그럼에도 이 모든 질문은 결국 '인간이란 무엇인가'라는 마지막 질문으로 모인다. 이러한 관점에서 보면 결국 철학이란 넓은 의미에서의 인간학, 즉 인간에 관한 인간의 학문이다.

이렇게 철학을 간결하게 정리한 것이 칸트의 대답이었다면, 이를 근거로 하여 철학적 인간학이란 구체적 틀을 명확히 제시한 것은 독일의 철학자 셸러M. Scheler라고 흔히들 이야기한다. 현대 철학에서 철학적 관점에서 인간을 명시적으로 다룬 저서는 앞서 말한 셸러가 1928년에 쓴 『우주에서의 인간의 지위Die Stellung des Menschen im Kosmos』일 것이다. 많은 철학자들은 이 작품을 철학적 인간학이 구체적으로 시작된 계기로 본다.

칸트 이후의 독일 철학을 주도한 신新칸트주의적 맥락에서 철학의 영역은 가치와 문화의 문제, 또는 인간의 문제에 대한 지엽적 주제로 제한되었다. 존재의 근거나 인식의 근본 문제를 논의하던 철학이 이전보다 세부적인 주제를 다룸으로써 오히려 그 범위가 축소되고 개별 과학으로 제한되는 현상을 초래한 것이다. 칸트와 셸러 이후엔 인간의 본질을 이해함에 있어 생물학적 지식을 근거로 하는, 이른바 생물학적 인간학이 대두되기도 했다. 플레스너H. Plessner, 겔렌A. Gehlen 등은 이런 경향을 대표하는 철학자들이다.

예를 들어 철학적 인간학을 개척한 철학자 중 한 명인 겔렌은 인간을 다른 동물에 비해 자연적 능력이 결핍된 존재Mängelwesen라고 본다. 새들처럼 날지도 못하며, 물고기처럼 수영하지도 못하는 인간, 사자처럼 용맹하지도, 뱀처럼 슬기롭지도, 독수리처럼 하늘을 박차 오르지도 못하는 인간, 그 인간은 선천적으로 무언가가 빠져 있는 존재다. 그럼에도 인간의 존엄함은 이성과 그 정신에서 주어진다. 겔렌의 생각 역시 본질주의적 철학을 전개한 플라톤적 전통에 놓여 있다. 여하튼 이런 맥락에서 이 당시 철학에서는 인간에 대한 논의가 그 어느 때보다 풍성했다.

이처럼 철학사에서 철학적 인간학이 독립된 주제로 설정된 것은 19세기에 이르러서였다. 그 이전의 자연과 존재일반은 물론 인식과 윤리, 형이상학에 머물러 있던 철학이 '인간에 대한 자기이해'를 중요한 주제로 다루게 된 것이다.

이 주제는 철학뿐 아니라 사실 모든 학문에 담긴 핵심적인 과제다. 자연과학은 자연과 사물에 대한 지식을 추구하기 때문에 얼핏

보기에 인간과는 무관하다고들 생각하기 쉽다. 그러나 오늘날 자연과학에서도 인간이 없는 자연과학적 지식은 순수하게 객관적이거나 독립적으로 주어지지 않는다고 생각한다. 하물며 사회적 관계를 논의하는 사회과학이나 인문학은 두말 할 필요조차 없을 것이다. 학문은 철저히 인간에 의한, 인간을 위한, 인간의 지식이다. 인간이 없는 학문은 불가능하다. 따라서 모든 학문의 밑바탕에는 인간에 대한 생각이 담겨 있다고 말하지 않을 수 없다.

인간을 이해하는 세 가지 차원

인간을 인간이게 하는 고유한 특성이 무엇인지는 철학적 인간학의 주된 물음이다. 생물학적으로만 인간을 정의하려는 것은 절대 불가능하다. 진화인류학적 관점에서 볼 때 인간은 약 15만 년 전쯤 현생인류로 진화했다고 한다.

인간과 가장 가까운 친척은 침팬지나 보노보 원숭이 등을 비롯한 유인원hominidae인데, 이들과 인간이 보이는 유전적 차이란 1.5% 정도에 지나지 않는다. 굳이 이런 유전적 사실이 아니라 동물생태학적 관점에 따라 살펴봐도 이들과 인간은 많은 면에서 매우 유사하다.

인간만의 특징을 규정하려는 생물학적 작업들은 그렇게 명확하게 규정되지 않는다. 현대 진화인류학적 보고에 따르면 언어와 도구 등 인간을 규정했던 특징들은 인간만의 것이 아니라고 한다. 심지어 연민과 동정, 다른 생명체와 생명을 공유하려는 태도 역시 다른 동물들, 특히 고등 포유류에서는 흔히 찾아볼 수 있다고 한다. 그렇다면 과연 인간을 인간이게 하는 고유성은 무엇에 있는 것일까?

인간이 스스로를 이해하는 차원은 세 가지로 나누어볼 수 있다. 먼저 생물학적 존재로 태어난 인간은 자신의 생물학적 조건과 한계를 안고 있다. 우리는 몸을 지닌 존재이자, 몸의 변화와 한계에 제한되어 있는 존재이기 때문이다. 누구나 먹지 않으면 죽을 수밖에 없고 몸의 변화에 따라 기분과 마음이, 나아가 우리 존재 자체가 변하게 된다. 정신사적 전통은 인간의 몸적 조건을 낮추어 보거나 때로는 무시하기도 했지만 이 생물학적 조건을 제외한 채 인간을 이해하기란 불가능하다. 어쩌면 이 조건이 인간을 이해하는 가장 본질적 원리일지도 모른다.

그럼에도 인간은 이러한 생물학적 한계와 조건에만 얽매여 있지 않고, 한계 너머의 어떤 세계를 지향하는 존재다. 생물학적 존재로서의 모습과 조건, 생물학적 한계가 나 자신이지만, 동시에 이렇게 그 이상의 세계를 지향하는 경향 역시 나 자신의 모습이다. 인간은 자신이 지향하는 그 이상의 세계를 떠나서는 올바르게 존재하지 못한다. 이 두 가지 차원은 인간이 자신의 현재를 이해하고 해석하는 행위, 자신의 존재를 형성해가는 과정에 함께 작용한다.

또 하나의 차원은 인간의 철학적 현재가 생물학적 조건과 한계와 함께 그것 너머의, 그것 이상의 세계를 지향하는 초월성을 함께 사유하는 '지금, 여기'란 터전이다. 그 터전은 주어진 존재와 함께 나 자신의 존재를 충족해가는 과정이기에 현재는 이러한 존재가 함께 어우러지는 시간이다.

이렇게 보면 인간은 이 세 가지 현상이 모여 이루어진 존재임을 알 수 있다. 앞에서 보았듯이 생물학적 조건을 지닌 존재로서의 나, 자신이 지향하고 나아가기를 원하는 세계에 관계하는 나와 함께 이 모두를 이해하고 해석하면서 지금 여기서 만들어가는 나의 존재가 그것이다.

이것을 몸적 존재, 초월적 존재, 현재에서 이해하고 해석하는 존재라 정의하기로 하자. 결국 인간은 이 세 가지 현상과 존재가 서로 얽혀가고 서로 상호작용하는 가운데 형성되는 존재다. 이 세 가지 현상과 존재 가운데 어느 하나도 부족하거나 열등한 것은 없고, 그 중 어느 하나를 배제하고서는 인간을 올바로 이해할 수 없다. 인간을 인간으로 규정하고 인간을 인간이게 하는 특성을 이해하는 것은 이 세 가지 차원을 이해할 때 가능한 일이다.

인간이 펼쳐가는 자기이해와 자기해석의 과정을 철학이라 한다면, 그 학문은 인간 존재의 특성과 그대로 일치한다. 스스로의 조건과 한계를 안고 그것을 통해 자신을 이해하고 해석하는 존재, 그와 함께 그를 넘어 초월성을 향해 나아가는 존재가 인간이며 그 과정이 철학이다. 인간은 자신의 본성과 자신의 존재를 이런 과정을 통해 충족해가고, 철학적 인간학은 그러한 인간의 존재를 사유하는 학문이다.

오늘날에는 진화생물학의 놀라운 성과에 힘입어 인간을 생물주의적 인간학 관점에서 이해하려는 경향이 매우 강력한 설득력을 가지고 나타난다. 그 힘의 근거는 객관적으로 밝혀지는 자연과학적 지식이다. 이런 경향은 겔렌 이후 나타난 철학적 인간학과는 관점이 다르다고 볼 수 있다. 전통적 인간학의 범주와 체계를 넘어 인간을 생물학적 차원으로 환원시켜 이해하기 때문이다.

진화생물학은 인간만의 의미나 초월적 특성에 대해 매우 회의적이다. 이런 경향은 인간이 지닌 윤리와 도덕, 정의와 진리에 대한 열망, 인간에 대한 사랑이나 존재론적 특성 따위를 다만 진화의 결과물일 뿐이라고 말한다.

또한 예술과 학문은 진화 과정에서 생겨났고, 심지어 신에 대한 믿음이나 윤리, 도덕조차도 생존과 번식을 위해 필요했기에 나타난 자연적 특성이라고 이야기한다. 우리나라에서도 잘 알려진 하버드대학교의 진화생물학자 윌슨E. Wilson을 비롯한 많은 진화생물학자들은 이 점을 분명히 강조한다. 그 모두는 진화심리학자인 핑커S. Pinker의 말처럼 "진화 과정에서 생존과 번식을 위해" 자연적으로 선택된 것이다.

생존과 번식을 필요로 하는 생물학적 존재이기에 인간은 진화 과정에서 이러한 특성을 갖추었을지 모른다. 그럼에도 인간은 그 이상의 존재가 아닌가. 그렇기에 인간을 다만 생물학적 차원에 묶어두려는 생각에 동의하지 않는다면, 아니 나아가 우리가 인간이기에 이러한 차원을 넘어서려 한다면 우리는 생물학적 차원 이상에서 주어지는 어떤 특성에 대해 말해야 하지 않을까. 그것은 영혼이거나 정신, 또는 인격personality이거나 인간이 이룩한 문화와 그 결과일 수도 있다. 그것이 무엇이든, 인간의 한계와 조건에 근거하면서 이를 넘어서는 특성, 이 모두를 통합하는 존재론적 성격이 필요하다. 그렇다고 해서 그러한 특성이 반드시 물질적으로 존재해야 할 필요는 없다.

왜냐하면 우리의 감각기관으로 감지할 수 있는 물질적 실재만이 존재하는 전부는 아니기 때문이다. 그러기에 객체적 사고나 물질적 차원을 넘어서는 관점에서 인간의 영성적, 의미론적, 존재론적 특성에 대해 사유하고 그 의미를 밝히는 작업은 매우 중요하다. 이런 작업은 철학적 인간학의 근본 과제 중 하나일 것이다.

이런 작업을 포기하거나 그 의미를 밝혀내지 못하면 인간은 결코 인간다운 존재로 자리할 수 없다. 그럴 때 우리는 결코 우리 자신을 올바르게 이해할 수 없을 것이다. 그 특성을 비록 인간이 스스로 찾아가고, 심지어 그렇게 만들어내는 것일지라도 말이다. 이러한 존재의 특성 없이 인간은 인간답게 존재하지 못하고, 이러한 사유 없이 인간은 인간으로 살아갈 수 없게 될 것이기 때문이다.

현대의 중요한 철학자 가운데 한 사람인 하버마스J. Habermas 역시 인간의 자기이해란 틀에 철학 전체를 틀 지을 수 있다고 말한다. 그럼에도 그는 현대의 철학적 인간학을 본질주의 철학과 존재 중심의 인간 이해로 구별한다. 본질주의 철학이란 본질과 실존에 따라 인간의 문제를 설명하는 체계이고, 존재 중심의 인간 이해는 인간이 이렇게 존재한다는 사실과 그 의미를 중심으로 전개하는 철학을 말한다. 그는 이를 신학적 인간학과 존재론적 인간학으로 규정한 뒤, 자신의 철학적 인간학을 비판철학에 근거한 사회철학적 인간학으로 이해한다. 이것은 결국, 인간에 대한 철학적 관점에서의 정당한 이해는 의사소통의 체계와 공동체의 관계를 떠나서는 불가능하다는 판단에 따른 것이다.

우리가 필요로 하며 그렇게 정립해야 할 철학적 인간학은 어떤 모습일까. 그것이 어떻게 틀 지어지든 한 가지 분명한 것은 지금, 이곳에 자리한 실존적 인간으로서 우리를 떠나서 이루어질 수는 없다는 사실이다. 여기에는 우리의 역사적 경험과 현재에 대한 이해, 나아가 우리가 설정할 초월에의 결단이 포함되어야만 한다.

바꾸어 말해 그것은 인간이 역사적 존재이기에 그의 역사적 특성과 함께 지금, 이 자리에 서 있는 실존적 존재로서의 현재에 대한 성찰과 함께해야 한다는 뜻이다. 이는 인간이 지닌 존재의 의미에 따라 끊임없이 이해하고 해석하는 과정을 뜻하니 이것을 '존재론적 해석학'이라고 부르기로 하자.

철학적 측면에서 이해한다면 인간이란 이러한 해석학의 관점에서 자신의 내면을 되돌아보면서 그와 함께 끊임없이 그 내면을 초월해 가려는 존재다. 굳이 표현하자면 내재적 초월성을 지닌 존재라 하겠다. 인간은 모순적 존재이며 선과 악, 이상과 현실 사이에 놓여 있는 존재다. 인간은 의미와 허무 사이에서 허덕이는 존재이며 자신의 한계와 모순에 아파하면서도 이를 넘어서려는 극복의 존재, 즉 자신의 실존을 넘어 의미와 존재론을 정초하려는 존재인 것이다. 이러한 인간은 자신을 끊임없이 넘어서려는 초월적 특성을 '지금 여기'의 시간, 현재로 가져오는 특성을 지닌다.

이러한 인간학을 위해 우리는 오늘날 거론되는 다양한 형태의 철학적 인간학을 넘어 이 모두의 근거를 설정하는 인간학을 정립해야 할 것이다. 그것은 문화에 근거하여 인간을 이해하는 문화인류학, 인간을 자연적 특성에 따라 이해하는 진화생물학적 인간학 또는 사회적 특성을 인간 이해의 기준으로 생각하는 사회철학적 인간학을 넘어서 있다.

오히려 인간의 존재 의미에 바탕하여 인간학을 설정하는 것이 그 외 모든 다양한 형태의 인간 이해를 근거 짓는 기준이 되어야 한다. 그와 함께 이 인간학은 진화생물학이나 문화인류학 등 다른 인간학의 지식을 배제해서는 안 된다. 오히려 우리가 지향하는 인간학은 그러한 학문이 밝혀내는 올바른 지식을 수용하면서도 그를 넘어서고 그에 의미를 부여하는 철학으로 이어져야 하기 때문이다.

이러한 인간학은 인간의 존재론적 기반과 인간의 자기이해에 대해 해석하는 작업에서 시작된다. 즉, 우리의 인간학은 인간이 자신을 이해하는 자기성selfness에 바탕을 두고, 그 특성을 규정하는 작업에 따라 이루어진다. 인간을 이해하는 중요한 주제들은 이런 것들을 근거로 하여 논의되어야 할 것이다.

/ 3장 /

영원의 거울

만약 우리에게 변하지 않는 본성이 있다면
어떤 경우라도 인간다움을 포기하지 않는 것일 테고,
이것이 진정 인간을 인간답게 만드는 본성일 것이다.

01

인간의 본성에
대하여

························

인간의 본성을 정의할 수 있을까

우리는 가끔 "나는 어떤 사람인가?" "인간은 본래 어떤 존재인가?"
"내가 왜 이랬지? 이러는 나는 누구일까?" 라는 질문을 던지곤 한
다. 이런 질문을 해보지 않은 사람을 없을 것이다. 언제부터 이런
질문을 했는지, 왜 이런 질문을 하는지 따위는 크게 문제되지 않는
다. 어찌 보면 이런 질문을 던진다는 것은 사람이 태어나서 살면서
접하게 되는 자연스러운 일이기 때문이다.

　이런 의문은 인간이 자신을 이해하고 규정하는 본질적인 현상일
것이다. 그것이 인간 심성 깊은 곳에 자리한 본성임에는 틀림없다.
그래서 이렇게 자신을 이해하고 규정하려는 인간의 본성을 철학에

서는 '존재론적 정체성의 문제'라고 말한다. 그렇게 생겨난 것이 철학이고, 그 오랜 역사 역시 이런 문제에 대한 생각이 축적된 결과물이다. 철학의 시작과 끝, 철학의 세부적인 면과 전부는 결국 '인간은 무엇인가'에 관한 생각이다. 그 인간은 이 책을 쓴 나이며, 읽는 당신이다. 인간은 바로 나와 너이며, 우리들이다.

유럽의 사상과 문화는 그리스에서 시작된 철학과 그리스도교적 신앙체험이 서로 영향을 미치면서 형성되었다. 인간에 대한 철학을 이해하기 위해 그리스도교 철학을 살펴보는 일은 그래서 매우 중요하다. 그리스도교 철학에서는 인간을 어떻게 설명하고 있을까? 「창세기」 1장 26절에 따르면 인간은 '하나님의 얼굴Imago Dei'을 본떠 만들어진 존재다. 인간이 신의 모습에 따라 만들어졌다는 것은 고대 이스라엘 종교에 근원을 둔 생각이지만, 이는 곧 그리스도교의 신앙고백이기도 하다.

개인적 존재든 사회적 존재든, 또는 육체나 혹은 정신을 지닌 존재든, 또는 그 어떤 측면을 지녔든 여기에는 신이라는 최고의 존재에 따라 인간을 이해하려는 생각이 담겨 있다. 한편으로 이것은 신앙에 바탕을 두고 인간 존재를 규정하려는 결단이고, 그에 따른 신앙의 고백이기도 하며, 불가해한 인간의 존재를 최고의 존재자인 신적 존재와 연결 지어 해명하려는 염원이 담긴 선언이기도 하다.

이런 전통에서 유럽철학에서 인간을 규정하는 중요한 개념은 인격이다. 이 말은 우리도 일상적으로 사용하지만 그 근원은 그리스도교와 그리스 철학이 만나면서 형성된 주요한 개념이다. 그리스어 'prosopon'에서 유래하여 라틴어 'personare'로 이어졌다가 오늘날에 사용되는 페르소나persona는 그리스 비극에서 배우가 쓰는 가면을 일컬었던 말로, 먼저 자신을 나타내는 '얼굴'을 의미한다. 1994년 개봉된 척 러셀Chuck Russell 감독의 영화 〈마스크Mask〉를 보면 주인공 짐 캐리Jim Carrey는 마스크를 쓰면 전혀 다른 인격이 되거나 이전에 없었던 놀라운 능력이 생기도 한다. 말하자면 마스크는 그의 인격이자 능력이고 또 다른 자아이자 존재 자체이기도 했다.

인격이라는 개념은 고대 말기 보에티우스Boetius 등의 교부들에 의해 만들어졌다. 인격은 공동체 내에서의 역할과 성격, 나아가 인간 존재에 내재되어 있는 성격, 또는 정신적인 존재와 구별될 수 없이 그 자체로 존재하는 인간 자체를 가리키는 의미를 지니면서 변화했다. 이러한 전통 안에서 신의 모습을 지니고 창조된 인간이 결국 신적 본성인 위격位格을 내면화했다는 생각이 담겨 있다.

위격이란 삼위일체의 하느님이 지닌 본성을 말하는데, 신의 본성을 담고 있기에 그 안에는 자유, 사랑, 품위, 존엄성, 유일회성 등의 의미도 포함되어 있다. 이러한 바탕 위에서 인격의 의미는 '인간이 실현시켜야 할 어떤 목표' 또는 '인간의 내적 지향성'으로 넓어졌다. 인간은 결국 신적인 특성에서 주어진 고귀한 본질을 지닌 존재이며, 자신의 정체성을 신의 본질에 기초하여 이해하려 했음을 알 수 있다. 인간은 인격을 지닌 존재이고, 인격을 상실한 인간은 인간다운 인간이 아니다.

이러한 생각은 사실 플라톤 철학과도 연관이 있다. 역사적으로 그리스도교는 이스라엘 나사렛Nazareth에서 태어나 복음을 전파했던 예수, 이른바 '예수 사건'에서 탄생되었고, 이후 이런 신앙 체험을 그리스 철학을 원용하여 신학화했던 역사가 오늘날의 그리스도교를 형성했다. 인간을 이해하는 유럽의 철학과 문화는 이 두 뿌리에 근거하고 있다.

그 한 원천이 되는 플라톤 철학은 이데아설에서 보듯이 인간을 인간이게 하는 본성이 원형적 세계에 존재한다고 말한다. 원형적 세계는 시간에 따라 변하지 않는, 영원불변하는 본질적 세계로서 인간의 물질적 조건이나 자연적 상황을 넘어 존재한다. 인간을 인간이게 하는 것, 그 본질과 본성은 불변하는 인간 정체성의 근거이고, 그것은 인간 그 자체다.

인간은 몸을 지닌 존재이지만, 역사를 통해 언제나 그 이상의 어떤 인간다움을 추구해왔다. 그것이 정신이거나 마음이든, 혹은 영혼이거나 인격이든 인간은 단순히 몸을 지닌 물체 그 이상의 것, 몸적 차원을 넘어서는 존재로 여겨진 것이다. 인간은 생물학적으로 주어진 조건에 제약되지만 그럼에도 그것을 뛰어넘는 존재다. 조건에 묶여 있지만 그것을 넘어서는 비조건적 존재가 인간임을 누가 부정하겠는가. 이런 특성을 자유의지나 영혼, 혹은 그 어떤 다른 원리로 설명해온 것이 철학의 역사이기도 하다.

진화생물학으로 본 인간 본성

인간 본성에 관한 현대 진화생물학의 주장은 매우 중요한 의미를 갖는다. 이에 따르면 인간의 본성은 진화 과정에서 선택되어 유전자에 각인되어 있다. 그 본성은 양육과정을 통해 다양한 차이를 드러내기도 하지만 본질적인 측면에서는 이미 주어진 큰 틀을 벗어나지 않는다. 그것은 자연 선택natural selection과 성 선택sexual selection을 거친 오랜 진화의 결과물이기 때문이다. 생물학적 존재로서 인간에게 주어진 기본적 욕구와 공통적인 행동 양식을 생각해보면 이런 주장은 상당한 설득력을 지닌다. 또한 이런 설명은 과학의 이름으로 주어지기에 더욱 강력한 힘을 지니는 것도 사실이다. 오늘날 인간의 본성을 다루는 이론의 대부분은 이런 논의를 바탕으로 하고 있다.

인간은 자유로운 존재일까? 어쩌면 우리의 자유란 진화의 결과물이기에 어쩌면 그 안에서 이미 결정되어 있는 것이 아닐까? 이런 질문에 오스트리아의 철학자 부케티츠F. M. Wuketits는 저서 『자유의지, 그 환상의 진화』(2009)에서 '자유롭다는 것은 우리의 환상에 지나지 않는다'고 주장한다. 인간의 진화생물학적 차원을 면밀히 살펴보면 자유롭다는 생각을 갖도록 진화한 것이지 결코 유전자 층위에서 이미 결정된 영역을 벗어나지 못한다는 것이다. 이런 주장은 정도의 차이는 있을지언정 상당히 많은 현대의 진화심리학자들에서 공통적으로 찾아볼 수 있다.

이에 비해 같은 연구결과를 바탕으로 하면서도 인간은 자유로운 존재라고 주장하는 학자도 있다. 미국의 진화심리학자 가자니가M. Gazzaniga는 자신의 저서『뇌로부터의 자유』(2012)에서 인간의 정신 활동과 모든 의지 및 행동은 뇌에서 결정되지만 그럼에도 인간은 뇌 이상의 그 무엇이라고 말한다. 당연히 개인의 자유의지는 개인의 뇌와 그 작용을 통해 발현되지만, 그 과정은 생물적으로 결정된 것이 아니라 뇌가 상호작용하는 가운데 자신의 의지와 느낌, 사회적 관계 등에 따라 다르게 드러난다는 것이다.

그는 이를 두고 '물질적 실재에만 주목할 때는 결코 이해할 수 없는 복잡성과 창발적 과정 때문'이라고 말한다. 뇌가 작동하는 생물학적 토대는 결정되어 있지만, 그것이 작용하는 창발과정은 그 이상의 차원에서 이루어지는 복잡하며 자유로운 생성이며 발현이란 주장이다.

진화생물학자 리졸라티G. Rizzolatti는 1996년 발표한 논문에서 인간은 거울신경mirror neuron 또는 공감 뉴런을 가지고 있음을 밝혀냈다. 거울신경이란 포유류 동물이 다른 개체의 감정과 내적 상태를 이해하고 공감하는 데 기능하는 피질 영역을 말한다. 거울신경은 상대방을 관찰하고 그에 대해 공명하는 체계가 뇌 속의 신경세포 속에 있다는 매우 강력한 과학적 증거다.

뇌의 뇌섬엽insula에 존재하는 거울반사 조직은 타인의 감정을 이해 및 경험하게 하고, 무의식적이고 내적으로 행동과 감정을 모방함으로써 다른 사람의 느낌과 행위를 파악하게 만듦에 따라 다른 사람의 행위와 감정의 원인을 추측하는 데 필요한 정보를 제공한다. 이러한 주장은 모사 이론simulation theory으로 발전되었다. 이 이론에 따르면 인간은 타인의 고통에 함께 고통스러워하고, 그들의 기쁨에 같이 즐거워하는 등 다른 사람의 감정에 공명한다.

이렇게 다른 생명에 공명하고 함께 하는 존재가 인간이다. 그래서 인간은 자신도 모르는 감정과 느낌을 타인을 통해 이해하기도 하고, 때로는 미리 알아채고 행동하기도 하며, 때로는 그 자신도 미처 알지 못하는 감정을 느끼고 그것을 먼저 표현하기도 한다. 어떤 때는 다른 사람의 감정을 공유하고 공명하는 가운데 나 자신이 나로서 드러나기도 한다. 이런 점에서 보면 타자의 얼굴은 곧 나의 거울이다.

이런 진화생물학적 주장은 프랑스 현대 철학자 레비나스E. Levinas에서도 찾아볼 수 있다. 그는 '타자의 얼굴에서 건네지는 말들이 나 자신의 거울'이라고 주장했다. 말하자면 철학은 타자에게 책임을 지닌 과정이라는 것이다.

그래서 한 가지 분명하게 말해야 할 것은 진화생물학이나 진화심리학의 연구결과는 언제나 해석을 필요로 한다는 사실이다. 하버드 대학교의 진화생물학자 마이어E. Mayr의 말처럼, 생물학은 물리학과 같은 법칙의 학문이 아니라 개념의 학문이다. 이는 진화생물학의 지식은 개념에 따라 해석하고 이해해야 올바르게 받아들여질 수 있음을 뜻한다.

　진화심리학은 인간의 본성과 양육 문제, 자유의지, 이타성과 이기심의 문제는 물론 인간 본연의 윤리성까지도 진화의 결과물이며 뇌의 작용을 다루지만, 이것을 설명하는 과정은 미리 설정한 생물학적 개념에 따르기 때문이다. 생명은 자연에서 주어졌으며 그 현상은 자연을 통해 드러나지만, 그것이 작용하는 과정과 의미는 자연적 차원을 넘어서 있다.

　현대 진화생물학의 연구결과와 그에 따른 인간에 대한 이해의 변화는 참으로 엄청나다. 과학의 지식은 그 자체로 객관적인 듯하지만 언제나 해석의 문제를 낳는다. 문제는 지식이 아닌 해석이다. 그럼에도 해석은 지식에 기반을 두어야 하는 것이 사실이다. 자연에서 주어졌지만 그를 뛰어넘어 작용하는 인간의 마음과 행동은 결코 물질적 차원에만 머물지 않으며, 그 의미와 가치는 분명 그 이상의 차원을 필요로 한다.

—

몸과 마음은 하나일까

근대의 시작이라고 볼 수 있는 16세기에 들어 유럽철학에서는 인간의 본성 문제와 관련해 상반된 주장이 나타난다. 데카르트R. Descartes는 인간을 인간이게 하는 고유한 본질이 이성이라고 본다. 그는 이성이란 태어나면서부터 이미 지니고 있는 관념(생득관념)이며 이는 신에 의해 주어진 실체라고 주장했다.

반면 영국을 중심으로 전개된 경험주의 철학에서는 타고난 본성 대신 경험과 양육에 의해 개발되는 이성을 내세운다. 로크J. Locke는 『인간오성론』(1675)에서 인간의 내적 특성을 백지장 같은 흰 칠판ta-bula rasa에 비유한다. 그 위에 빨간 그림을 그리면 그 사람은 빨간 그림의 성격을, 또 다른 그림은 또 다른 성격을 만들어낸다는 것이다. 즉, 그에 의하면 성격은 경험에 의해 형성된 관념의 다발이다. 인간의 감성은 비합리적인 충동이 아니라 상대방의 마음을 받아들이거나 움직이게 하고, 새로운 것을 기획하고, 무언가를 견뎌내는 고도의 마음 능력이다. 그리고 이성은 이러한 감성에 의해 그 힘을 추동받는다.

미국 사우스캘리포니아 대학교 신경심리학과의 다마지오A. Damásio 교수는 저서 『스피노자의 뇌』(2007)에서 감성이 뒷받침되지 않을 때 이성은 올바르게 기능하지 못함을 밝혔다. 다시 말해 우리가 가진 꿈과 희망, 우리의 슬픔과 즐거움, 다른 사람과 공감하는 마음이 오히려 이성을 일깨운다는 것이다.

따라서 인간의 본성을 그저 사물을 인식하고 지식을 얻는 이성으로 제한시키는 것은 인간을 일면적으로 이해하는 단편적인 생각에 지나지 않는다. 인간에게는 지성적 능력인 이성과 함께 그렇지 않은 영역에서 주어지는 감성적 능력도 있다. 이 둘이 함께 작용할 때 비로소 온전한 인간이 되므로, 인간을 올바르게 이해하기 위해서라도 이 두 측면은 동시에 바라봐야 한다.

인간을 이해하는 전통적인 견해라면 무엇보다 영육이원론靈肉二元論을 거론해야 할 것이다. 이 이론에 따르면 인간은 몸과 마음, 육체와 정신을 지닌 존재인데 이 둘은 서로 구분되는 요소다. 몸은 자연적이며 생물학적인 차원에서 존재하는 것이고, 몸을 움직이고 통제하는 것은 이런 차원을 넘어서는 어떤 정신적 요소이기 때문이다. 그것은 몸적 요소와는 다른 정신이거나, 또는 영혼의 차원에서 작용한다.

몸과 마음이나 정신을 이원론적으로 구분하는 이들은 일반적으로 몸보다는 정신의 우위를 주장한다. 이것은 사실 동서고금을 막론하고 인간을 이해하는 데 널리 퍼져 있는 생각이기도 하다. 이런 생각을 처음 정초定礎한 대표적인 철학자로는 플라톤을 꼽을 수 있다. 그의 영육이원론적 사고는 유럽철학은 물론 현대 문화와 철학의 근저에 널리 퍼져 있고, 여전히 우리에게도 큰 영향력을 행사하고 있다.

위의 주장과 달리 마음보다 몸의 우위를 두는 견해도 있다. 18세기에 이르러 등장한 몸의 현상학이 바로 이런 관점을 대변한다고 말할 수 있다. 이에 따르면 몸적 차원에서는 마음의 차원과 심지어 정신적 능력까지도 생겨난다. 그래서 영혼의 존재를 부정하고 눈에 보이는 현상을 통해 인간을 해석하려는 여러 입장이 설득력을 지니고 나타나고 있다. 오늘날 인간을 이해하는 중요한 논의 가운데 하나인 몸과 마음 이론body-mind theory은 이런 맥락을 떠나 이해되지 않는다.

인간을 다만 생물학적 조건에 제한시켜 몸적 차원에서만 이해하는 것이 옳은지는 의문이다. 아니 결론을 미리 말하라면, 이런 견해는 반쪽의 것일 수밖에 없다. 진리가 총체적인 것이라면 반쪽의 진리는 진리에 반하는 것일 수 있다. 전통적으로 정신과 마음을 강조함으로써 인간이 지닌 생물학적 조건과 몸의 영역을 폄하한 철학이 오류였다면, 인간의 형이상학적 차원과 그에 따른 조건을 무시하려는 현대의 생물학적 지식에 기초한 인간학 역시 오류이기는 마찬가지다.

전통적 철학과 신학이 지나치게 인간의 조건을 홀대함으로써 역기능을 초래했다면, 형이상학적 차원을 애써 무시함으로써 인간을 생물학적 존재로 환원하려는 경향도 인간을 오해하게 만들 뿐이다. 올바른 인간 이해는 이 두 층위가 상호작용하는 영역에서 이루어진다.

독일의 영화감독 빔 벤더스Wim Wenders의 영화 〈베를린 천사의 시 Der Himmel Ueber Berlin〉(1987)는 이런 주제를 다루고 있다. 인간의 구체적 삶을 동경하려 인간의 몸을 취한 천사의 이야기에서 감독은 몸적 조건이 갖는 아름다움, 때로는 그것의 고통과 의미도 잘 보여준다. 아름다움을 머리로 이해하는 것이 아니라 느끼고 체험하는 것은 몸 없이 불가능하다. 또한 갑자기 몸을 갖게 되었지만 그것의 역사를 지니지 못한 존재는 그 삶을 절실하게 느끼는 데 한계가 있을 수밖에 없다.

그렇기 때문에 역사를 통해 체험하고 이를 이야기로 만드는 존재인 인간을 이해하기 위해서는 그가 지닌 몸과 마음/정신의 모든 차원을 함께 고려해야 한다. 이 영화는 이야기를 잃어버릴 때의 무의미함과 황폐함을 인간의 몸만을 취한 천사의 경험을 통해 표현함으로써 의미를 추구하는 인간의 본성적 측면을 잘 드러낸다.

분명한 것은 인간은 그 무엇보다 먼저 생물학적 조건에 놓여 있다는 사실이다. 그래서 인간을 이해하기 위해서는 반드시 이에 대한 명확한 지식을 가져야 한다. 오늘날 진화생물학에 의한 인간 이해들, 사회생물학이나 진화심리학을 비롯한 생물학적 차원에 근거한 인간학 일반은 이런 견해를 충실히 반영하고 있으며, 인간을 유전자의 차원으로 되돌려 이해하려는 생물학주의는 과학의 옷을 입고 현대 문화에 널리 퍼져 있다. 과학의 외연과 내포, 과학이 주장하는 진리의 범위와 한계를 엄격히 생각하지 않는 이들에게 이런 문화는 절대적 영향력을 행사하는 것이 사실이다.

변하지 않는 본성에 기초해 인간을 이해하는 도식은 강력한 전통적 흐름이자 매우 타당성을 지닌 주장이기도 하다. 위에서 살펴본 바와 같이 인간이 본성에 따르는 존재든, 하늘의 명을 따르는 사람이든 또는 그 외의 어떤 것이든 간에 인간을 인간이게 만드는 본성은 존재한다. 물론 그것이 어떤 형태로 존재하는지에 대해서는 여전히 논란이 있지만, 주장의 옳고 그름을 떠나 인간을 인간답게 하는 보다 가장 중요한 요소는 이러한 인간의 본성을 보존하고 지켜주는 데 있을 것이다. 현대 사회에서 인간다움을 지키기 위해, 인간을 해치고 인간다움을 부정하려는 모든 행위에 맞서는 것이야말로 인간을 인간답게 하는 본성이다. 본성에 대한 이론적 설명은 그다음의 사안이며, 이런 행위에 바탕을 둘 때에야 의미를 지닐 것이다.

인간을 인간답지 못하게 만드는 모든 행위들은 결코 용납되어서는 안 된다. 그것이 과학적 발견을 모든 지식의 근원으로 생각하는 과학주의scientism든 이윤추구를 목적으로 하는 자본주의capitalism든, 또는 자신의 이익과 욕망을 위해 인간을 이용하고 억압하는 어떤 형태든 말이다.

어쩌면 그것은 고상한 이름으로 포장된 이념이나 종교, 고귀한 이론일 수도 있다. 그것이 무엇이든 인간을 인간이게 하지 못하는 모든 것은 인간에 반대되는 것이다. 만약 우리에게 변하지 않는 본성이 있다면 어떤 경우라도 인간다움을 포기하지 않는 것일 테고, 이것이 진정 인간을 인간답게 만드는 본성일 것이다. 인간의 본성은 인간을 인간답게 하는 데 있다.

02

본질과 실존을
둘러싼 논쟁

················

—

본질을 우선시한 고대 철학

전통적으로 철학에서는 사물과 자연, 존재자와 세계는 물론 인간
등 세상에 존재하는 모든 것을 이해하고 규정하는 틀로 본질과 실
존이란 도식을 이용해왔다. '본질essence'은 라틴어 'essentia'와, '실존
existence'은 'existentia'와 상응하는 말이다. 본질에 대한 사전적 정의
는 '그것을 그것이게 하는 것'이며, 실존은 '그것이 지금 그렇게 있는
모습'이다. 다른 말로 표현하면 하나의 사물을 그 자신이 되게 하는
것이 본질이며, 그것이 본래 모습과는 별개로 지금 그렇게 있는 모
습, 즉 현재의 상태가 실존이다.

실존이란 말이 어렵다면 '현재 있는 것'이라 표현해도 좋다. 본질

이 선험적으로 주어진 인간의 본성을 형성한다면, 실존은 구체적인 삶을 살면서 우리가 당면하는 우리 자신의 실제적 모습을 가리킨다. 본질은 생명체로서 우리가 지닌 본성일 수도 있고, 신적인 존재를 인정하는 사람에게는 신이 준 본성일 수도 있다.

이러한 도식을 인간 이해에 적용한다면 인간을 인간이게 하는 본질적인 것과, 지금 현재 이렇게 존재하는 나의 실제적인 모습으로서의 현존을 말할 수 있을 것이다. 실존은 삶의 과정에서 형성되거나 또는 그 안에서 필요로 하는 어떤 모습일 수 있다. 누군가 이렇게 말한다고 생각해보자.

"사실 나는 본래 성실하고 착하며 남들과 화목하게 지내는 신앙심 깊은 사람인데, 세상이 하도 험악하고 경제가 어려워서 지금 이 모습으로 살고 있어. 지금 이렇게 살아서 그렇지 본래 나는 그런 사람이 아니야."

이때 '본래 그런 모습의 나'는 나의 본질이며, '지금 그렇게 살지 못하는 나'는 실존으로서의 나다. 나의 본질이 실제 나이고, 지금의 현실적 나는 진짜 내가 아니란 것이다.

철학은 전통적으로 언제나 본질을 우선시했고, 사물과 세계의 본질, 현상이나 자연의 본질, 인간의 본질 등 본질을 추구하는 방향으로 나아갔다. 그러나 현존이든 실제 모습이든 지금의 그것은 열등한 것, 비본질적인 것, 중요하지 않은 것 등으로 간주되어 종종 무시되고 폄하되었으며 잊혀왔고, 이런 생각은 플라톤에서 시작되어 어느덧 전통적 생각으로 굳어졌다.

플라톤은 우리가 보는 이 세계, 우리가 살고 있는 실제의 세계가 사실은 본질적 세계인 이데아 세계를 모방하고 복사해낸, 즉 모사 mimesis해낸 세계라고 여겼다. 따라서 사람에 대해서도 역시 '영혼이란 본질적 요소가 물질적이고 모사된 육체란 감옥에 갇혀 이성의 본래적 기능을 상실하고 본래적이지 못한 삶을 살고 있는 존재'라고 한다. 인간이 해내야 할 본연의 사명이 있다면 자신에게 주어진 이 영혼의 본성을 깨우쳐 본래적인 세계, 이데아의 영역으로 나아가는 데 있다. 이렇게 나아갈 수 있는 힘은 세계의 근원적 원리인 로고스가 나에게로 나뉘어 존재하는 이성 때문에 가능하다.

로고스는 세계와 모든 존재자를 형성하는 근본적 원리이자 세계를 이해하는 지성적 능력의 근원이기도 하다. 그것은 동아시아 세계에서 말하는 '도道'에 상응하는 개념이다. 인간을 본성을 깨우쳐가야 하며 영원한 세계를 향해 가는 존재로 규정한 것이다.

—

실존에 주목한 근대 철학

전통적으로 오래전부터 서구철학에서는 인간에게 본질이 실존보다 더 중요하고 본래적인 요소라고 간주해왔다. 이런 전통에 맞서 현재의 나의 모습, 실제의 나의 세계, '지금 여기'의 나와 우리의 존재가 더 중요하고 현안이 되는 것이란 생각을 전개한 철학적 흐름이 이른바 실존주의다. 그래서 프랑스의 유명한 실존주의 철학자 사르트르_{J. P. Sartre}는 '실존은 본질에 앞선다'라는 말로 이러한 경향을 압축해서 표현했다.

이런 흐름은 제1, 2차 세계대전을 거치면서 형이상학적이며 본질주의적으로 추구해온 세계와 인간 이해, 사물이해보다는 현재의 나, 고통받고 슬퍼하며 두려워하는 나, 또는 무언가를 원하고 그리워하며 희망하는 나, 실존하는 나 자신이 무엇보다 중요하다는 생각을 나타내고 있다.

이런 실존주의자들의 생각도 크게 두 가지로 나뉘는데 하나는 본질을 아예 거부하는 생각을 가진 이들이고, 다른 하나는 '사람과 본질은 존재하지만 이제 실존하는 우리를 철학의 문제로 삼아야 한다'라고 생각한 이들이다. 이런 생각은 신적 실재에 관한 생각과 밀접히 연관되는데, 이른바 유신론적 실존주의와 무신론적 실존주의의 구분이 그것이다. 이들은 인간을 이해하는 기준으로 부조리, 절망, 공포, 염려, 고독과 죽음 등을 말하거나 또는 희망과 초월, 실존성, 신적 존재성에 대한 열망 등의 다양한 형태로 표출했다.

예를 들어 실존주의 철학의 선구자로 꼽히는 덴마크의 키에르케고르_{S. Kierkegaard}가 쓴 철학 작품의 제목만 봐도 이런 경향을 잘 이해할 수 있다. 인간은『공포와 전율』이나, 실존적인 절망으로『죽음에 이르는 병』을 앓고 있다. 그래서 그는 '신 앞에선 단독자'로서『이것이냐 저것이냐』라는 실존적 결단을 강요받는다. 인간은『불안의 개념』을 성찰함으로써 '신앙의 도약'을 통해 『기독교의 실천』으로 나아갈 수 있다. 그것이 나의 실존적 절망을 넘어 구원에 이르는 길이다(『 』 안에 언급된 것은 모두 키에르케고르의 저서명이다).

　과연 본질과 실존 가운데 현재의 나에게는 무엇이 더 중요할까? 아니, 나를 이해하고 해석하려면 본질과 실존 중 어느 것이 더 중요할까? 또는 이렇게 물어보자. '과연 본질이란 실제로 존재하는 것일까?' '본질이 있다면 나의 본질은 무엇일까?' 또는 '나는 이 본질을 실존적으로 달성하고 있는 것일까?'

　생물학적 존재로 태어난 인간은 자신의 생물학적 조건과 한계를 넘어 그 이상의 어떤 세계를 지향한다. 생물학적 존재로서의 모습과 조건, 생명체로서 내가 지닌 한계가 나 자신인 것은 사실이지만, 그와 함께 그 이상의 세계를 지향하는 나의 간절함 역시 나 자신이다. 사랑과 희망, 기쁨과 고통, 또는 희생과 절제 따위가 생물학적으로 검출되지는 않지만 그것이 나를 구성하는 부분이 아니라고 누가 말할 수 있는가. 자신이 지향하는 그 이상의 세계를 외면한 채 사람이 사람일 수는 없지 않은가.

　주어진 존재이지만 그와 동시에 그 주어진 것을 넘어서는 것이 인간이기에, 인간으로서의 나 자신을 올바르게 이해하려면 이 두 면을 모두 볼 수 있어야 한다. 결국 본질과 실존 도식은 인간이 삶의 과정에서 자기 존재를 이해하고 해명하기 위해 설정한 해석학적 틀임을 알 수 있다.

인간의 세 가지 조건

본질 개념에 반대하여 실존성에 주목하는 철학적 변화는 니체에게서 잘 찾아볼 수 있다. 니체는 인간에 대해 "모든 이성적 질서가 거기에서 흘러나오지만, 그 자체로는 지극히 비이성적인" 어떤 심연을 지닌 존재라고 말한다. 이 심연은 전혀 본질적이지 않다. 그것은 매 순간의 삶에서 불가피하게 드러나는 어두움이다. 이 어두운, 여전히 밝혀지지 않은 근원을 직시하고 마주하는 일은 큰 용기를 필요로 한다. 그것은 니체의 말처럼 운명애運命愛일 수도 있으며, 자신의 얼굴을 되돌아보는 거울이기도 하다.

실존은 인간의 본질을 넘어서는 인간의 현재적 모습으로, 그 누구도 이것을 떠나 자신으로 존재하지는 못한다. 이 실존은 사랑과 희망, 삶의 기쁨으로 나타나기도 하지만 많은 경우에는 막연한 불안과 떨림 또는 두려움으로, 때로는 말할 수 없는 아픔과 슬픔으로 드러나기도 한다. 혹자는 이런 부분을 감정적 영역으로 치부하여 개인의 문제로 돌려버리거나 혼자 해결해야 할 문제로 간주하기도 한다.

그러나 인간의 실존이야말로 인간을 인간이게 하는 부분이 아닐까. 이성과 인격, 신의 얼굴, 또는 이치적 부분인 인의예지仁義禮智 등 본질이라 말하는 측면은 인간이 그래야만 하는 당위적 선언이 아닐까. 실제 우리는 이 실존적 특성에 따라 살아가는 존재이지 않은가. 어쩌면 이성적 부분, 본질적 특성은 우리가 당위적으로 설정한 부분이지만, 실제는 이런 실존적 모습이야말로 인간을 인간이게 하는 특성일지 모른다.

하이데거는 『존재와 시간』(1927)에서 인간의 실존을 새로운 관점에서 제시한다. 그에 따르면 존재의 의미는 인간의 현재에서 드러난다. 이 현재를 분석하기 위해 그는 인간의 특성인 실존을 분석한 것인데, 이것이 유명한 실존분석론이다.

그에 따르면 인간은 근본적으로 무언가에 마음을 쓰는 염려의 존재다. 인간이란 존재는 본질적으로 시간적이기에 죽음을 향해 간다는 사실을 벗어날 수 없는데, 이것이 바로 근본적으로 인간이 불안해하는 까닭이다. 그와 함께 인간은 세계 안에 던져진 존재In-the-World Being다. 태어나고 싶어 태어난 사람은 없으며, 또 자신의 존재를 스스로 결정하면서 태어난 사람도 없다. 이렇게 불가피하게 던져진 상황임에도 인간은 자신의 존재를 자유롭게 기획할 수 있는 가능성과 자유를 갖고 있다.

인간은 자신이 죽음을 향해 있다는 사실을 자각하면서 자신의 존재를 기획project한다. 또한 인간은 끊임없이 무언가를 이해하기에 본성적으로 해석하는 존재다. 그와 함께 인간은 언어를 지니며, 언제나 구체적인 상황에 처해 있다. 인간은 이런 특성을 넘어서 존재하지 못하며 이를 통해 자신을 이해할 수 있을 뿐이다.

이런 실존 분석을 통해 인간에 대해 이야기하는 하이데거는 '결국 인간은 이 모든 사실을 넘어서려 하는 초월적 존재'란 사실을 강조하기에 이른다. 즉, 불가피하게 사실적인 현재에 존재하지만 이 모두의 의미를 밝혀내려 할 뿐 아니라 이를 넘어서려는 초월적 특성을 지닌 것이 인간이라는 의미다. 이런 생각을 바탕으로 되돌아보면 인간을 인간이게 하는 원리로 다음의 세 가지 요소를 제시할 수 있다.

첫째, 생명체로서 인간은 주어진 생물학적 조건 안에 놓여 있고, 그 누구도 이 조건을 떠나서는 존재하지 못한다. 인간은 숨 쉬고 먹지 않으면 생존이 불가능할 뿐 아니라, 몸적인 조건을 넘어선 초월적 존재로 살아가지도 못한다.

둘째, 인간은 이런 조건을 바탕으로 구체적이며 현실적인 삶을 살아간다. 바로 이것이 우리의 실제적인 모습이다.

셋째, 인간은 무언가를 지향하며 미래에 그렇게 되기를 바라는 어떤 모습 즉, 상象을 지니고 있다. 이 미래적 상은 지금 여기서 이 모두를 이해하고 해석하면서 끊임없이 자신을 형성하는 과정을 포함한다. 이러한 미래의 상은 현재에 의해 만들어지기도 하지만 오히려 이것이 현재의 나를 규정하기도 한다.

이 세 가지 현상은 생물학적 몸을 지닌 현실과 현재에서 이해하고 해석하는 나의 모습, 그럼에도 그 모두를 넘어서려는 초월적 모습으로 나타난다. 여기에서의 초월성을 굳이 어떤 상위의 세계, 지구 위에 있는 어떤 객체적이며 공간적인 실제를 지칭하는 것으로 이해할 필요는 없다. 그럼에도 인간은 자신이 지향하는 초월성을 떠나 올바르게 존재하지 못한다.

인간이란 결국 이 세 가지 조건과 현상이 서로 얽혀 있으며, 이 모두가 상호작용하는 가운데 형성되는 존재다. 우리 안에는 이 세 가지 요소가 뒤엉켜 있고, 이 세 차원을 떠나 인간은 인간으로 존재하지 못한다. 이 세 조건과 현상 가운데 어느 하나도 부족하거나 열등하지 않으며, 그 가운데 어느 하나를 배제한 상태에서는 인간을 올바르게 이해할 수 없다. 그러므로 이 세 가지 요소를 통합할 수 있을 때 우리는 비로소 인간다운 인간으로 살아갈 수 있을 것이다.

03
이성, 인간에게 주어진
고귀한 능력

이성이 먼저일까, 감성이 먼저일까

아리스토텔레스 이래 유럽철학은 인간을 이성적 존재로 규정했다. 인간은 이성을 지니고 있기에 인간일 수 있다는 것이다. 이 이성은 본질적으로 사물을 인식하고 세계를 이해하는 지성적 능력임과 동시에 자신의 존재를 성찰하고 역사를 해석하며, 미래를 앞서 결단하는 인간의 본래적 특성이다. 이성은 인간이 인간이기 위한 최소한의, 그러나 절대적인 본성이다.

또한 인간의 이성은 인간다운 행동과 존재를 지켜가는 특성이기도 하다. 그렇기 때문에 전통적인 서구철학은 인간의 도덕적 행위를 가능하게 하는 내적 특성 역시 이성의 관점에서 이해했고, 심지어 아름다움을 느끼는 감성조차 이성의 맥락에서 파악해왔으며, 또한 인간이 자율적인 존재인 까닭을 그가 지닌 이성에서 찾는다. 즉, 다른 외적 근거가 아닌 자기 자신이 이 이성을 사용할 수 있는 능력을 지닐 때 참된 인간이 된다는 것이다.

사람이 살아가는 이유는 무엇일까. 사람마다 그 대답은 저마다 다를 것이다. 그럼에도 가장 큰 이유라면 자기 존재를 성숙시켜가는 데 있지 않을까. 존재의 완성이란 결코 달성될 수 있는 목표가 아닐 것이다. 오히려 그러한 완성을 향해 걸어가는 가운데 우리의 삶이 의미를 갖지 않을까. 그래서 인간을 나그네인 존재homo viator, 영원히 이 길 위에 있는 나그네라고 말했던 것 같다.

존재론적 성숙의 면에서 보면 인간은 언제나 미완성인 존재지만, 그럼에도 그것이 결코 내던져버릴 수 없는 숙명이라면 그 삶의 길은 인간이 지닌 능력과 자율성으로 이루어가야 하는 것임에 틀림없다. 이런 맥락에서 이성을 자율적으로 사용할 수 있게 만드는 과정, 계몽의 과정에서 인간의 본질을 규정하는 철학은 충분히 타당성을 지닌다. 서구철학의 전통적 흐름은 인간의 자율성을 위해 이성을 강조하고, 이성적 본성에 따라 인간의 실존적 성격과 실천적 행위는 물론 사회적 존재라는 특성까지도 규정한다.

그런데 현대에 이르러서는 인간을 이성적 존재로 이해해온 이런 전통에 의문을 표시하고, 이를 비판하는 새로운 흐름이 나타난다.

이것은 20세기 초엽의 시대적 상황과 밀접히 연관되는데, 철학사적 맥락에서는 1831년 헤겔G. W. F. Hegel의 죽음과 함께 완성에 이르렀다는 관념주의 철학에 대한 비판과 그 흐름을 같이한다. 니체 이후의 여러 철학적 조류는 인간의 이성적 특성과 본질에 대해 의심하고 심지어 거부하는 방향으로 흘러간다. '이성의 죽음'이란 말은 '철학의 종말'이란 말과 함께 그 시대의 유행어가 되다시피 했다. 포스트모더니즘은 물론 해체주의적 철학의 흐름은 이런 현상을 단적으로 보여준다. 이처럼 오늘날 인간을 이성적 존재로 이해하는 생각은 한계에 이른 듯하다. 과연 우리는 이런 생각을 자명하게 받아들일 수 있을까?

분명한 것은 이성의 죽음을 외치는 목소리에 못지않게 이성을 강조하는 전통적 철학에 담긴 정당함이다. 인간이 이성적 존재가 아니라면 무엇이 인간을 인간이게 하는 특성일까? 이성 개념으로 규정해온 인간의 본성이 잘못된 것일까? 어쩌면 이렇게 물어보는 질문의 설정 자체가 잘못된 것일지도 모른다.

오늘날 철학계의 수많은 논의들은 이러한 이성 이해에 따라 달리 전개되고 있다. 어떤 사람은 이성의 죽음과 함께 '다른 이성another reason'을 말한다. 서구 전통에서 이해되는 이성과는 다른 이성이란 뜻이다. 그에 비해 어떤 철학자는 서구 이성 이해에 의해 가려진 이성의 '다른 부분others of reason'을 말하기도 한다. 이성 개념은 분명 인간을 이해하는 중요한 요소이자 인간 이해의 새로움이라는 점에서 논란의 중심에 서 있다.

그와 함께 현대에 와서는 플라톤 이래의 전통이면서 데카르트에 와서 더욱 강조되었던 몸과 마음이란 구조, 영육이원론적으로 인간을 이해하는 철학을 거부하는 새로운 이해가 나타나기도 한다. 몸의 특성을 부각시키는 철학은 이런 경향을 대변하는데, 지각의 현상학이나 감성철학은 물론 심리철학의 주된 흐름은 이런 사실을 잘 나타내고 있다. 이성은 몸적 이성이며, 몸의 조건을 떠나 이성은 자리하지 않는다. 그렇기에 오히려 감성이야말로 정당하고 타당한 인간의 본성이라는 주장이다.

___

초월에 대한 감수성을 지닌 존재

근대에 이르러 유럽철학은 세계적인 보편성을 띠게 된다. 그 이전 동아시아는 성리학과 도가의 철학, 불교적 세계관이 어우러져 있던 다원적인 세계였다. 그러나 18세기 산업혁명과 계몽주의 혁명을 거치면서 유럽은 세계사적으로 유례가 없는 기술문명과 개인의 자유 및 권리에 따라 이루어지는 문화를 만들게 되었다. 유럽의 철학과 문화가 이른바 서세동점西勢東漸의 시기를 거치면서 앞선 군사력과 과학기술 문명으로 동아시아 세계의 철학을 물리치고 그 자리를 대신 차지하게 된 것이다.

여하튼 이러한 유럽의 부흥을 정신사적으로 해명하는 작업은 칸트의 철학에서 명확히 체계화되었다. 평생 독일의 조그마한 마을을 떠난 적이 없었음에도 그는 세계를 해명하는 보편적 철학의 중심에 자리하고 있다. 칸트는 18세기 이래 새롭게 전개되는 유럽의 문명사적 전환을 계몽주의라는 철학으로 체계화했다. 이러한 철학을 바탕으로 하여 유럽은 기술과 자본주의 문명에서뿐 아니라 정신적이며 학문적인 체계와 사회체계에서도 그 이후에 결정적인 위치를 차지하게 되었다.

계몽주의 철학은 인간의 이성을 중심으로 세계를 설명하는 체계다. 1789년 프랑스에서 벌어졌던 혁명은 곧 유럽 전체로 퍼져가면서 서구 근대를 형성하는 체계로 발전하게 된다. 개인의 고유한 권리와 자유, 평등과 보편적 사랑 등의 개념과 함께 역사의 진보를 신봉하는 체계가 형성된 것이다. 이후 계몽주의는 유럽 전체로 확산되어 오늘날 우리가 보는 문화를 가능하게 한, 실로 놀라운 정신의 혁명을 이룩했다. 계몽주의는 이러한 세계사적이며 문명사적 전환을 이성의 원리에 따라 체계화시켜 해명한 철학이다.

칸트에 의하면 계몽이란 '자신에서 비롯된 미성숙함에서 벗어나는 것'이다. 계몽은 인간에게 주어진 이성이라는 고귀한 능력을 자기 스스로 실현하고, 그에 따라 행동하는 정신적 체계를 의미하기에, 더 이상은 온갖 외적인 권위와 원칙을 반성 없이 일방적으로 받아들이지 않는다. 그들은 '아버지의 이름'이나 '신의 이름' 또는 그 어떤 주어진 권위도 거부하는 대신 자신의 이성에 입각하여 세계를 이해하고 또 그렇게 실천적으로 행동하라고 명령한다.

인간은 이 이성을 스스로 실현하는 존재다. 자율적이며 이성적 존재인 인간에게는 누구에게도 양도할 수 없는 고유한 권리와 가치가 깃들어 있다. 그렇기에 인간은 존엄하고, 이성을 가진 인간에 의해 세계와 역사는 끊임없이 발전해가리라고 생각했다. 이성은 과학과 민주적 체계를 가능하게 하는 근거이자 세계를 이루어가는 원리이기도 하다.

칸트에 따르면 철학이란 이성을 올바르게 실현하고, 그 원리에 따라 사물을 인식하며 세계를 이끌어가는 실천적 능력을 발휘하게 하는 학문이다. 그래서 철학은 감각적으로 인식할 수 있는 모든 학문적 체계를 가능하게 하는 원리이며, 나아가 세계를 넘어서는 영역에 대해 고유하게 설명하고 해명하는 체계다.

근대의 문화와 사회체계는 결국 이렇게 계몽된 인간에 의한 것이었다. 계몽된 인간은 시민citizen이고, 그들은 개화된 문명civilization을 형성하며, 그 정신은 시민정신으로 구현된다. 시민정신을 구현하고 실현하는 체제가 민주주의이며, 그 시민의 인권과 평등, 자유를 보장하는 체제가 민주주의 사회다. 시민은 그 누구에 의해서도 억압받거나 구속되지 않으며, 스스로 존립하는 자율적 존재인 것이다.

이러한 계몽 철학은 과학이 아니라 과학을 가능하게 하는 그 이상의 학문이다. 그래서 이 학문을 형이상학이라 부른다. 말 그대로 감각적인 지각이나 형태를 띠고 있는 영역을 넘어 그 이상의 세계에 대해 생각하고 논의하는 철학이란 뜻이다.

고대 그리스 이래 대부분의 철학자들은 '철학은 곧 형이상학'이라고 말한다. 인간은 본질적으로 초월적 존재이며, 이성을 지닌 자율적 존재다. 따라서 형이상학은 인간의 본질에 따른 학문이며, 우리 모두는 형이상학적 영역에 자리하고 있다. 그래서 인간을 형이상학적 존재homo metaphysicus라 규정하기도 한다.

이러한 이성 중심의 철학에 비해 어떤 철학자들은 삶의 이성적 부분과 함께 생명체이기에 자신의 몸적 특성에서 주어지는 생명의 감성을 강조하기도 한다. 나아가 초월적이며 그 이상의 것을 향해 가려는 인간의 본성을 영성靈性이란 이름으로 규정하고, 이 모두를 통합하는 인간의 본성에 대해 말하기도 한다. 인간은 감성적 부분과 이성은 물론, 초월을 향한 지향과 초월에 대한 감수성을 지닌 존재란 뜻이다. 그래서 서구철학에서 일면적으로 강조한 이성을 넘어 이 모두를 지닌 생명체로 인간을 규정하는 것이다.

/ 4 장 /

아름다움의 거울

인간을 미학적 존재로 규정하는 것은
아름다움을 느끼고 표현하기 때문이 아니라,
아름다움을 통해 자신의 존재 의미를
재현하기 때문이다.

01

문화, 인간을
인간답게 만드는 노력

왜 우리는 문화를 만들었을까

다른 동물과 달리 인간은 문화와 사회를 만들었다. 동물과 구별되
는 특성으로 문화를 말하는 것이 어찌 보면 생뚱맞을 수도 있다.
개미와 벌처럼 사회생활을 하는 동물이나 유인원 같은 고등 영장
류에서도 문화를 찾아볼 수 있다는 주장이 만만찮게 제기되고 있
지 않은가. 사실 문화에 대한 정의는 문화학자들 수만큼이나 많다
고 해도 과언이 아니라서, 한두 문장으로 문화를 정의하기란 무척
어렵다. 하지만 문화를 제외한 채 인간다움을 규정하기도 불가능하
다. 이런 관점에서 보면 인간의 독특함과 인간을 인간답게 만든다
는 측면에서의 문화를 다만 어떤 한 종種이 만들어놓은 외적 결과

물이라고만 규정해서는 안 될 것이다.

그렇다면 인간의 정체성과 연결 지었을 때의 문화란 과연 무엇일까? 무엇이 인간의 문화를 독특하게 만드는 것일까? 동물과 구별되는 문화, 인간만이 이룩할 수 있는 문화는 인간이 생각하고 의도하는 것, 즉 지나간 시간을 반성하고 자신의 현재를 해명하며 다가올 미래를 계획하는 데서 찾아야 한다. 이런 의미에서의 문화는 인간만의 특성에서 만들어진 것이며, 그 특성은 이해하고 해석하는 인간의 의미론적 본성과 관계된다.

고대 그리스인들은 문화를 자연과 대립시켜 이해했다. 그에 따르면 문화란 자연에 인위적인 노력을 기울여 가꾸어낸 모든 것이다. 그래서 그리스에서는 자연의 원리physis와 문화의 원리nomos를 구별하여 개념화했다. 자연에 자연의 법칙이 있다면 문화에도 그에 상응하는 원리가 존재한다. 그것은 인간 삶과 사회의 규범이거나 지켜야 할 도리이며, 인간의 삶과 정신을 가꾸고 이끌어가는 원리다.

문화는 인간을 인간이게 하는 특성이기에, 문화가 없는 인간은 인간이 아닌 야만인에 지나지 않는다. 고대 로마의 키케로Cicero 같은 사람은 아예 '정신의 문화는 철학cultura animi est philosophia'이란 명제를 제시하기도 했다. 물론 여기서 말하는 철학은 근대에서 나타났던 것 같은 특정한 학문이라기보다, 인간의 모든 지적 활동과 학문적 특성을 가리키는 말이다. 여하튼 문화는 인간의 것이며 인간을 인간답게 하는 본질적인 그 무엇이다. 그래서 문화로 일컬어지는 모든 인간 활동은 삶의 원리, 인간 정신을 가꾸고 이끌어가는 법칙과 도리, 지켜야 할 규범이란 관점에서 이해되고 의미를 부여받는다. 정치와 경제, 사회와 역사, 자연이해와 세계해석을 포함한 모든 문화적 활동은 궁극적으로 인간에 관계되며 인간을 인간답게 하는 데 있다고 말할 수 있다.

그럼에도 분명한 것은 인간은 누구이며, 인간을 위한 행위가 무엇인지에 대한 절대적 원칙 따위가 있는 것은 아니란 사실이다. 역사에서 보듯이 인간 사이의 온갖 갈등과 충돌, 근원적 모순과 한계가 인간의 조건이며 본질적 요소인 것도 사실이지 않은가. 따라서 이러한 문제를 고뇌하며 성찰하고, 그를 위한 노력을 기울여온 과정을 문화로 규정하고, 그 역사를 문화란 관점에서 이해해야 할 것이다.

반인간적인 것과 싸워온 시간이 인간의 역사이며, 그 결과는 문화란 이름으로 자리한다. 문화는 인간을 인간답게 만드는 모든 것이다. 역사의 경험을 되돌아보면서 인간은 인간 사회에 존재하는 불가피한 모순과 한계를 해소하기 위해 느리지만 고뇌에 찬 노력을 기울여왔다.

그런 까닭에 인간은 존엄하며, 역사는 모순의 변증법적 해소를 통한 진보의 과정이어야 한다는 신념이 있는 것이다. 역사가 인간의 존엄성과 가치를 드높여온 흔적이라면, 미래는 이를 위한 우리의 지난한 노력과 투신을 예고하는 험난한 길이어야 하지 않을까. 그런 관점에서 인간은 문화적이다.

고대의 인간들과 달리 현대인은 문화란 틀을 벗어나 살지 못한다. 그러기에 생물학적 조건을 넘어 인간은 문화적 존재로 태어나 문화적 존재로 살다가 문화적 존재로 죽어간다고까지 말할 수 있다. 인간이 이룩한 문화로 형성된 인간은 그것을 벗어나서 존재할 수 없다. 이런 구속이 있음에도 인간은 문화를 넘어 스스로 문화를 만들어가는 존재로 자리한다. 이러한 이중성이 인간을 인간이게 하는 문화적 특성이다.

인간은 문화에 의해 형성되는 문화적 존재이지만 그와 함께 거기에 매이지 않고 문화를 형성해가는 존재라고 말했다. 이러한 특성과 관련하여 우리는 인간의 문화적 성격을 세 가지로 규정해볼 수 있다. 이것을 문화가 지니는 자기성취적 성격, 자기이해적 성격, 자기성찰적 성격으로 구분해보자.

문화는 인간이 스스로를 성취한 결과이며 그러한 과정이다. 그 과정에는 인간이 스스로를 이해하는 체계 전체가 근거로 작용한다. 따라서 문화를 보면 인간이 자신을 어떻게 이해하고 있는지를 알 수 있게 된다. 이러한 자기이해는 인간이 문화를 통해 자신을 성찰하고, 또한 그렇게 성찰하는 과정이 문화로 재현됨을 깨닫게 한다.

문화는 개별적이라기보다 인간의 특성인 공존재성(共存在性, common being)과 관련된다. 개인의 존재를 실현한다는 측면에서 문화는 개체적이지만, 그럼에도 집단 전체가 관계되어 형성되기에 문화는 명백히 공동체적 특성도 지닌다. 이처럼 문화는 인간이란 보편성과 함께 각 인간으로서의 개별성이 어우러져 형성된다. 공동체가 공유하는 역사적 경험은 문화에서 간직됨과 동시에 개인적 차이로 재현되는 것이다. 그래서 문화에는 공동체성과 개별성은 물론 문화집단 안에서 드러나는 동일성과 차이가 동시에 드러난다. 이런 특성은 역사와 언어에서 명확히 나타난다.

문화를 통해 인간은 언어의 공동체적 지평을 수용하지만, 그와 동시에 언어의 개별적이며 실존적인 특성을 통해 개인의 차이를 드러내기도 한다. 또한 문화의 공동체적 특성은 역사적 결과지만, 동시에 문화에 간직된 차이가 역사를 만들어가는 동인이 되기도 한다.

문화는 한 시대를 사는 인간이 만들어놓은 모든 것이지만, 개인의 특성과 차이가 드러나는 터전이기도 하다. 때문에 문화를 인간의 존재와 연결 지어 말할 때 보다 중요한 것은 문화재 같은 어떤 결과물이 아니라, 문화를 만들어가는 과정과 그 안에 담긴 정신이다. 문화에는 그 시대를 움직이는 정신이 담겨 있고, 문화는 그와 함께 구체적이고 개별적인 현상으로 드러난다. 이런 까닭에 문화를 통해 시대의 표징signum temporis을 읽을 수 있고, 또한 그 시대를 사는 구체적인 인간을 바라보는 것이 가능해진다.

시대를 움직이며 시대가 나아갈 방향은 문화의 거울에 비춰진다. 이런 문화의 특성은 헤겔적 의미에서의 시대정신일 수도 있고, 미국의 문화학자 기어츠C. Geertz의 말처럼 '의미의 그물망'일 수도 있다. 즉, 문화는 의미를 추구하는 인간의 존재가 재현된 거울이라고 말할 수 있다. 문화라는 거울을 통해 인간은 자신의 시대와 자기 존재를 비춰보게 된다.

—

자본과 성장 신화가 우리에게 남긴 것

기호와 상징은 문화를 이해하는 매우 중요한 요소다. 문화는 기호와 상징을 통해 드러나고, 문화 체계 역시 이를 통해 만들어진다. 하나의 문화집단이 지닌 역사적 경험과 현재에서 이루어지는 해석, 미래를 지향하는 모습은 상징체계로 형상화된다. 그리고 이러한 상징들을 공유하는 집단은 하나의 문화공동체로 자리하며 이는 한 사회의 정체성을 나타낼 뿐만 아니라 개인의 삶과 실존, 미래의 방향을 결정하기도 한다.

상징체계는 문화학적으로 신화와 이야기, 학문과 역사, 종교와 예술 등의 형태로 재현되는데, 이 안에서 인간은 자신을 이해하고 해석하게 된다. 문화의 이러한 특성은 독일 문화철학자 카시러E. Cassirer의 다음과 같은 말에서 잘 드러난다.

인간은 더 이상 단순한 자연적 우주에 살지 않고 상징적인 우주 안에 살고 있다. 인간은 사물 자체와 관계하는 대신 어떤 의미에서 지속적으로 자기 자신과 관련을 맺고 있다. 문화적 매개라는 중간 매체를 통하지 않고서는 어떤 것도 체험하거나 깨달을 수 없기에 인간은 언어에, 예술작품에, 신비적인 상징들 안에, 혹은 종교적인 예식에 따라 살아간다.

– 『인간이란 무엇인가』 (1944)

상징을 통해 문화를 재현하는 일은 결코 단일하게 이뤄지지 않는다. 하나의 문화공동체에는 모순과 갈등, 해석의 차이가 존재하며, 충돌과 대결이 불가피하기 때문이다. 문화공동체란 문화적 동일성과 해석의 차이를 공유하되, 그것이 만나고 대결하면서 이루어지는 상호작용을 통해 형성되는 집단이다. 우리는 어떤 문화공동체 안에 살고 있는가? 이 질문은 우리가 어떠한 상징체계를 공유하고 있는지, 또는 우리의 역사와 현재를 어떻게 해석하고 있는지에 대한 질문이다. 이러한 질문과 대답에 따라 우리가 나아가야 할 미래의 방향도 잡힐 것이다.

이런 모든 행위는 우리가 공유하는 가치와 의미에 따라 결정되기 때문에 이에 대한 논의와 함께 수많은 차이를 넘어 이를 위한 공동체적 의사소통과 합의가 필요해진다. 하버마스의 말처럼 다양성과 차이를 수용하는 의사소통적 합의를 형상화하는 상징체계가 요구되는 것이다. 그것이 형성되지 않을 때 우리는 끊임없는 갈등과 충돌 속에서 허덕이게 될 뿐이다.

구한말과 식민시기를 거쳐 박정희 시대 이래의 산업화와 경제성장 과정은 우리가 공유하는 가장 가까운 역사적 경험일 것이다. 그와 함께 그 이후의 민주화 과정 역시 우리의 현재적인 역사경험이다. 그 과정에서 어쩌면 우리는 은연중에 자본과 성장신화를 내면화하게 되지 않았을까. 이것이야말로 우리 문화의 현재를 명확히 보여주는 상징체계일 것이다. 신자유주의의 광풍, 맹목적 성공신화, 경쟁에만 빠져 있는 교육, 사회주류층의 몰염치와 무개념, 사익에 물든 정치와 그런 종류의 집단들, 인문사회학과 예술의 침묵과 몰락, 경제가 규범이 된 사회가 과연 이러한 상징체계의 재현이 아니라고 말할 수 있는가.

그 상징의 현재가 우리의 현재다. 우리 사회의 상징체계가 빚어내는 천박함과 무개념은 그대로 너와 나의 것이 된다. 역사의 경험을 해석하고 현재를 성찰하면서, 미래를 지향하는 것은 '지금, 여기'에 자리한 우리의 생각과 마음이다. 그 생각과 마음을 성찰하고 미래를 지향하지 못하면 우리 문화는 피폐해지고 천박해져 맹목으로 돌아갈 것이다. 우리가 바뀌지 않으면 아무것도 바뀌지 않는다. 내가 생각하지 못하고, 내가 자본과 성공에 종속되고, 내가 다른 사람을 받아들이지 못하는데 어떻게 문화공동체가 바뀌겠는가. 너와 나, 우리는 어떤 상징을 꿈꾸고 있는가. 그걸 성찰하고 바꿀 생각은 없는가? 너와 나의 존재 전환은 이러한 성찰과 결단을 통해 주어지며, 그때서야 비로소 우리는 인간다움을 말할 수 있을 것이다.

우리의 문화, 우리 사회의 경제와 정치, 우리의 모든 삶에서는 이렇게 인간에 대한 최소한의 예의와 인간을 인간답게 하는 최소한의 노력, 인간의 존엄성을 지키기 위한 최소한의 민감함이 유지되고 있는가? 경제와 사회는 물론 교육과 정치의 모든 행위에 이러한 섬세함과 인간을 위한 민감함이 자리하지 않는다면 그것은 잘못된 것이다. 우리 사회가 쏟아내는 온갖 현란한 말 속에 인간이 자리하지 않는다면 그것은 잘못된 것, 벗어던져야 할 것에 지나지 않는다. 그렇게 하기 위한 길고도 어려운 지성적 노력과 섬세한 성찰이 결여된다면 그 문화는 죽은 것이다. 사람을 보지 못하는 모든 행위는 어떠한 이름으로 이루어지든 죽음의 문화에 불과하다. 그때는 문화가 아닌 야만의 시대로 돌아갈 것이다.

지금 이곳의 우리 문화, 이 사회의 모든 움직임은 어떤 범주에서 이뤄지고 있는가? 우리는 과연 인간에 대한 예의와 존엄성을 아프게 지키고 있는가? 우리는 사람을 살리는 문화를 살고 있는가? 문화가 인간을 비추는 거울이라면 그 안에는 사람이 살아 있어야 한다.

02

우리는 왜
아름다움을 추구할까

················

호모 에스테티쿠스, 심미적 인간의 탄생

예술은 아름다움 그 자체가 아니라 인간이 느낀 아름다움을 표현하
고 재현한 것이다. 이러한 표현의 다양함이 그림, 음악, 문학, 시, 영
화 등 여러 예술 양식으로 나타난다. 양식이 이렇게 다양함에도 예
술 작품에 담긴 아름다움에 대한 느낌과 표현은 물론 아름다움에
대한 이해는 동일한 근원에서 생겨난다. 그 근원은 인간이 지닌 아
름다움에 대한 감수성과 그것을 표현하는 본성적 능력이다. 그래
서 예술적 이해와 표현은 인간이 인간인 이유 중 하나라고 말할 수
있다. 예술은 아름다움에의 체험을 통해 드러난 인간의 존재이해이
며, 예술작품은 그것이 재현된 결과이자 형상인 것이다.

그와 함께 하나의 예술작품은 원래의 체험과는 다른 어떤 것을 불러일으키기도 한다. 그것은 의미 체험일 수도 있고, 역사적 경험을 재현하거나 또는 성聖스러움에 대한 것이기도 하며, 그 체험은 현재의 지평을 넘어서는 어떤 초월적인 것일 수 있다. 그것이 어떤 것이든 예술을 마주하는 사람의 존재가 그 체험을 통해 함께 경험되고 표현되는 것이다. 예술은 아름다움을 통한 존재의 재현이다.

아름다움에 대한 표현은 다만 아름다움에 대한 느낌만이 아닌 그 이상의 어떤 체험을 담고 있다. 그것은 인간이 느끼는 의미와 관계된다. 그 안에는 역사의 경험과 세계에 대한 이해가 담겨 있으며, 자신의 존재는 물론 그를 넘어서는 어떤 성스러움 대한 지향이 포함되어 있기도 하다. 예술적 체험을 통해 인간은 자신이 가졌던 역사적 경험 또는 꿈꾸고 희망하는 미래를 현재라는 시간에서 새롭게 재현한다. 이 모든 예술적 체험과 재현의 행위가 가능한 이유는 인간이 존재와 의미에 대한 근본적 결단을 지니고 있기 때문이다. 근본적 결단은 우리가 자신의 가장 깊은 심연에서부터 존재하는 모든 것에 대해 의미를 부여하기 때문에 생기는 것이고, 예술을 인간의 존재이해와 관련 지어 설명하는 것이다. 예술은 아름다움을 통한 존재이해다.

진리와 선함, 아름다움을 추구하는 인간은 단순히 이런 행위를 넘어 그 본성이 무엇인지 질문했는데, 그것이 역사적으로 진선미眞善美란 개념으로 규정되었다. 진선미를 추구하는 행동은 결국 인간이 지닌 자기이해에 의해 가능하며, 또 그에 따라 결정된다. 인간은 자신의 존재와 행위에 의미를 부여하고, 그것을 통해 자신을 이해한다. 이러한 이해에 따라 자신의 존재가 결정되기에 인간을 이해하며 해석하는 존재라고 말하는 것이다. 인간의 일상적 삶이나 무의식적인 행위들도 사실은 이렇게 결단한 근원적인 의미행위에 따라 이루어진다.

인간은 생물학적이거나 현실적 차원을 넘어 예술을 통해 존재론적 의미 지평에 자리한다. 그런 의미에서 인간은 누구나 예술가다. 그 예술이 반드시 전문적 교육을 받아야만 가능한 것일 필요가 어디에 있는가. 아름다움을 느끼고 표현하는 인간은 누구나 예술가이며, 그 모두는 우리의 의미체험과 결단에 관계되는 것이다.

전통적으로 철학은 이런 행위가 인간이 지닌 지성적 능력, 즉 이성에 의해 가능하다고 생각했다. 헤라클레이토스와 플라톤 철학은 물론 직접적으로 인간 존재를 이성에서 찾은 아리스토텔레스의 철학도 이런 특성을 잘 보여주고 있다. 그러나 이러한 이성이해는 근대에 이르러 사물을 인식하고 지식을 얻는 능력으로 제한함으로써 한계에 이르게 되었다. 이런 이성을 인식이성認識理性이라 부른다. 근대를 넘어서려는 여러 철학은 이런 차원을 넘어서는 다른 모습으로 인간의 이성을 규정하려 시도한다. 그래서 이들은 인간의 본성적 능력을 전통적인 이성이 아닌, 감성과 함께 작용하는 지성적 능력으로 규정한다. 극단적인 어떤 이들은 아예 서구철학적 이성을 부정하기도 한다. 광기나 예술적 감성, 또는 초월적 세계를 향한 감수성 등은 분명 이런 이성과는 다른 차원의 지성적 능력이다. 그럼에도 전통철학은 감성을 열등하게 보거나, 초월성과 종교적 심성 따위를 아예 이성적 능력에서 배제했다. 심지어 단순한 정신착란과는 구별되는, 이해할 수 없는 격정pathos을 광기狂氣란 이름으로 단죄하기도 했다. 이렇게 단죄한 경우를 우리는 역사에서 수도 없이 확인할 수 있다.

현대에 이르러서는 이러한 전통에 대한 반성과 비판에서 미학적 이성이란 개념이 생겨났는데, 이는 아름다움을 이해하고 그 안에서 의미를 체험하게 하는 지성적 능력을 말한다. 인간은 이러한 아름다움을 느끼는 이성에 근거하여 진리를 체험하고, 더 나아가 우리 존재를 이해하고 규정한다. 이처럼 인간은 아름다움을 통해 자신의 존재에 의미를 부여하는 본연의 능력을 지니고 있다. 이러한 특성을 지닌 인간을 미학적 존재homo aestheticus라고 부른다.

이처럼 오늘날 인간을 미학적 존재로 이해하는 경향에 따라 우리의 이성을 심미적 이성이라 규정한다. 이에 따르면 우리의 지성은 합리적 추론에 국한되지 않고 그보다 훨씬 더 미적 감성과 함께 작용한다. 이글턴Terry Eagleton은 예술이 순수예술로 규정되며 구별되기 시작한 것은 근대에 이르러 미학이 탄생하면서부터라고 말한다(『미학의 이데올로기The Ideology of the Aesthetics』, 1990). 미학이라는 새로운 분야를 만들어낸 사람들은 예술을 순수예술로 이해하고, 예술 행위를 위해서는 전문적 교육을 거쳐야 한다고 역설한다. 이런 주장은 예술이 인간이 가진 본래적 특성임에도 마치 전문교육을 받지 않으면 예술적 표현이 불가능한 듯이 말하는 독단에 빠져 있다. 다시 말해 예술은 어떤 전문적 집단이 독점하는 것이라고 주장하는 것이다.

그러나 이는 명백히 예술을 인간 본연의 특성에서 분리하는 잘못된 주장에 불과하다. 음악과 그림은 누구나 즐길 수 있고, 누구나 만들어갈 수 있다. 인간이라면 누구나 미적 감성을 지니고 그것을 표현할 수 있기에 인간은 미학적 존재다. 순수예술과 전문교육을 주장하는 이들은 아름다움을 느끼는 인간 본연의 심성을 가려버리고, 순수예술이란 이름으로 예술을 소외시키는 결과를 초래했다. 인간은 아름다움을 느끼는 심미적 존재이고, 나아가 놀이하는 존재이기도 하다. 이 모두는 넓은 의미에서 문화를 만드는 인간의 본성에 따른 것이다.

──

아름다움의 기준이 저마다 다른 이유

아름다움을 느끼고 표현하는 것이 인간만의 특성임에는 틀림이 없다. 어쩌면 다른 동물도 아름다움을 느낄 수 있을지 모르지만, 그것을 행위나 작품으로 표현하는 것은 분명 인간의 독특한 특성이다. 역사 시기 이전부터 인간은 이미 자연에서 아름다움을 느끼며 그것을 어떠한 형태로든 표현했다. 몇 만 년 전의 동굴에 남아 있는 벽

화나 거대한 암벽에 남아 있는 그림(암각화), 조각 등 인류의 첫 시작에서부터 이러한 아름다움의 표현은 다양하게 인간 문화 안에 존재한다.

아름다움을 느끼고 표현하는 이런 특성은 어디에서 유래한 것일까. 진화생물학자 윌슨은 아름다움을 느끼는 본성의 기원이 '진화생물학적 과정에서 생겨난 후성 알고리즘에 따라 인간이 생존하고 번식하는 데 필요한 감정'이라고 주장한다. 이처럼 생물학적 기원에서부터 아름다움을 느끼는 우리의 마음을 설명하는 학문을 스메츠G. Smets 등의 학자들은 생물미학Bioaesthetics이라 부른다. 같은 관점에서 미국의 미학자 디사나야케E. Dissanayake 역시 예술을 인간의 생물학적 진화의 관점에서 고찰할 때 보다 더 잘 이해할 수 있다고 말한다(『미학적 인간, 호모 에스테티쿠스』, 2009).

이에 따르면 예술과 미학은 인간이 진화하는 과정에서 생겨난 생물학적 결과라고 설명하는 것이 가능해진다. 예술이 아름다움에 대한 표현이라면 미학은 이러한 미적 본성에 대해 철학적으로 고찰하는 학문이다. 진화미학은 생물미학과 같은 관점에서 이해된다. 이 새로운 학문은 마음의 문제를 진화적 관점에서 이해하는 진화심리학을 원용하여 미적 직관과 추론을 구별한다. 진화미학은 진화 과정에서 생겨난 아름다움에 대한 감수성에서 심미적 직관이 주어졌다고 역설한다. 그러니 예술이란 진화생물학적으로 성립된 결과물에 지나지 않는다는 것이다.

하지만 과연 이것이 인간이 느끼는 아름다움과 그것을 표현하는 예술에 대한 충분한 설명일까? 오히려 이런 설명은 지나치게 환원주의적이며, 인간의 존재성에 대해 이해하지 못함으로 생겨난 일면적 주장에 불과한 것이 아닐까?

사실 이러한 주장은 인간을 설명하는 현대의 학문적 경향과 그 흐름을 같이한다. 인간의 도덕 감정이나 윤리적 판단을 진화생물학적 관점에서 진화의 결과물로 해석하는 학문이 좋은 예일 것이다. 도덕 감정이란 것도 결국은 생존과 번식을 위해 서로 협조하거나 더 나은 관계를 설정하기 위한 수단적 목적에서 파생된 느낌이라는 주장이다.

그럼에도 이런 주장을 수용하는 사람들조차 인간이 지닌 윤리적 감성은 도덕적 직관에 의해 주어지지만 도덕적 추론에 따른 윤리 규범은 문화적이며 규범적 체계에 따라 달라진다는 사실을 인정한다. 도덕은 감정의 차원에서 생겨났을 수 있지만, 그것을 반성하고 성찰하는 과정인 윤리는 인간의 삶과 추론 과정을 필요로 한다.

예술 역시 이러한 특성을 지닌다. 예술은 미적 직관이나 감성을 바탕으로 하지만, 그에 대한 추론과 문화적 결과란 사실을 부정할 수는 없을 것이다. 인간의 인간다움, 인간의 의미론적 역사를 배제하면 예술은 결코 올바르게 설명될 수 없다. 예술에는 인간의 의미 추구와 그에 대한 성찰은 물론 이렇게 이루어진 역사가 담겨 있다. 아름다움을 느끼는 미적 직관이 생물학적 조건에서 생겨났음은 분명한 사실이다. 그럼에도 그것을 표현하고 재현하는 예술은 이것을 넘어서는 그 이상의 어떤 것에서 형성되고 수용되며, 그렇기에 동물적이 아닌 우리의 인간성과 관계한다고 말하지 않을 수 없다.

인간이 아름다움을 느끼는 것은 직관의 결과이자 다른 한편으로는 문화적으로 추론된 것이다. 인간이 지닌 직관은 인간의 삶과 함께하지만, 지성적 추론은 언제나 문화적 양성과 의미론적 추구에 따라 달라진다. 문화를 만들어가는 자유로운 존재로서 인간은 생물학적 요구를 넘어 의미론적으로 예술에 관여하는 것이다. 아름다움을 느끼는 본성이 있음에도 이를 표현하는 차이는 문화적이다. 예술은 심미적 존재로서의 인간의 본성과 함께 문화적이며 의미론적으로 형성되는 인간의 특성을 남김없이 비춰주고 있다.

누구나 예술가가 될 수 있다

예술이 세계와 자연을 이해하고, 그러한 심미적 이해를 표현하는 행위라는 말은 예술작품은 인간의 근원적 특성인 이해를 담고 있음을 뜻한다. 예술에 의한 아름다움과 의미의 재현은 작품마다 고유하게 이루어진다. 예술작품의 특성은 이러한 아름다움과 의미의 고유함에 있고, 그 때문에 예술은 각기 다르게 표현된다. 같은 아름다움을 예술은 다르게 만든다. 예술은 고유함과 차이를 드러내며, 그 때문에 예술일 수 있는 것이다. 그런 까닭에 예술은 차이를 생성하며, 차이가 없는 작품은 예술로 자리하지 못한다고 말해도 좋다. 이러한 차이는 아름다움에 대한 보편적 감수성에서 생겨난다. 즉, 예술이 생성하는 차이는 인간이 지닌 보편적 존재성에서 비롯된다는 것이다.

예술은 존재론적 동일성 안에서 차이로 존재한다. 동일성의 보편을 벗어난 예술은 예술일 수 없지만, 그와 함께 이러한 차이와 다름을 드러내지 못한다면 그 역시 예술일 수 없다. 이런 것은 다만 키치kitsch에 지나지 않고, 그럴 때 예술은 획일과 전체주의fascism에 빠져들며 진부한 이해를 되풀이하게 된다. 이런 예술은 그저 이념적 선전 수단propaganda이나 상업 수단에 지나지 않는다. 나와 우리, 인간과 공동체가 전체가 아닌 특별함으로 존재할 수 있는 것은 차이를 생성하는 예술 때문이다.

우리는 같으면서 다르고, 다르기에 같은 존재다. 나만의 고유함과 특별함은 예술 안에서 온전히 그 모습을 드러낸다. 이때의 예술은 키치나 이념적 선전 수단이 아닌 참된 존재로, 나아가 개별적 실존을 드러내는 작품이 될 수 있다. 예술은 이념의 독단과 획일성을 넘어 우리의 고유함과 다름을 드러낸다. 예술은 동일한 아름다움 안에서 재현의 차이로 드러나는 탁월함이며, 존재의 고유함을 보게 하는 특별함이다.

인간을 미학적 존재로 규정하는 것은 아름다움을 느끼고 표현하기 때문이 아니라, 아름다움을 통해 자신의 존재 의미를 재현하기 때문이다. 인간은 아름다움을 통해 의미를 체험하고, 자신이 결단한 그 의미를 실현해간다. 이는 곧 이해하고 해석하는 인간의 의미적 특성과 그 안에 담긴 진리성眞理性이 아름다움을 통해 재현되는 과정임을 뜻한다. 여기서 말하는 의미성, 진리성 따위의 표현은 단순히 의미나 진리가 아닌, 그것을 그 자체로 성찰함으로써 생겨나는 근원적 특성을 지칭한다.

예를 들어 우리는 생물학적 여자와 구분하여 그 안에 담긴 특성을 여성성이라고 말한다. 여성과 여성성은 같기도 하지만 다르기도 하다. 또는 기록으로의 역사와 그 근원적 특성으로서의 역사성도 같은 경우에 해당한다. 구체적 사회와 사회성 역시 구분되는 개념이 아닌가. 예술에 담긴 진리는 사실적인 것이 아니라 아름다움을 통해 느끼는 인간의 의미와 관계된다. 아름다움이란 인간이 지닌 근원적 특성에서 이해되기에 예술성을 지닌다고 말하는 것이다. 미학적 존재로 이해되는 인간의 존재 의미는 바로 예술성에 있다.

03
삶에 예술이
필요한 이유

—

허무와 불안을 구원하는 수단, 예술

예술에는 아름다움의 표현이나 그를 통해 재현되는 의미 문제를 넘어서는 또 다른 중요한 특성이 있다. 그것은 예술에 대한 원초적 이해 가운데 하나다. 이런 특성을 우리는 초기 그리스 철학에서 찾아볼 수 있다.

예술은 인간의 창작 행위를 뜻하는 '테크네techne'에서 유래한다. 테크네라는 말은 아리스토텔레스의 『시학』에서 처음 사용되었고, 라틴어 'ars'로 번역되다가 마침내 예술을 가리키는 현대 유럽어로 변형되었다.

이 어원에 따르면 예술의 테크네적 특성은 그 안에 담긴 '포이에시스poiēsis'적 행위 때문에 생긴다. 포이에시스란 제작, 생산을 의미하는 단어로 '스스로 그렇게 생성되는 현상'을 가리킨다. 따라서 테크네란 인간이 포이에시스적 특성을 구체화하는 행위 가운데 하나이며 테크네라는 단어는 인간이 무언가를 만들어내는 행위 전체를 가리킨다.

여기에는 자연을 변형하여 무언가를 만들어내는 기술 행위와 함께 자연의 아름다움을 체험하고 그렇게 느낀 것을 드러내는 행위가 포함된다. 테크네는 기술이면서 예술이기도한데, 현대 유럽어에서도 'art'란 말은 기술과 예술 모두를 뜻한다.

근대 이후에는 자연을 변형하여 인간의 필요와 요구를 충족시키는 테크네라는 말이 기술 행위로 제한되어 쓰이게 되었다. 창출 행위 전부를 가리키던 테크네란 말이 현대의 기술공학technique/technology적 차원으로 한정되어 사용되기 시작했다는 뜻이다. 문제는 이렇게 됨으로써 창조 행위를 뜻하던 이 말의 근원적 의미가 감춰졌다는 데 있다.

예를 들어 테크네는 초기 그리스 사유에서는 '진리를 드러내는' 과정, 감춰진 것을 보이게 하는 창출 행위를 뜻했다. 그것은 곧 은폐된 것을 드러남의 빛 안으로 이끌어오는 행동을 가리켰는데, 그리스인들은 이러한 드러냄을 진리alētheia로 이해했다. 다시 말해 진리는 감춰진 것을 드러내는 것, 은폐된 것을 밝음의 빛 안으로 가져오는 것이다.

올바름은 기꺼이 자신을 감추지만 진리는 이것을 드러낸다. 예술은 이처럼 감춰진 아름다움과 올바름을 예술적 행위를 통해 보이게끔 만드는 것이다. 그렇기 때문에 예술은 진리라 할 수 있다. 그것은 사실의 기록이 아닌 숨겨진 진리를 드러내는 행위이며, 그 드러냄의 과정을 의미한다. 예술은 우리가 보지 못하는 것을 보게 만드는 탁월함이다.

그래서 예술은 한편으로 무의미함과 허무함, 헛갈림과 혼돈을 넘어 의미의 세계를 재현하는 행위이기도 하다. 죽음으로 끝나는 인간에게 예술은 그 허무를 극복할 수 있게 한다. 생물학적 단절인 죽음을 내재화하여 죽음을 넘어서게 만드는 행위가 예술에서는 가능하다. 허무를 넘어서는 존재의 진리를 가능하게 만들기에 예술은 인간의 존재론적 행위라 할 수 있는 것이다. 예술은 인간의 실존성을 떠나 주어지지 않는다.

예술은 재현의 행위를 통해 인간을 억압하고 소외시키는 것, 또는 현실에 현혹되어 잊어버렸거나 보지 못했던 것을 다시금 보게 만든다. 그런 의미에서 예술은 구원과 해방을 주는 체험과 재현이다. 독일의 표현주의 화가 클레P. Klee가 말했듯이 예술은 아름다운 것을 다만 그대로 보여주는 것이 아니라, 그 아름다움을 자신과 관계하여 새로이 보게 한다.

그래서 예술을 그저 아름다움을 표현하는 전문적 기술 행위로만 볼 때 예술이 지닌 이러한 요소를 이해할 수 없고, 아름다움에 대해 생각하는 우리의 논의도 미적 이론에 그치게 되며 예술에 담긴 미적 체험과 재현의 진정한 의미는 잊힌다. 그럴 때 예술은 결코 인간의 실존을 재현하지 못하며, 예술이 지니는 인간 존재와의 관련은 사라질 것이다.

아름다움에 대한 논의는 결코 예술이 무엇인가에 대한 지식이거나 미적 이론이 되어서는 안 된다. 또한 예술작품에 대한 평가나 예술이론에 국한되어서도 안 된다. 그럴 때 예술은 종말에 이르게 될 것이기 때문이다.

예술의 종말은 인간의 존재성과 의미가 죽어감을 뜻한다. 예술이 죽음과 혼돈, 무의미와 불안을 넘어서려는 인간의 존재론적 특성에 의한 것이라면 그것은 근본적으로 구원과 해방의 것일 수밖에 없다. 그 해방은 존재를 억압하는 모든 것에서 벗어나는 풀려남emancipation이다. 그렇기에 예술이 종말에 처해질 때면 존재의 굴레에 얽매인 인간 역시 그렇게 될 것이다.

—

예술의 종말은 무엇을 의미하는가

후기 산업사회를 사는 인간에게 위기가 닥친 것은 이러한 의미에서의 예술이 종말에 처해졌기 때문이기도 하다. 아름다움에 대한 근원적 체험은 사라지고, 예술을 통한 존재론적 해방을 경험하지 못할 때 인간은 위기에 처한다.

위기의 본질은 예술의 창조적 행위의 자리를 실용적 기술로 대체하는 데 있다. 또한 그저 자본의 틈새를 메우는 역할에만 충실하는 예술은 죽은 예술일 뿐이다. 자본이 가진 풍요와 소유에 대한 갈망은 인간이 지닌 진리와 아름다움에 대한 체험을 가려버리고, 그것은 곧 예술의 종말로 이어진다.

그와 함께 인간의 삶과 생활 세계는 위기로 빠져든다. 이것은 인간이 자신의 존재성을 이해하고 그를 재현하는 행위에 닥치는 위기다. 인간이 자신의 존재를 상실하고 진리 추구와 의미 세계, 초월성을 망각할 때, 그것을 체험하고 재현하는 예술은 결국 위기로 함몰된다.

현재는 근대라는 시대정신이 기술과 자본주의를 통해 과잉으로 작동하는 시기다. 존재의 위기가 극대화된 근대의 시대정신은 예술을 그저 전문적 영역에만 제한시키고, 기술과 자본을 통해서만 규정하려 한다. 그와 함께 예술은 순수예술로, 예술 자체를 위한 예술l'art pour l'art로 제한되고, 그를 통해 자신의 위치를 확인하고자 할 뿐이다.

그렇다고 이 말이 순수예술의 가능성을 부인하는 것은 아니다. 순수예술 및 예술적 감수성, 그리고 표현의 다양함이 예술의 본질 가운데 하나인 것은 분명하기 때문이다. 다만 여기에서는 예술을 그러한 층위에 국한시켜 이해하는 한계를 지적하려는 것이다. 이럴 때 예술에 대한 이해는 미적 이론으로 규정되거나, 예술 감상이나 비평이 될 뿐이다. 이렇게 되면 예술이 지니는 삶의 자리는 상실되고, 그저 전문가를 위한 예술로 남게 된다.

근대에 이르러 순수예술이 전문가만을 위한 예술로 자리한 것과 현재의 위기는 이런 점에서 일치한다. 이런 주장을 펼치는 이글턴은 근대화 과정에서 아름다움에 대한 체험이 고급 예술이라는 장르로 분리되고, 미학이라는 이데올로기가 출현했다고 말한다.

하지만 이런 분리를 넘어 아름다움을 체험하고 이를 표현하는 예술이 모든 사람에게 예술로 자리할 수 있어야 한다. 예술적 행위는 인간의 본성 가운데 하나다. 인간은 어떤 형태로든 예술을 만들고 누릴 수 있어야 한다. 인간은 아름다움을 체험하고 표현하는 행위를 통해 자신을 이해하고 표현하기 때문이다.

― 예술의 위기는 곧 존재의 위기

미학과 더불어 순수예술이라는 이름은 인간의 예술 행위를 단순히 미의식의 표현으로만 이해하려 한다. 그래서 하이데거는 아름다움에 대한 학문적 이해로서의 미학에 대해 "그리스인들에게는 위대한 예술이, 또 그와 함께 위대한 철학이 플라톤과 아리스토텔레스와 더불어 종말을 고하는 바로 그 순간에 비로소 시작된다"라고 말한다.

이러한 전통은 헤겔 철학 이후의 특징이기도 하다. 헤겔은 정신으로서의 절대자는 역사가 생겨나는 위대한 양식에 있어서 '절대 정신'으로 나타나고, 예술과 종교, 그리고 철학으로 스스로를 드러낸다고 말한다. 여기서 미는 이념의 감성적 가상假象으로 이해된다. 현재의 위기는 인간이 자신의 위치를 상실하고 아름다움을 통해 드러낼수 있는 진리 추구와 의미 세계, 초월적 지평을 망각하는 데서 비롯된다.

그렇다면 우리의 삶과 예술은 직접적으로 어떤 관련이 있을까? 인간 존재의 구원과 해방은 예술을 떠나 주어지지 않는다. 아름다움을 표현하는 행위는 인간 존재의 실현이며, 그런 까닭에 무의미의 위기를 넘어서는 구원과 해방의 예술로 자리하게 된다. 아름다움에 관계되는 이 모두는 인간이 지향하는 바를 비춰주는 거울인셈이다. 미학적 존재로서 인간은 자신의 얼굴을 아름다움의 거울을 통해 보아야 한다.

근대의 과잉을 넘어서기 위해 탈근대의 논의가 거론되지만, 그것이 다만 후기 근대의 지평에서 이루어진다면 근대는 결코 극복되지못한다. 현대의 기술문명과 물질 중심의 자본주의가 과잉으로 치달아 그것을 극복할 철학과 예술이 자신을 상실할 때 인간의 존재는위태로워진다. 현재의 예술과 철학이 맡은 역할은 이러한 위기를 넘어서고 극복하는 것이다.

인간 존재의 위기는 예술과 철학의 위기이기도 하다. 예술적 행위를 포함하는 테크네를 현대 기계문명의 테크닉으로 이해하며 그 참된 가치를 상실하고 단지 물질과 기계문명으로 모든 것을 대치시킬 때, 인간 존재와 우리가 사는 세계는 본질적인 위험에 빠지게 될 것이다.

/5장/

공동체와 타자의 거울

타자에 대한 나의 생각은
곧 나의 존재를 결정하는 거울이다.
당신의 타자는 누구인가?
그리고 타자라는 거울에 비친
당신의 모습은 어떠한가?

01

나의 또 다른 얼굴, 공동체

공동체 속의 나와 본래의 나

인간은 공동체와 사회를 떠나 존재하지 못한다. 인간은 공동체적 개인이며, 사회는 개인이 모여 만든 개체적 공동체다. 인간은 개인적 요소 절반과 공동체적 요소 절반이 모여 전부가 되는 존재가 아니라, 온전히 개인적임과 동시에 온전히 공동체인 존재다. 이 개인의 특성과 공동체성이 모여 하나의 전체를 이루는 것이 인간이다.

개인적 실존성 없이는 인간이 인간일 수 없지만, 그와 함께 공동체적 특성을 배제한다면 그 역시 온전한 인간일 수 없다. 아리스토텔레스는 일찍이 인간의 이러한 특성을 '공동체적 존재'로 규정했다. 인간은 그들이 사는 도시 국가인 폴리스polis에 함께 거주하는 존재이기에 이를 개념화하여 그는 '폴리스적 존재'란 말을 사용했다.

인간은 분명 홀로 존재하지 못한다. 이것은 단순한 철학적으로서
만이 아니라 생물학적 관점에서도 그렇게 규정된다. 인간은 태어나
면서부터 다른 사람 없이는 인간이 되지 못할 뿐 아니라, 언제나 다
른 사람과의 관계 속에서 살고, 그 관계에 따라 자신이 규정되는 존
재이기도 하다.

생물학적 관점에서의 유명한 사례로는 1920년 인도에서 발견된
늑대 소녀 아말라와 카말라의 예를 들 수 있다. 어린 시절 낙오되어
늑대와 함께 자랐다가 각각 두 살과 여덟 살 때 발견된 이 자매는
결국 인간으로 돌아오는 데 실패했다. 오늘날 진화생물학에서 이
뤄진 여러 연구결과는 한결같이 '언어를 비롯하여 인간을 인간이게
하는 여러 특성은 다른 사람과의 접촉 없이는 형성되지 못한다'고
주장한다. 인간으로 형성되는 어린 시절에 다른 사람을 접하지 못
하면 그는 인간으로서의 특성을 드러내지 못한다.

그래서 진화생물학자들은 "고도로 사회적이 된다는 것은 전적으
로 인간이 된다는 것"이라고 말한다(M. 가자니가, 『왜 인간인가?』, 2008).
로빈슨 크루소는 성인이 된 이후에 혼자 남겨졌기에 인간으로 살아
갈 수 있었던 것이지, 처음부터 홀로 인간이었던 것은 아니다. 인간
은 그 본질에서부터 다른 사람과 함께 살아가는 공동의 존재다.

독일의 철학자 하이데거 역시 인간의 이러한 특성에 대해 연구했
다. 하이데거는 『존재와 시간』이라는 책을 통해 '인간은 어떤 존재

인가?'라는 물음을 던졌다. 인간의 존재 의미에 대해 연구한 하이데 거는 인간을 '공존재共存在'라고 규정한 후, 인간은 본질적으로 다른 사람과 함께 있을 수밖에 없으며 타자와의 관계 속에서 비로소 인간으로 존재할 수 있다고 보았다. 공존재로서 인간은 다른 사람에 대해 마음 쓰는 존재, 즉 배려의 존재인 것이다. 이 마음 쓰임이 바로 하이데거가 생각하는 실존성의 출발이 된다.

이렇듯 세계 속에서 타인과 관계를 맺으며 살아가고, 자신의 존재를 자각하고 있는 인간의 존재 방식을 '세계-내-존재世界-內-存在'라고 명명했다. 하이데거는 두려움과 불안, 염려와 이해, 죽음에 이르는 존재로서의 특성 등에 대해서도 거론했는데, 이 역시 인간의 공존재성을 바탕에 둔 인간 이해라고 볼 수 있다.

인간은 근본적으로 특정한 세계 안에 존재하며 어쩔 수 없이 이세계에 제약되어 있지만, 조건적 특성을 넘어 자기 자신을 가능성이 있는 고유한 존재로 만들어간다. 또한 개인의 존재적 특성 외에도 다른 사람들과 더불어 살면서 공동 존재라는 특성을 지닌다. 이러한 특성이 학문과 문화, 예술과 역사, 정치와 경제 등의 사회적 체계를 기획해나갈 수 있는 밑바탕이 되는 것이다. 이 모두는 어떻게 보면 개체적이며 실존적이라고 할 수 있지만 그만큼 공동체적이기도 하다.

이러한 공존재적 특성은 인간으로 하여금 다른 사람과 타자를 새롭게 이해하게 만든다. 타자는 더 이상 나와 길항관계에 있는 '다른 사람'이나 어쩔 수 없이 한 사회에 함께 사는 이들이 아니다. 타자는 나의 존재와 함께 있고, 우리가 나 자신이기 위해 반드시 있어야 하는 다른 존재다. 다시 말해 타자 없이 나의 존재는 불가능하고, 타자와 함께하는 존재라는 점에서 인간은 공존재이며, 타자는 결코 '다른 존재'가 아니다.

근대 이후 인간은 자신을 세계와 자연을 개척하고 기획하는 존재, 이 모두를 통제하고 군림하는 존재의 주인으로 규정했고, 이것은 끊임없이 타자와의 대비를 통해 자신을 이해하는 도식을 만들어 냈다. 이런 도식에서 인간은 모든 것을 타자화하는 주체subject로 설정된다. 그리고 나 이외의 모든 존재, 그것이 다른 세계든 다른 사람이든, 또는 자연과 동물이든 그 모두는 나의 맞은편에 있는 객체object로 자리매김된다. 그 객체적 타자를 과학적으로 인식하든 자본주의적으로 소유하든 그것들은 주체인 나에 의해 타자로 대상화된다.

주체를 어떻게 설정하느냐에 따라 타자가 되는 대상도 끊임없이 변한다. 그것은 유색인종이거나 외국인, 여자이거나 장애인일 수 있고, 때로는 동물이나 자연일 수도 있다. 심지어 이런 도식은 인간의 내면에도 적용되어 이성에 대한 감정, 정상에 대한 비정상, 또는 광기가 될 수도 있다. 타자화되는 대상은 끊임없이 나와 대척점에 서면서 소외되고 억압된다.

이러한 이해 도식은 공존재란 관점에서 보면 전적으로 잘못되어 있다. 인간은 타자와 마주한 독립된 개체가 아니며, 타자를 배제하고 억압하는 중심적 존재도 아니다. 이런 도식에 갇힌 현대 문화는 독단에 빠진다.

현대 철학은 이것을 이성중심주의나 인간중심주의 또는 남성중심주의 등의 이름으로 비판한다. 각종 중심주의는 언제나 그때마다의 타자를 설정하고 이를 배제하거나 억압한다. 예를 들어 이것을 인간에게 적용하여 비판하는 하버마스의 경우는 인간의 주체성을 넘어서는 상호주체성inter-subjectivity을 강조한다.

이러한 비판이 어떠한 것이든 인간은 독립된 개체라기보다 오히려 훨씬 더 공동체적이다. 공동체성은 인간을 올바르게 이해하고, 그의 삶과 존재를 정당하고 수용하는 데 있어 결코 없어서는 안 될 중요한 주제다. 그 공동체성을 일차적으로 다른 사람과의 관계에서 이해할 수도 있지만, 타자를 설정하는 도식에 따라서 보면 이 공동체는 크게 확장되어 우리와 그들, 여성과 외국인 또는 자연과 동물, 생명과 비생명으로까지 바꿔볼 수 있다. 그래서 공동체를 어떻게 설정하느냐는 곧 나를 어떻게 이해하는지에 대한 답이 된다.

인간의 공동체성을 진지하게 성찰하지 못하면 인간 존재의 크기는 딱 그 정도로만 제한될 것이고, 그때의 인간 이해 역시 당연히 제한되고 편협해질 수밖에 없다. 인간은 독립된 개체이고, 그렇기에 그가 지닌 실존성은 직접적이며 일차적인 요소이지만, 인간을 이러한 차원으로만 이해해서는 안 된다. 공동체성은 개인인 인간에게 덧붙여진 특성이 아니라 오히려 그것이 인간을 이해하는 본질 가운데 하나이기 때문이다.

공동체의 존재 이유는 무엇인가

공동체는 우리가 살아가는 터전을 넘어 인간의 모습이 드러나는 거울이다. 사람에게는 모두 각자의 공동체가 있다. 그것은 가정이나 혈연공동체는 물론 고향이나 학교 또는 출신 배경을 중심으로 한 모임일 수도 있고, 심지어 어떤 목적을 가지고 일시적으로 만든 단체일 수도 있다. 여하튼 그 공동체는 우리가 필요로 하거나 자기 존재와 관계된 어떤 모임임에 틀림없다.

사람은 공동체를 통해 자신의 이익과 관심사를 관철시키는가 하면 나의 필요한 부분을 메우기도 하고, 미처 보지 못했지만 내가 찾는 어떤 것을 위해 이 모임 저 모임을 헤매기도 한다. 그렇게 나의 필요와 나의 존재를 비춰주는 공동체는 나의 또 다른 얼굴이다. 인간은 이 공동체를 통해 자신을 드러낸다.

그런 점에서 볼 때 공동체의 모습은 나의 모습이며, 그 아름다움과 추함은 곧 나의 아름다움과 추함이다. 공동체가 하는 일은 나의 것이며, 공동체가 지향하는 것은 곧 내가 하고 싶은 일이다. 공동체가 만든 타자는 나의 타자이며, 공동체에 속한 사람은 또 다른 나의 모습이다. 공동체의 크기는 나의 크기이기도 하고, 나의 공동체에서 배제시킨 그 누군가는 내가 배제시킨 타자다.

우리는 민족 공동체란 이름으로 이민족을 배제한다. 우리는 가난한 조선족을 우리 공동체에서 배제함으로써 나의 가난을 없애려 한다. 감추어진 가난에 대한 나의 두려움이 그것을 통해 나타나고 있는 것이다. 나는 유색인종을 공동체에서 배제하지만, 백인들에게서 나의 배제를 두려워하면서 그 두려움을 다른 유색인종에게 전가한다. 배제는 나의 두려움이며 수용은 나의 욕망을 보여준다.

절대 져서는 안 되는 한일 축구전을 통해 나는 절대 지고 싶지 않은 타자에 대한 미움과 나 자신에 대한 집착, 나의 성공과 승리를 염원한다. 스포츠 경기는 공동체가 전제될 때 경기 이상의 것이 된다. 그럼에도 공동체가 타자를 설정하여 배제할 때 그 공동체는 폭력적으로 작동하고 심지어 죽음의 집단이 되기도 한다. 즉, 타자를 극대화하는 집단이 되어 배제와 억압, 폭력이 최고도로 작동하는 반인간적 무리가 되는 것이다.

그런 공동체는 역사에서 너무도 흔하게 볼 수 있는데, 이것은 지금도 그러하며 앞으로도 그럴 것이다. 그럼에도, 아니 바로 그렇기 때문에 우리는 물어야 하며, 그 답을 통해 나와 우리의 한계를 넘어서야 한다. 공동체의 역기능을 접할 때 우리는 공동체의 존재 이유, 공동체와 개인의 관계는 물론 최고의 공동체인 국가의 존재 이유까지도 질문하게 되기 때문이다.

경쟁이란 타자라는 존재를 받아들이기 위한 행위

공동체적 존재인 인간에게 있어 다른 사람과의 경쟁은 불가피한 측면을 가진다. 그럼에도 현대 문화는 경쟁을 잘못 이해하고 있다. 경쟁은 타자를 배제시키기 위한 것이 아니라 더불어 함께하려는 인간의 본성에 근거한다. 공동체적 존재인 인간에게 경쟁이란 서로를 살리고 성숙시키기 위한 것이며, 타자의 존재를 받아들이는 행위여야 한다.

캐럴L. Carroll의 동화 같은 소설 『이상한 나라의 앨리스』(1865)에서 동물들은 경주를 벌인다. 눈물 웅덩이를 빠져 나온 여러 동물들의 몸이 젖자 지금은 멸종한 거대한 새 도도dodo가 코커스 경주로 몸을 말리자고 제안한다. 몇 바퀴 달린 뒤 모두의 몸이 마르자 도도새가 경주를 멈춘다. "그럼 누가 상을 받지?"라는 질문에 도도새는 한참을 망설이다 이렇게 말한다. "모두가 승리자야. 우리 모두의 몸이 말랐으니 우리가 전부 이긴 거야. 그러니 우리 모두 상을 받아야 해."

모두가 이기는 경쟁, 서로를 살리는 경쟁이 가능한 공동체는 나와 너를 살리는 공동체다. 그러나 상대방을 낙오시키고 낙오자를 찾아내 배제시켜야 하는 경주만이 있는 공동체, 제로섬zero-sum 게임을 벌이는 공동체는 전쟁과 같은 죽음을 만들어낼 뿐이다. 순위를 정하여 배제시키고 낙오자를 만들어야 하는 경쟁은 잘못된 경쟁이고, 그런 경쟁만을 부추기는 사회는 죽은 사회다. 지금 우리의 공동체는 어떠한가. 내가 속한 공동체에 대한 질문은 나 자신에 대한 물음이다. 그런 의미에서 공동체는 너와 나의 거울인 셈이다.

전통적으로 농경민족이었던 우리는 유달리 공동체적 유대가 강했다. 두레공동체는 관에서 백성의 의견을 묻고 여론을 주도했던 향약鄕約과 달리 농민 스스로가 만들어간 마을공동체였다. 향약은 유교적 이념과 규율 체계를 마을공동체에 적용시켜 오히려 공동체 문화와 자율을 억제하는 역기능을 가지고 있었다. 마을공동체의 문화는 '모듬살이', 즉 더불어 함께 살아가는 공동체를 향한 본성적 노력이었다.

비록 마을공동체는 해체되고 골목문화는 사라졌지만 이러한 문화적 전통은 한국 사람의 마음 깊이 새겨져 있다고 해도 지나친 말이 아니다. 그래서 아파트 숲 속에서 우리는 마을공동체를 염원하는지도 모른다. 그러나 그 공동체는 더 이상 농경문화의 마을일 수 없다. 우리는 어떤 공동체를 원하는가. 우리는 인간이기에 인간의 얼굴을 한 공동체를 지향할 것이다. 하지만 지금 우리의 모습을 돌아보자. 공동체가 부서지고 해체된 이 사회는 과연 인간적이라고 말할 수 있을까?

02
공동체, 인간의 자유를
비추는 거울

우리가 원하는 삶의 터전은 무엇인가

앞서 언급했듯 인간은 더불어 함께 살아가는 존재이기에 인간의 실존적 성격은 공존재적 특성을 도외시할 때 올바르게 이해할 수 없다. 공동체는 이러한 공존재적 특성에 근거한 존재론적 터전이며, 공존재인 나와 너, 우리가 더불어 살아가는 세계life-world다. 공동체성이란 공동체의 의미 및 원리와 연관된 말이다. 공존재인 인간은 공동체 안에서 타자와 더불어 살아갈 수 있을 때 자신의 실존적 자아를 정립할 수 있다. 그러한 의미에서의 공동체는 개체인 인간이 자신의 존재 이유와 목적, 또는 필요를 달성하기 위한 방편이 아니다. 공동체는 개체적 자아들이 물리적으로 함께 있는 집단으로서의 사회 그 이상의 어떤 것이다. 공동체는 훨씬 더 인간의 존재 자체와 함께한다.

공동체를 이익사회gesellschft와 이익에 관계하지 않는 공동사회ge- meinschaft로 구분한 것은 독일의 사회철학자 퇴니스F. Tönnies였다. 이 익사회는 어떤 목적을 위해 결성된 단체이기에 그 사회는 그것이 목 표하는 규약과 규범에 충실해야 하고, 그것을 벗어나면 존립할 근거 를 상실해버린다. 그에 비해 공동사회는 혈연공동체나 마을처럼 인 간의 본래적 특성에 의해 구성된 사회를 지칭한다. 공동사회는 이 익이나 목적의 관계가 아닌 인간성에 기반하여 그 관계가 설정되므 로, 자연적으로 형성된 규범이 지배하는 사회라고 말할 수 있다.

공동체를 말할 때는 그것이 지향하는 규범과 가치가 문제로 등장 한다. 이 문제는 전통적으로는 공동선(共同善, common good)이란 용 어로 논의되었다. 공동선과 함께 공공성公共性은 공동체를 이해하 는 데 있어 매우 중요한 개념이다. 오늘날 극단으로 치닫는 자본주 의적 삶과 사회를 넘어서기 위해서는 이 두 개념을 진지하게 살펴봐 야 한다. 자본주의는 공동체를 해체하고 그 자리를 시장으로 대신 한다. 자본이든 금융이든 시장은 공동체일까. 이런 시장의 논리에 종속되어 살아가는 인간의 삶은 어떤 의미를 지니는가. 이를 위해서 는 변화된 공동체의 성격에 대해 살펴볼 수밖에 없다.

잘 알려져 있듯이 아도르노T. W. Adorno는 『계몽의 변증법』(1947)에 서 이 시대에는 계몽이 다시금 주술이 되었다고 말한다. 이때 문화는 산업이 되어 결국 사물화reification의 길을 걷게 된다. 또한 예술마저도 산업이 되고 그에 따라 사물화될 수 없는 것들은 물화物化되어 소외되고 배제된다. 더 나아가 우리는 의미와 가치를, 인간 내면의 덕목을 사물화하기에 이른다.

아도르노는 이런 비판을 통해 계몽의 변증법을 넘어설 새로움에 대해 말하고 싶어 한다. 이 논의는 계몽 시대 이후의 시대 상황을 표현한 "신의 죽음 이후의 예술" 논의와 맥락을 같이한다. 계몽이 다시금 주술이 된 시대에 모든 것이 사물화되는 문화와 사회에 따라 인간 삶의 터전은 급격히 해체되고 있다. 신들이 떠난 이 궁핍한 시대에 공존재인 인간은 어떠한 삶의 터전을 필요로 하는가. 그리고 우리의 공동체는 어떠한 원리에 따라 움직이는 것일까?

올바른 공동체란 무엇인가

인간의 존재론적 특성에 근거한 공동체는 실존적 자아로서 개인이 자신의 삶과 존재를 달성해나가는 생활세계임과 동시에 타자와 더불어 살아가는 삶의 터전이다. 인간은 실존성과 함께 타자를 떠나서는 자신의 존재를 달성하는 것이 불가능하기에 공동체에서 맺는 나와 타자의 관계는 공동체를 특징짓는 원리가 된다.

공존재로서의 인간이 필요로 하는 공동체성을 이해하기 위해서는 철학의 오랜 주제인 '동일성과 차이의 원리'를 생각해볼 필요가 있다. 존재하는 모든 것은 같으면서 다르고, 다르면서 같다. 그럼에도 이 같음과 다름은 결코 한 가지 의미가 아닌 상호성에 따라 가능해진다. 존재하는 것의 같음은 다름에 의해 같은 것이며, 그들의 다름 역시 같음이 있기에 가능한 다름이다. 나와 너는 이러한 원리 안에서 같으면서 다르고, 다르면서 같다. 이러한 관계 양식을 해명하는 것이 동일성과 차이의 원리다.

우리는 어떻게 같은 공동체에서 서로의 다름을 수용할 수 있으며, 다름 안에서 어떻게 같은 공동체를 유지할 수 있을까? 또는 내 안에 있는 같음과 다름은 어떻게 상호작용하여 나라는 하나의 존재가 되는 것일까?

인간이 더불어 살아가는 공동체는 결코 전체주의적 사회가 아니다. 모든 개체가 같은 원리와 목표를 공유해야 하는 획일적 집단도 아니다. 같음과 다름이 상호적 관계 안에서 자리 잡을 수 있을 때에야 공동체는 비로소 올바르게 움직일 것이다. 한 공동체에는 분명 보편성과 동일성이 필요하다. 그것이 없다면 공동체는 공동체로 존립할 수 없기 때문이다. 그럼에도 그 보편성과 동일성은 차이와 개별성에 기반을 둔다. 또한 차이와 개별성 역시 보편성과 동일성의 원리를 떠나서는 유지될 수 없다.

이처럼 올바른 공동체는 보편성과 동일성이 차이와 개별성을 지켜내는 관계의 상호성으로 유지될 때 가능하다. 차이를 무시하는 공동체는 야만과 폭력을 초래함에 이어 전체주의의 암울함으로 귀결된다. 그와 반대로 보편성과 동일성을 떠나 존재하는 차이 역시 불가능하다. 그것은 인간의 공존재적 원리를 벗어나기에 애초에 가능하지 않은 개념이다. 그것은 오직 관념으로만 가능할 뿐이다.

역사적 경험과 언어를 공유함에도 공동체는 공유하는 역사에 대한 이해와 재현되는 언어에서 차이를 드러내고 그 차이를 보존한다. 공동체는 결코 보편적 이익이나 일반적 관계성에 따라 구성되는 집단이 아니다. 공동체는 오히려 이렇게 공유하는 지평과 생성되고 보존하는 차이가 있어야 가능하다. 끊임없이 차이를 생성하는 가운데 공동체의 동일성이 제대로 자리할 수 있는 것이다.

공동체는 개인의 실존과 의미를 보존할 때 올바른 공동체로 존립할 수 있다. 그것이 차이를 보존하는 동일성이며, 그 동일성은 결코 전체적이거나 획일적인 성격을 지니지 않는다. 공동체가 보존하는 개인적 차이는 끝없이 생성되는 동일성의 차이에 따라 가능해진다. 이러한 차이와 동일성의 특성을 배제하거나 이를 벗어날 때 공동체는 공동체로 존재하지 못한다. 공동체는 흩어지는 가운데 존재하며, 차이를 보존할 때 가능해진다.

아리스토텔레스에 의하면 인간은 원래 공동체를 구성하는 '정치적 존재'다. 그런데 이 말은 인간이 본질적으로 정치적이라기보다는, 당시 사람들이 그리스 공동체인 폴리스에서 살아갈 수밖에 없다는 뜻을 담고 있다. 그러나 정치적 존재political being로 해석된 이후부터 어느 정도 오해되어온 것이 사실이니, 이 말은 차라리 '인간이란 사회적 존재이며 공동체 안에서 다른 사람과 관계를 맺으며 살아갈 수밖에 없다'는 의미로 받아들이는 것이 옳다. 아리스토텔레스의 지적은 인간의 본질적 상황을 정확히 지적한 것임에 틀림없다.

굳이 문화인류학이나 사회학적 통찰을 거론하지 않더라도 인간이 공동체와 사회를 떠나 생존하거나 존재할 수 없음은 분명하다. 인간을 탈사회적이거나 실존적으로만 바라본다면 그것은 반쪽의 진리만을 드러내는 데 지나지 않는다. 인간은 총체적 존재이기에 인간을 전일적全一的으로 이해해야 한다면 사실 공동체적이며 사회적 맥락을 떠난 인간 이해란 잘못된 것일 수밖에 없다. 이러한 사회적 맥락을 정치적으로 또는 관계적으로 이해하든 그것과는 별개로 이러한 공동체적 특성을 살펴보는 일은 인간을 올바르게 이해하는 데 있어 반드시 해야 할 작업일 것이다.

우리는 이런 공동체성을 어떠한 맥락에서 이해하고 받아들여야 할까? 또 공동체 안에서 인간의 본질과 자유를 어떻게 달성할 수 있을까? 인간이라면 누구나 자신의 실존적 세계를 성찰하며, 존재의 자유를 지키기 위해 노력한다. 자신의 내면적 세계와 자유가 없이 인간은 인간일 수 없지 않은가. 인간은 이 자유를 자율성으로 이해한다.

자율성이란 인간의 본성을 스스로 결정하고 달성하는 능력을 가리킨다. 그래서 근대 이래 인간을 이해하는 데 있어 이 자율성 개념은 매우 중요한 의미를 갖는다. 칸트는 이 자율성을 인간의 본질인 이성을 스스로 사용할 수 있는 능력으로 이해했고, 자율성이 있기에 인간은 미성숙함을 벗어날 수 있다고 말했다. 인간은 자율적 존재이기에 고유한 권리와 자유를 가지며, 평등한 존재로 타자와 관계를 맺는다. 그와 함께 인간은 자신과 공동체에 대해 책임과 의무를 지닌다. 권리와 자유는 언제나 공동체 내에서의 책임과 함께한다.

그럼에도 오늘날 이 자율성과 권리를 잘못 이해하여 책임과 의무를 다하지 않는 일차원적 인간이 넘쳐나는 것은 왜일까? 개인의 소유권과 성공만을 강조하는 현대 문화의 맹목성 때문일까? 인간의 자유는 책임과 의무에서 주어지는 자유다. 인간의 자유는 우리가 지닌 다른 사람과의 관계에서의 자유로움은 물론, 우리 모두가 올바른 인간답게 살아가는 자유로운 공동체를 만드는 본질적 특성이기 때문이다.

사람은 어떻게 자유로운 존재가 될 수 있을까? 이에 대한 대답은 자신의 철학적 태도에 따라 달라질 것이다. 인간의 본성에 대한 이해들이 다양함에도 한 가지 분명한 것은 인간이 자율적 존재로 설 수 있을 때에만 정의로운 사회가 가능하다는 사실이다. 인간은 철저히 실존적이면서 또 그만큼 공동체적인 존재이기 때문에 개인의 실존적 자유 없이는 공동체의 형성도 불가능하다. 즉, 인간이 자유로운 존재가 될 때 자유로운 공동체도 가능해진다는 것이다.

자유로운 존재, 자신의 존재를 유지하는 차이가 지켜지지 않는 사회는 공동체가 아니다. 공동체만을 강조할 때 그 사회는 느닷없이

철학, 인간을 답하다

전체주의로 흘러갈 것이다. 개인의 실존과 자유가 유지되지 않는 공동체는 우리가 수도 없이 보게 되는 획일적 사회가 되고, 그 안에는 억압과 폭력이 난무할 것이다. 어떤 아름다운 이름으로 포장된 공동체라도 그것은 반인간적일 수밖에 없다. 공동체는 인간의 자유를 비춰주는 거울이다.

따라서 인간에게 과제가 있다면 그것은 자신의 존재적 자유를 지키면서, 그만한 크기로 공동체 내에서의 자유와 자존을 지켜가는 것이다. 공동체의 자율은 그럴 때만 지켜질 수 있다. 이런 관점에서 인간다움을 해치는 것은 인간의 실존적 자율은 물론 공동체 내에서의 자유와 자존을 막는 모든 것이다. 정치적 권력이든 경제적 독점이든, 또는 이념적이며 당위적 신념이든, 인간의 자유와 존재의 자율을 막는 모든 행위는 반인간적이며 그런 만큼 불의하며 진리에 반대되는 일이다.

03
타자의 존재가
말해주는 것들

타인과 관계를 맺으며 살아간다는 것

공동체적 인간은 다른 사람과 함께 살아간다. 타자 없이 인간은 인
간으로 존재하지 못한다. 타자 없는 인간, 타자를 배제한 인간은 자
신의 욕망에만 매몰되어 진정한 자아도 볼 수 없다. 독일의 사회철
학자 아렌트H. Arendt의 말처럼 자신의 실존을 오직 사적 영역으로
제한시킨다면 인간의 실존은 올바르게 지켜지지 않는다. 인간의 실
존은 본질적으로 공동체와 타자를 필요로 하기 때문이다.

프랑스의 철학자 레비나스는 '타자의 얼굴은 나의 존재'라고 말한
다. 인간에게 가장 중요한 주제는 다른 사람인 타자이며, 타자와 만
나고 맺어가는 관계가 결국 나 자신의 존재를 드러내는 거울이 된

다. 그래서 레비나스는 타자와 "얼굴과 얼굴을 마주보는" 관계가 인간의 진정한 관계 맺음이라고 말한다. 사람은 나 아닌 타자를 참으로 만날 때 비로소 진정한 나가 된다. 나아가 레비나스는 인간의 나약한 얼굴에서 '절대적 타자(신)'에 대한 이해를 읽어내고 있다. 이 존재의 타자는 나의 한계를 넘어서는 초월과 무한함, 신성함을 체험하는 결정적 계기가 되는 것이다.

레비나스는 심지어 자신의 윤리적 태도를 타자의 얼굴에서 찾기도 한다. 타자의 얼굴에 책임을 지는 것이 인간의 의무이며 윤리다. 인간이 존재하는 이유는 삶에 책임을 지는 데 있고, 인간 존재의 의미는 타자와의 관계에서 생기는 윤리에서 주어진다. 윤리는 타자의 얼굴에 대한 책임으로 나타나며, 그것은 타자의 존재를 보증하는 데 있다고 말한다.

우리 안의 타자는 결국 나 자신의 다른 모습이고, 내가 외면하고 싶은 내 안의 다른 어떤 존재다. 그것은 때로는 죽음 또는 구미호나 좀비 같은 괴물로 드러나거나, 또는 사랑과 희망, 때로는 신과 같은 초월자의 모습으로 드러난다. 타자는 나의 다른 이름인 것이다.

사실 인간의 가장 큰 본성은 사랑일 것이다. 인간은 자신을 사랑하고, 또 끊임없이 무언가를 사랑한다. 사랑은 인간의 한계를 넘어서게 만들며 죽음보다 강하다. 사람은 언제나 사랑 안에서 살고 있다. 그 사랑이 반드시 이성에 대한 열정일 필요는 어디에도 없지만, 사랑을 통해 사람은 사람으로 존재하게 될 것이다. 사랑하지 않는 사람은 지금 죽은 사람처럼 살아 있는 것이다. 인간의 사랑은 사랑할 사람, 타자를 필요로 한다.

그럼에도 타자는 나의 다른 부분이기도 하다. 니콜 키드먼Nicole Kidman이 주연한 알레한드로 아메나바르Alejandro Amenabar의 2001년작 〈디 아더스The Others〉는 타자가 누구인지 묻게 만든다. 오래된 영화이니 여기에서 편안하게 결말을 말해도 문제없을 것이다. 남편이 전쟁터로 떠난 뒤 아이들과 함께 사는 주인공의 집에 어느 날부터 이상한 일이 벌어진다. 하지도 않은 일이 저절로 벌어지는 것이다. 문이 열려 있거나 커튼이 사라지는가 하면 가구의 배치도 달라져 있다. 낯선 발자국 소리도 들리고 피아노가 갑자기 연주되기도 하며, 어떤 하인이 말없이 사라지고 난 뒤 다른 하인이 불쑥 나타나기도 한다. 어린 딸 앤은 이상한 남자아이와 할머니가 집에 머물고 있다는 얘기를 반복한다.

무슨 일인가? 자신이 사는 집에 또 다른 존재가 함께 살고 있단 말인가? 사실 그녀의 가족은 모두 죽은 자들이다. 그럼에도 그들은 자신의 죽음을 알지 못한다. 귀신 때문에 살 수 없게 된 인간 가족이 이 집을 떠날 무렵에서야 그들 가족이 바로 죽은 사람이라는 사실이 드러난다.

귀신은 누구이며 타자는 누구인가. 죽은 자에게 타자는 산 자이며, 살아 있는 사람에게 타자는 죽은 자다. 자신의 죽음과 삶을 알지 못하는 그가 바로 타자다. 그녀의 타자는 살아 있는 사람, 어느

날 자신의 집으로 이사 온 그들이 아니라 자신의 죽음을 알지 못하는 자신인 것이다. 귀신과 악마는 우리 안의 두려움과 악을 형상화한 모습일지도 모른다. 우리는 우리 안에 있는 그 타자와 함께 살고 있다. 타자를 비춰보는 거울은 나 자신의 생생한 얼굴이다. 타자 없이 인간은 인간으로 존재하지 못한다. 그 타자는 나의 모든 것인 사랑하는 사람이거나 내 옆의 너일 수도 있으며, 미워하는 너이거나, 차라리 없었다면 인생이 참 황홀했을 것 같은 그런 너이기도 하다.

또 그 타자는 내 안의 낯선 어떤 존재인가 하면 내가 피하고 싶은 그 어떤 부분이기도 하다. 아니면 내가 꿈꾸는 어떤 존재, 그러나 현실적으로는 존재하지 않는 그 누구일 수도 있다. 타자는 있기도 하고 없기도 하다. 타자를 볼 수 있으면 한낮에도 내 안의 두려움과 귀신이 나타날 것이며, 타자를 보지 못하면 그 어떤 영혼의 존재도 없을 것이다. 죽음 이후는 완전한 침묵이나 허무일 수 있기 때문이다. 죽은 자는 자신이 보고 싶은 것만 보고, 다른 사람을 그 사람으로 보지 못한다. 그러니 타자를 보지 못하는 자는 죽은 자와 무엇이 다르겠는가.

━

타자에 대한 생각이 나의 존재를 결정한다

부버M. Buber는 그의 대표적 저서 『나와 너』(1923)에서 '나와 너'의 관계를 통해 타자를 설명한다. 인간의 언어는 '나와 너I and Thou' '나와 그것I and It' 두 가지로 나눠볼 수 있다. 그렇게 나뉜 말에 따라 세계 역시 그렇게 분리된다. 인간은 다른 사람과 '나와 너'의 관계를 맺을 수도 있고 '나와 그것'의 관계를 맺을 수도 있다. 그에 따라 말과 세계가 나뉘고, 결국 나 자신조차 분리되기에 이른다.

나와 너의 관계는 타자와 인격적으로 만나지만, 나와 그것의 관계는 그를 사물처럼, 물건처럼 취급하는 만남이다. 요즘 회자되는 갑을 관계나 지배와 피지배 관계, 때로는 이용하거나 지배하는 억압의 관계일 수도 있다. 타자를 너로 대하든 그것으로 대하든 그에 따라 나의 존재가 달라진다. 나의 세계와 언어가 내 마음과 생각, 나의 삶 자체가 인격적인 것이 되거나 사물적이 되기도 한다. 다른 사람과의 관계가 내 존재를 결정하는 것이다.

칸트가 말했듯 인간에게 가장 보편적이며 반드시 그래야만 하는 법칙은 사람을 인격적 존재로, 또는 절대적인 존재로 받아들이는 규범이다. 누군가를 사물로 대하는 사람은 그 역시 그 사람에게 사물로 취급받는다. 상대를 억압하고 지배하고 착취할 때 나도 그렇게 억압받고 지배받으며, 착취의 희생양이 될 것이다.

갑이 되지 못해 안달하는 을은 영원히 갑을 관계에서의 타자로 머물 뿐이다. 그는 어떤 경우에도 인격적인 나가 될 수 없다. 또한 어떤 갑도 최고의 갑이 되지 못한다. 갑을 관계로 사람을 보는 자는 영원히 참된 자신을 보지 못하는 비인격적 타자로 머물 것이다. 사람을 자본의 대상으로 간주하는 세상은 수많은 너를 자본의 크기로 억압한다. 자본주의의 너는 나를 자본의 타자로 만들고 있다.

우리는 다른 사람을 친구 아니면 적으로 구분하려는 경향이 매우 강하다. 이런 태도는 모든 것을 이분법적으로 나누려는 본성 때문일 것이다. 진화생물학은 이러한 본성을 생존 과정이 낳은 진화적 결과로 설명한다. 인간은 생존을 위해 다른 사람이나 집단과 적절한 관계를 설정해야 한다. 관계를 잘못 설정하면 그만큼 손해를 입지만, 친구를 잘 선택하면 또 그만큼 생존에서 유리해지기 때문이다. 자연 상태에서 다른 사람이나 집단, 타자와의 관계 설정은 매우 중요한 생존 전략에 속한다.

이렇게 생각해보면 타자를 친구 혹은 적으로 구분하려는 이분법적 태도는 자연스러운 결과일 수 있다. 이런 태도는 우리가 맺는 다른 사람과의 관계에서는 물론 우리 공동체에서도 흔히 발견된다. 그래서 나치 시대의 철학자 슈미트C. Schmitt는 정치의 본질을 친구와 적을 설정하는 데 있다고 말하기도 한다.

문제는 친구-적 도식을 일면적으로 적용할 때 생긴다. 미시적 차원에서 보면 생명체는 타자와의 대결에서 이겨야만 생존이 가능하다. 이때의 타자는 적일 수밖에 없다. 그러나 거시적 관점에서 생명체는 살아가기 위해 반드시 다른 생명체를 필요로 한다. 어떤 생명체도 다른 생명체 없이는 살지 못한다. 진화생물학자 마굴리스L. Margulis가 『공생자 행성』(1999)에서 말했듯이 모든 생명체는 다른 생명과의 협력과 공생을 통해 살아간다. 이런 측면에서 모든 생명체는 근본적으로 공생명이다. 또한 인간은 이런 측면을 넘어 삶을 살아가는 존재이기도 하다. 인간이라는 생명체에게는 생물적 측면 이상으로 문화적인 측면도 중요하지 않은가. 미시적 차원의 투쟁을 넘어 거시적으로 이루어지는 생명체의 공생명적 협력은 물론, 생명체의 삶이라는 차원에서 다른 생명체와 더불어 살아가는 존재가 생명인 것이다.

그렇기 때문에 타자를 어떻게 설정할지, 그와의 관계 맺음을 어떻게 할지는 생물학적으로뿐 아니라 문화적 특성까지도 함께 고려할 때에만 올바르게 이해된다. 이 문제를 어떻게 해결하느냐가 생존은 물론 우리의 삶과 존재에도 결정적인 역할을 할 것이다. 나와 타자의 문제는 모순적이며 끊임없이 갈등을 초래하는 존재의 문제다. 타자는 내 안의 타자이자 내가 속한 공동체의 타자이며, 내 존재의 타자이기도 하다. 따라서 타자는 실존의 문제임과 동시에 공동체적 문제인 것이다.

나의 실존과 연관하여 타자를 피해 살아갈 수는 없지만, 그와 동시에 타자는 더불어 함께 살아갈 수밖에 없는 존재이기도 하다. 사르트르는 "타자는 나의 지옥"이라고 말했지만, 그럼에도 타자에 대한 책임을 위해 자신의 존재를 걸고 투쟁하기도 했다.

그런 관점에서 보자면 인간으로서 우리의 삶은 타자와의 관계를 정립하고 타자라는 존재에 깃든 모순성을 극복하는 과정으로 이해할 수도 있다. 그것은 내 안의 타자를 받아들이고 그 타자의 크기를 키우는 길이기도 하다. 우리 모두는 그러한 과정에 있으며, 그러한 길을 걸어가는 존재일 것이다. 인간으로서 우리의 가치와 의미는 이런 과정에서 올바르게 매겨지고, 이 모순과 갈등을 넘어서는 것이 우리 삶일 것이다.

내 안의 타자의 크기가 내 존재의 크기다. 모순과 갈등을 넘어 내 마음속의 다름을, 나의 타자를 나와 같은 것으로 바라보는 과정이 나의 삶이자 인격이고 나의 존재가 아닐까. 타자를 넘어 타자와 함께하는 삶, 타자의 다름을 다름으로 받아들이면서 나를 나로서 존재하게 하는 것, 그것이 인간이란 존재의 의미라면 지나친 말일까.

사회적 측면에서 본다면 공동체 안에 존재하는 타자의 크기에 따라 그 공동체와 그에 속한 인간의 의미와 가치가 결정되기도 한다. 타자를 포함하는 공동체의 크기, 그 마음 안에 깃든 타자가 얼마나 큰지가 그 공동체의 크기인 것이다. 가족이란 공동체, 우리라는 공동체, 민족이란 공동체, 또는 어떠한 형태이든 그 공동체를 키우는 삶이 사회적 삶일 것이다.

우리의 의미와 가치는 좁은 우리를 넘어 그들에게로, 민족을 넘어 세계로, 인간을 넘어 모든 생명체까지로 그 크기를 넓히고 키우는 데 자리한다. 모든 공동체는 타자를 설정하고 있다. 그럼에도 인간다운 공동체는 타자를 배제할 때가 아니라 타자를 수용하는 공동체일 때 가능하다. 우리 안에 타자는 어떻게 존재하며, 얼마의 크기로 나타나는가. 그 크기가 한 줌의 것이지 않기를 바랄 뿐이다.

이처럼 타자가 어떻게 존재하는가에 따라 나의 존재가 결정된다. 타자에 대한 나의 생각은 곧 나의 존재를 결정하는 거울이다. 당신의 타자는 누구인가? 그리고 타자라는 거울에 비친 당신의 모습은 어떠한가?

04

우리가 정의를
추구하는 이유

침팬지에게도 정의가 있을까

공동체를 말할 때 반드시 거론되는 주제는 공정함과 정의의 문제
다. 특히 신자유주의가 만연하고 자본이 공동체를 움직이는 가장
강력한 힘이 된 이때, 경제와 정치 영역에서의 정의로움은 결코 피
해갈 수 없는 인간학적 주제다. 재산과 자본, 경제적 품위는 인간을
인간답게 만드는 최소한의 조건이다. 이러한 조건이 채워지지 않은
상태에서 인간의 본성이나 인간다움을 논의하는 것은 거짓이다.

역사 이래 수많은 철학자들은 인격적 조건과 품위를 위해서는 이
를 지키기 위한 최소한의 경제적 자유가 필요하다고 주장했다. 경제
적 풍요에는 한계가 없으며 오히려 많을수록 더 좋겠지만, 그럼에도

인간다움을 말하기 위해서는 반드시 필요한 경제적 소유가 보장되어야 한다는 것이다. 그래서 정의의 개념은 일차적으로 소유와 연관되어 거론되었다.

다른 사람과 차별받지 않고 공평한 대우를 바라는 마음은 인간이라면 누구나 갖고 있는 것이 사실이며, 직관적으로 판단할 수 있는 감정일 것이다. 정의의 개념은 공정함을 바라는 보편적 심성에서 비롯되었다고 말할 수 있다. 다른 동물과의 관계 속에서 살아가는 사회적 동물에게 있어 이런 심성은 일반적인 듯하다.

예를 들어 인간과 가장 가까운 유전적 소양과 문화적 체험을 공유하는 침팬지에게서도 공정함을 바라는 느낌은 보편적으로 발견된다고 한다. 진화생물학자들의 보고에 의하면 침팬지도 먹이를 둘러싸고 동료와 다른 부당한 대우를 받을 경우에는 거세게 항의하고, 심지어 배가 고픔에도 자신의 먹이를 내던지며 공정한 대우를 요구한다고 한다(M. 가자니가, 『윤리적 뇌』, 2009). 인간을 비롯한 고등 동물에게서 일반적으로 발견되는 이런 심성은 어쩌면 진화 과정에서 형성된 본성 가운데 하나일지도 모른다.

1982년 독일 훔볼트 대학의 베르너 귀스Werner Guth 연구팀이 개발하여 유명해진 '최후통첩 게임ultimatum game'은 공정함과 형평성에 대한 요구가 얼마나 일반적인지를 잘 보여준다. 이 게임은 돈의 분배를 제안할 수 있는 사람과 그 제안을 수용하거나 거부할 권리만 가진 수용자로 나누어 일정액의 돈을 나누는 게임이다. 이 실험은 돈을 분배하는 사람이 현저하게 형평성을 상실했을 경우 수용자는 아무런 보수를 받지 못함에도 그 제안을 거부한다는 사례를 보여준다. 부당한 제안이라도 그것을 받아들이면 나에게 그만큼의 이익이 돌아오는 반면, 이를 거부할 경우에는 아무런 혜택이 돌아오지 않는다 해도 사람들은 형평성 없는 제안을 거부한다. 대략의 경우 6대 4 정도의 선에서 분배가 이루어진다고 하는데, 이것은 흔히 내시평형Nash equilibrium이라고 불리는 균형점이다.

또한 무임 승차자를 거부하는 것 역시 보편적으로 발견되는 현상이다. 그래서 진화심리학자들은 뇌에 존재할 수도 있는 가상의 도덕회로에 대해 언급하기도 한다(M. 가자니가, 『뇌로부터의 자유』). 정의 관념은 인간에게 문화인류학적으로 각인된 심성이거나 생득적 본성이라고 받아들여도 무리가 없을 것이다. 정당함과 공평성을 요구하는 도덕적 감성은 인간의 본성에 보편적으로 담겨 있는데, 그것은 공동체 내의 정의에 대한 요구로 나타난다.

정의 개념은 일차적으로 공정함을 요구하는 인간의 보편적 심성에서 유래한 것이기에 우선적으로 인간의 공동체적 특성과 함께 생각하고, 또한 그런 맥락에서 논의되어야 한다. 이런 정의 개념은 곧장 사회적 규범과 법적 정당성이란 관점에서 이해되었고, 더 나아가 종교적이며 윤리적인 영역으로까지 폭넓게 확장되어 사용되기에 이르렀다.

그와 함께 이 개념은 공동체 안에서 지니는 인간의 관계론적 특성에 근거하여 제시된다. 이런 맥락에서 정의 개념의 근원은 본질적으로 윤리의 그것과 같다. 이때의 윤리학ethics이란 도덕 법칙이라기보다 인간이 윤리적 객체와 어떻게 정당하고 타당한 관계를 갖느냐에 대해 반성하는 도덕 학문을 의미한다.

우리가 몸담고 있는 이 공동체는 정의로운가? 정부와 정치권, 법을 집행하는 기관의 행태는 물론 언론에서도 끊임없이 그 반대의 이야기가 흘러나오고 있다. 일상화된 탈법과 병역 비리 등과 같은 각종 반사회적 행태는 물론 부동산 투기 등에서 보듯이 자본을 향해 과도하게 드러나는 불타는 욕망, 고위층 자녀에 대한 특혜와 병역 비리, 대기업 총수들의 탈법과 비리 등 이루 헤아릴 수 없는 많은 반계몽적 사건이 연일 언론을 도배하고 있다. 경영권 편법 승계, 일감 몰아주기, 순환출자를 통한 기업지배 구조 등은 이들이 이미 일반 시민과는 달리 자신들만의 세계를 구축 및 유지하고 있음을 잘 보여준다. 그러나 이것은 결코 인간이 지향하는 공동체가 아니다.

굳이 그런 면을 보지 않더라도 우리 사회는 그렇게 정의로운 것 같지 않다. 문제는 사적 욕망에 감염된 좀비 같은 인간이 아니라, 사람답게 살고자 하는 사람이다. 정의는 우리 안의 욕망과 모순을 마주하면서 타인의 실존을 아파하는 마음 없이는 결코 실현되지 않는다. 하나의 사회 혹은 공동체에서 구체적인 삶을 이끌어가는 우리는 정의와 불의의 문제는 물론 그와 연관되어 폭력과 야만을 올바르게 바라보고 그에 맞설 때 인간다움을 지킬 수 있을 것이고, 또 그럴 때에만 우리 삶의 피할 수 없는 조건인 공동체를 정당하게 유지할 수 있을 것이기 때문이다.

시대가 변하면 정의도 변한다

유럽어에서의 정의iustitia, justice란 말은 정의의 여신 디케dike에서 비롯된 그리스어 'dikaiosyne'에 뿌리를 두고 있다. 이 말을 처음 사용한 그리스에서는 도덕적 행위, 올바른 방향, 정당한 행동, 적절한 재화의 분배 등으로 이 말이 이해되었다. 그래서 정의란 말은 유럽에서는 원래 '타당한 법과의 일치'를 뜻한다고 한다. 즉, 정의는 객관적으로 '법의 내용이 옳음'을, 주관적으로는 '한 인격의 공정성'을 가리키는 개념이었다.

동아시아 세계에서는 전통적으로 의義라는 말을 사용했다. 이 개념은 서구 문명이 도입되던 시기에 유럽철학의 맥락에서 형성되었던 정의의 개념과 그 의미가 합쳐져 사용되기 시작했는데, 이 과정에서 정의 개념의 일정 부분에서는 의미의 변화와 전환이 일어나게 된다.

다른 학술 용어와 다르게 특히 정의 개념은 사회적 맥락이 변하고 그에 따른 의미 지평도 변함에 따라 언제나 달리 규정되고 거듭 새롭게 이해된다. 문화적이며 사회적 변화에 따라 개념은 새롭게 이해되고 해석되지만, 정의 개념은 사회적 맥락과 연결되어 사용되기에 현대 사회의 변화된 상황을 떠나서는 이해되지 않기 때문이다.

그런 맥락에서 볼 때 현대 세계는 19세기를 전후하여 급격하게 변화하게 된다. 이 시대는 서구의 근대 문화가 동아시아 세계를 침탈하고 전환시킨 시간, 이른바 근대의 전환이 생겨난 시기다. 이때를 전후하여 한국을 포함한 동아시아 세계는 전통과 유럽적 근대의 충돌과 갈등으로 엄청난 사회·문화적 변화를 겪기에 이른다. 이는 우리의 근세사를 조금만 돌아봐도 명확히 이해할 수 있는 사실이다. 여하튼 이렇게 변화된 시대 상황과 맞물려 정의 개념은 새로운 해석학적 지평을 얻게 된 것이다.

우리의 전통적 의義 개념을 보면 근대 이후의 유럽에서 말하는 정의 개념과는 같은 면과 다른 면을 모두 지니고 있다. 인간의 보편적 심성이란 측면에서는 근본적으로 의미가 같지만, 구체적인 상황과 맥락에 따라서는 다르게 드러날 수밖에 없다. 그것은 인간이 지닌 공동체적 특성에 따라서는 보편적이지만, 그 공동체는 역사와 사회적 상황에 따라 다르게 형성되기 때문이다. 그래서 정의 개념은 언제나 '지금'이라는 시간과 '여기'라는 공간을 떠나서는 올바르게 이해될 수 없고, 공정함과 평화, 다른 사람에 대해 갖는 인간적 심성에 바탕을 둘 때 정당하게 이해될 것이다.

정의 문제를 논의한 가장 오래된 경전이 있다면 단연 성서일 것이다. 특히 『구약성서』는 정의에 대해 매우 강하게 역설하고 있다. 여기에서의 정의는 인간과 하느님이 맺은 계약의 정당함을 뜻하며, 나아가 사람과 사람 사이, 한 공동체에 요구되는 공정함과 타당함을 의미한다.

관계의 정당함과 한 사회에 부여된 규범 준수는 물론, 공동선을 유지하고 이를 공정하게 분배하는 문제는 그 시대의 가장 큰 관심사였다. 정의는 나눔의 정의이며, 더불어 사는 삶의 정당함과 존재의 공정함을 뜻한다. 이러한 공정함과 정의를 지키지 않을 때, 구약의 신은 불의不義한 이스라엘에 대해 진노를 드러낸다. 성서는 그때의 이스라엘을 두고 창녀이며 독사의 자식이라고까지 극언하고 있다.

그래서 구약의 하느님은 정의가 강물처럼 흐르는 공정한 사회를 원하며, 예언자를 통해 상한 갈대조차 꺾지 않는, 가장 약한 백성인 과부와 어린이가 존중되는 정의로운 사회를 끊임없이 제시한다. 또한 가난하고 약한 자를 보호하라고 명령하고, 일정한 때가 되면 빚의 탕감은 물론 땅조차도 보호하고 쉬게 했다. 구약의 신은 자신의 정의가 실현될 수 있도록 세세한 규정까지 지시한다.

인간이 만든 모든 법은 이러한 정의에 의해 판단되며, 법은 여기에 근거할 때만 정당성을 부여받을 수 있다. 『구약성서』에 담긴 말의 대부분은 결국 신의 약속과 그것을 지키는 정의와 법, 나아가 정의가 무너진 공동체 및 다가올 재앙에 대한 경고가 차지한다. 그럼에도 현실 세계는 그렇지 못하기에 성서는 불의에 빠진 세상에 구원의 소식을 전하고자 한다.

일부 불의하고 비뚤어진 대형교회를 보면서 우리는 기독교가 말하는 정의가 어떻게 이 땅에 강물처럼 흐를 수 있을지 묻지 않을 수 없다. 그래서 성서는 말한다. 성서의 신과 올바른 관계를 맺고 그와의 계약을 제대로 지키지 않으면 정의는 불가능하다고. 불의한 백성, 정의를 저버린 백성의 배반에 노여워하는 신의 심판을 피하려면 돌아서라고. 자신이 고백한 신앙을 장식품이나 이익을 치장하는 방편으로 써서는 안 된다고. 따라서 우리는 둘 중 하나를 선택해야 한다. 사람답게 살기 위해 정의가 유지되는 공동체인가, 아니면 정의를 외면함으로써 얻게 되는 이익인가. 후자의 경우 그 끝에는 파멸이 기다리고 있을 것이다.

공동체의 정의는 철학적으로는 사회정의라는 이름으로 나타난다. 이 개념은 공정한 인간관계에 기초하기에 무엇보다 먼저 평등과 연대를 전제한다. 플라톤과 아리스토텔레스는 물론 중세의 토마스 아퀴나스에 이르기까지 정의는 '각자에게 각자의 (정당한) 몫'이라는 의미로 통용되었다. 그렇기에 정의는 단순한 평등함이 아닌 공정함을 요구한다. 그와 함께 정의는 개인의 존재 근거가 유지되는 한에서야 의미를 지닌다. 이런 맥락에서 정의는 개인과 공동체가 함께 존중받으면서 연대와 공감이 살아 있을 때 가능하다. 정의는 나와 너의 관계 문제이며, 공동체의 과제이기도 하다.

현대에 이르러 정의 개념을 체계적으로 탐구한 사람은 미국의 철학자 롤즈J. Rawls다. 자신의 대표적 저서 『정의론』(1971)에서 그는 정의는 공동체의 구성원들이 동의하는 합리적 원칙이어야 한다고 말한다. 스스로 이해하고 받아들일 수 있을 때 정의는 가능하다. 강제된 법, 숨겨진 원칙, 정보와 권력의 비대칭성에 근거한 동의는 정의를 올바르게 지킬 수 없게 만든다.

그와 함께 정의는 공정한 분배를 필요로 하고, 자유의 원리와 차등의 원리가 지켜지는 사회정의여야 한다. 정의에 대한 요구가 결코 다른 사람의 자유와 권리를 해쳐서는 안 된다. 모든 사람은 자유에 대해 똑같은 권리를 갖기 때문이다. 그럼에도 한 사회의 모든 사람이 공평하게 살 수는 없다. 그것은 평등함이 아니라 획일적 삶에 불과하다. 공산주의의 오류가 거기에 있지 않았는가.

그래서 두 번째 원칙으로 제시한 것이 차등의 원리다. 롤즈에 따르면 사회 경제적 불평등은 한 사회의 최약자, 즉 최소 수혜자에게 이익이 돌아갈 수 있을 때에만 인정된다. 기회 균등의 원칙은 모든 사람이 사회·경제적 가치를 획득할 기회를 균등하게 제공받아야 한다는 원리다.

우리 사회에서 일어나는 수많은 현상을 보면서 정의의 문제를 다시금 생각하게 된다. 민주화 이후 우리 사회는 전쟁과 야만의 시대에 겪어야 했던 물리적인 폭력에서 벗어난 것이 분명하다. 그럼에도 구조적이며 문화적인 폭력, 제도적이며 법과 정치에 편승한 폭력이 줄어들었다고 보기는 어렵다. 아니, 오히려 구조적 모순과 한계에서 주어지는 내적 폭력은 증폭되고 있다. 질주하는 후기 자본주의 체제는 우리 사회의 공적 기능과 공공성을 현저하게 무너뜨렸다. 공적 질서의 정의, 법질서를 지켜야 할 국가가 오히려 자본에 포획됨으로써 폭력으로 작동하고 있다. 정치적 독재로부터는 벗어났지만, 경제적 독점과 횡포에 따른 불의와 불공정은 오히려 더 커지고 있는 셈이다.

기회의 균등은 이미 철 지난 말이 되었다. 갑을 관계의 폭력은 일상적이 되지 않았는가. 피해자인 을은 또 다른 갑이 되거나 그렇게 되길 원하고 있다. 소득 양극화는 더 심해지고, 만성적인 실업과 소득감소, 학력에 따른 불평등은 물론 절대빈곤율도 점차 증가하고 있다. 과연 정치적 폭력을 넘어서는 경제정의는 가능하기나 한 것일까?

미국에서도 10만 부도 팔리지 않았던 샌델M. Sandel의 『정의란 무엇인가』(2010)는 한국에서 무려 100만 부가 넘게 팔리는 폭발적 반응을 초래하기도 했다. 그와 함께 이 책을 비판하면서 한국적 정의에 대한 논의들이 크게 주목받았지만 정의에 대한 이 땅에서의 논의는 지극히 반정의적이며, 실제적 정의와는 별개의 맥락에서 소비되었을 뿐이다.

정의 개념은 일차적으로 절차적이며 법적 측면과 연결 지어 이해할 수 있지만, 그런 이해에는 한계가 있을 수밖에 없다. 법의 근거와 정당성은 시대적 변화에 따라 달리 규정되기 때문이다. 정의 개념은 언제나 변화된 사회·정치 체제와 문화적 변동에 따라 이해되고 그 사유의 결과에 따라 새롭게 제시되어야 한다. 사회적 관계 양상에 따라 정의에 대한 요구도 달리 주어지기에 현대 사회의 경험을 떠나서는 정의 개념이 올바르게 이해될 수 없다.

정의 개념은 윤리적 문제와 밀접히 연관된다. 정의와 윤리 개념은 공동체 내에서 나와 너라는 두 인격적 주체가 맺는 관계의 정당함이라는 성격을 공유한다. 정의는 공동체적 존재인 인간이 공동의 생활세계에서 맺게 되는 모든 관계의 정당함과 연관된다. 이런 정당성을 보장하는 원리와 규범이 정의일 것이다.

이때의 윤리란 도덕을 넘어 관계의 정당함과 그를 위한 규범으로 이해할 수 있다. 그래서 정의는 '개인적 행위나 제도, 심지어 정치 공동체가 가진 기본 질서의 도덕적 이상'으로 규정할 수 있는 것이다. 현대에 이르러 생태 정의와 미래세대에 대한 책임의 윤리, 노동 정의와 산업화에 따른 새로운 정의 개념들은 이런 사실을 잘 보여주고 있다.

인권이나 연대, 관용은 물론 외국인과 타자에 대한 정의 개념은 이러한 이해의 변화와 함께한다. 동성애와 장애자의 권리, 성적 정의, 국가 정의와 관련된 외국인의 제반 권리, 식민지 문제와 다국적 기업의 윤리, 전 지구화되는 자본주의 문제 등은 변화된 시대 이해에 따라 새롭게 제기되고 규정되어야 한다. 정의 개념은 전 시대의 범위를 넘어 확장되고 변화된다. 이전 시대에 누가 동물의 생명권에 대해 생각이나 할 수 있었을까? 이렇게 변화하는 정의 개념은 인간을 이해하는 철학에 근거하여 성립된다.

시민적 덕목으로서의 정의는 어떻게 이해해야 할까? 개인적인 의미에서의 정의는 이것은 자신이 우월한 지위나 권력을 갖고 있음에도 타인에게 부당한 일을 강요하지 않는 덕목이다. 그와 함께 정치적 공동체에 직면한 불의와 부당함을 거부한다는 관점을 지닌다. 그래서 시민적 정의는 정치적이고 법적 도덕성에 근거하며, '상호경쟁하는 이해와 주장을 고려한 사회적 관계'를 정당하게 유지하는 덕목이다. 그래서 이때의 정의는 인간성이나 자유, 연대성과 호혜성 등과 연관된 윤리로 이어진다.

예를 들어 이른바 갑을 관계 논쟁은 이러한 시민적 정의의 문제를 잘 보여준다. 우월한 위치에 있는 사람이나 집단이 그렇지 않은 이들에게 강요하는 부당함이 이 논쟁의 핵심이다. 이때의 정의 개념은 근대적 맥락에서 인간의 기본권인 인권에 관련된다. 그것은 다른 사람과의 관계에서 주어지는 공동체적 정의이자 사회적이며 정치적 과정에서 요구되는 정의다. 여기에는 경제적으로 최소한의 삶을 유지할 권리와 그 외 모든 법적, 사회적 공정함을 요구할 권리가 포함된다.

또한 정의는 권리뿐 아니라 의무라는 차원과 함께한다. 사회적 정의는 후기 산업사회에서 생겨나는 모든 사회적 문제에서 주어지는 공정함과 정당함, 개인의 권리와 자유는 물론 타인의 권리를 지키기 위한 의무까지도 포함한다.

사회적 층위에서 정의 개념을 논의할 때에도 개인적 차원은 중요한 의미를 갖는다. 이때의 정의는 시민적 정의이며, 공동체 내의 다른 사람의 권리와 정의를 지켜줄 의무까지도 포함하기 때문이다. 정의는 '더불어 함께' 살아가는 타자의 존재론적 층위에서 고찰할 필요가 있다. 계몽된 주체인 시민에 의한 정의는 그 시민이 지닌 인격과 윤리를 떠나서는 주어지지 않기 때문이다. 인간 사회의 물질적 욕구 충족은 언제나 비대칭적이며 불평등을 낳을 수밖에 없다.

따라서 사회적 차원에서의 정의는 인간 존재의 근본적 성격, 결여와 절제라는 차원을 떠나서는 올바르게 이해되지 않는다. 그런 이해는 인간의 존재적 특성에 대해 고려할 때 가능하다. 때문에 정의 문제는 결국 사회적 및 윤리적 차원을 넘어 존재론적 차원으로까지 확대될 수밖에 없는 것이다.

—

폭력의 근원은 존재의 비존재화

제2차 세계대전 이후 폭력은 인간을 이해하기 위한 중요한 주제 가운데 하나로 떠올랐다. 폭력은 다만 물리적인 것이나 파괴적인 힘을 넘어 인간의 본성과 사회, 문화 전반에 깃든, 근원적이며 결코 떼어낼 수 없는 어떤 특성을 가리킨다. 인간을 올바르게 이해하려면 폭력의 원인과 근거 및 그 작동 방식에 대해 성찰할 필요가 있다.

우리에게도 폭력이란 말은 낯설지 않다. 언론은 연일 '민주주의를 파괴하는 폭력'이나 '법질서 파괴범'을 비난하고 있고, 국민의 권리를 대변한다는 정치에서조차 시민의 정당한 저항을 폭력으로 매도하거나 '국가정체성을 위협하는 반체제' 세력의 폭력이나 종북세력의 폭력으로, 때로는 노동자들의 정상적 파업을 폭력이라 몰아붙이곤 한다. 그래서 '폭력만은 안 된다'라는 말은 대부분 자신의 의도를 포장하는 말로 쓰이는데, 이로써 폭력의 원인은 감추고 그것을 왜곡시킴으로써 더 큰 폭력을 초래하기도 한다.

폭력 현상은 한 사회의 모순과 갈등이 증폭되어 드러나며, 인간이 죽어간다는 처절함 속에서 나타난다. 폭력을 성찰하면 한 사회의 위기와 인간성이 말살되고 죽음에 이르는 원인을 감지할 수 있다. 폭력은 무조건 막는다고 해서 없어지지 않는다. 강도나 조직 폭력, 매춘이나 살인이 악하다는 것을 누가 모를까. 이를 금지하고 억압하여 악이 없어진다면 그보다 더 좋을 수야 없지만 현실적으로 그런 사회는 여태껏 존재한 적이 없다. 폭력에 대한 성찰은 사람이 사람답게 살고 하나의 문화가 타당성을 지니게 하는 데 반드시 필요한 작업이다. 모순을 수용하고 위기에 맞설 용기와 지적 정직함 없이 폭력 문제에 직면할 수는 없다.

프랑스 철학자 메를로-퐁티M. Merleau-Ponty는 폭력의 문제를 인간의 존재적 조건과 연결 지어 논의한다(『휴머니즘과 폭력』, 1947). 그는 몸을 지닌 존재로서 인간에게 폭력은 숙명이라고까지 말한다. 폭력은 인간의 실존적 문제이지만, 인간으로서의 인간은 이 폭력을 어떻게든 극복하고 넘어서고자 한다. 인간성에 대한 논의는 폭력의 불가피함과 더불어 그것을 극복하려는 노력과 함께한다.

종교철학적 관점에서 폭력의 문제를 고찰한 사람은 프랑스의 철학자 지라르R. Girard다. 그는 『폭력과 성스러움』(1972)에서 인간이 지닌 근본적 조건인 욕망은 필연적으로 폭력을 초래할 수밖에 없다고 이야기한다.

지라르는 구약성서의 희생양scape goat에 대한 오해를 해명하면서 폭력의 문제를 성스러움과 관련지어 논의한다. 결여되고 모순된 존재로서 공동의 삶을 사는 인간에게 폭력은 숙명적이다. 이 폭력은 결코 해소되지 않는다. 그래서 인간은 공동체 내의 폭력을 최소화하기 위해 불가피하게 희생양을 만들어낸다. 성서의 번제燔祭 의식이나 희생양 이야기는 이런 폭력의 숙명적 요인 때문에 생긴 것이며, 정의와 신의 계명은 폭력을 막기 위한 역설이다.

폭력을 막기 위한 폭력은 인간의 삶에서 불가피한데, 성스러움은 그런 의미에서 폭력을 막으려는 신적인 계율로 나타난다. 그래서 그는 종교적 삶과 역사에서의 가장 큰 희생양을 십자가에서 처형된 유대의 신 나사렛 예수로 보고 있다.

기원전 17세기 경 쓰인 고대 바빌로니아 문화권의 함무라비 법전은 '눈에는 눈, 이에는 이'라는 동태복수법同態復讐法적 조항을 설정한다. 많은 경우 사람들은 이 동태복수법이 폭력을 조장하는 무자비한 계율이라고 이해하지만 실은 그렇지 않다. 이 법은 오히려 폭력을 막기 위한 장치였기 때문이다. 다시 말해 눈을 빼앗긴 사람이 살인으로써 복수하려는 폭력을 막기 위해 그저 복수는 눈에만 그쳐야 한다는 명령을 담고 있는 것이다.

장준환 감독의 2003년 작품인 〈지구를 지켜라〉는 폭력의 문제에 대해 다시금 생각하게 만든다. 이 영화는 우리의 선의와 목표, 있을 수 있는 작은 욕심은 물론 무관심과 욕망이 빚어내는 폭력과 그에 의해 희생된 이들의 이야기를 공상과학적으로 엮어내고 있다. 감독은 주인공 병구를 통해 제도와 체계의 폭력, 인간성 자체에 내재한 폭력은 물론 그에 대한 항변과 반폭력을 진지하게 표현한다. 무엇보다 이 영화는 지금 우리 사회의 모습에 비추어봐도 지극히 현재적이다. 지구의 폭력과 인간의 절망적 야만성에 인간성을 실험하려 했던 안드로메다 왕자는 이렇게 외친다. "실험을 중단해. 저 별에는 희망이 없어!"

폭력의 근원은 존재의 비존재화에 있다. 인간이 인간으로 서지 못하게 만드는 모든 생각과 말, 행동과 체제, 제도와 문화가 진정한 폭력의 원인이란 뜻이다. 물건처럼 다룰 수 없는 것을 물건으로 환원시키는 것이야말로 폭력과 야만을 불러일으키는 원인이다. 인간이 경제적 이익으로 환원되고, 경제성장만을 향해 치닫는 사회의 문화는 폭력과 야만의 세계일 뿐이다. 다른 사람의 권리와 생존권을 억압하면서 얻는 자신만의 이익과 영광은 폭력의 원인이 된다.

언젠가부터 우리 사회는 집단적인 허구와 무서운 사물화의 허상에 빠져들고 있다. 정치와 주류 언론이 떠드는 법질서와 정체성, 경제와 민주주의에 담긴 허상은 이 사회를 무서울 정도로 폭력과 야만의 세계로 치닫게 만들고 있고, 성공과 성장은 최선의 가치가 되었으며, 경제라는 괴물은 우리 삶의 진정한 의미를 파괴하고 있다. 사람을 죽이면서 얻는 경제성장이야말로 야만적이지 않은가. 경제가 중심이 된 시대에 사람은 돈의 노예가 되어 모르는 사이에 조금씩 죽어간다.

불가피한 폭력을 이겨냄으로써 인간다움을 지키려는 노력은 다양한 형태로 주어진다. 어쩌면 인간 사회의 모든 제도와 법은 몸을 지닌 존재인 인간이 가지는 폭력이라는 숙명을 막기 위한 노력으로 이해되어야 할지도 모른다. 인간이 국가를 필요로 하는 것은 국가가 없는 무정부 상태에서의 혼란과 폭력을 막기 위한 조치에서 비롯되었다. 종교의례조차도 폭력과 연관되어 있다는 사실은 인간 본성에 감추어진 어두운 면과 인간 존재의 근본적인 모순을 남김없이 보여준다.

정의와 평화, 경제적 풍요와 안락은 말할 것도 없고, 심지어 학문과 예술에서조차 폭력에 대한 성찰이 결여된다면 그것은 위선적일 수밖에 없다. 인간다움의 길은 폭력을 없애는 것이 아니라 그것을 넘어서는 데서 비롯된다. 결여된 존재인 인간의 실존과 심연 깊은 곳에 자리한 모순에서 폭력은 비롯되지만, 이 모순을 극복하는 과정에서 폭력 문제를 해소할 길도 찾을 수 있을 것이다.

∩5
국가는 누구를 위해
존재하는가

국가란 무엇인가

2013년 우리나라를 뜨겁게 달구었던, 국가정보원에 비롯한 국가기관에 의한 대선개입 논쟁을 보면서 우리는 국가의 존재 이유를 묻게 된다. 또한 이때쯤 개봉된 양우석 감독의 영화 〈변호인〉에서 국가의 폭력에 맞서 국민의 권리를 역설하는 송 변호사의 모습을 보면 개인과 국가의 관계가 어떠해야 하는지 묻지 않을 수 없다. 송 변호사의 말처럼 과연 국가는 국민인가?

국가는 현대 사회에서 인간 공동체가 독립된 최고의 단위로 나타난 체제다. 현대인이라면 그 누구도 벗어날 수 없는 최고의 법적 통치체가 국가이지 않은가. 공동체적 존재인 인간은 국가를 떠나 살아갈 수 없다. 국가는 그 이름으로 끊임없이 개인의 삶을 통제하거나 자유를 제한하고, 때로는 그 어느 것보다 더 강인한 폭력으로 인간을 억압하거나 파괴하기도 한다. 이 폭력을 벗어나기란 거의 불가능하다. 프리즘(Prism, 미국 국가안보국의 정보수집 프로그램)이나 국가정보기관에 의해 나타나는, 그와 유사한 형태의 일상적 삶의 통제와 감시는 가까운 예가 될 것이다.

오웰G. Orwell의 작품 『1984』에 나오는 '빅브라더' 논쟁에서 보듯이 국가의 폭력은 결코 먼 이야기가 아니다. 국가기관의 폭력과 법적 통치의 역기능은 물론 정치·사회적 불의와 부패, 국가 간의 전쟁을 생각해보면 국가의 존재 이유에 대해 회의하고 그것의 의미와 역할에 대해 생각해보지 않을 수 없다.

국가의 존립 근거는 정의와 공공성을 보증하며 공동선을 지켜가는 데 있음에도, 국가기관들의 부패와 불의는 심각하게 자신의 존립 근거를 배반하고 있다. 일반 시민들의 일상적 행위 및 개인의 권리를 침해하거나 국가를 중심으로 한 탈법과 탈도덕적, 때로는 불법적이기까지 한 행위는 개인과 공동체의 관계란 측면에서 매우 중요한 생각거리를 제공한다. 공공성을 유지하고 지켜야 할 최고의 기관에서 불법적으로 시민을 통제하고, 위임받은 권리를 남용하면서 자신들의 이익을 추구하는 행태는 우리에게도 결코 낯설지 않다. 그런데 그 국가의 권력은 국민에서 나온 것이 아닌가.

국가가 없어진다면 이런 문제는 사라질까? 무정부주의자anarchist

들의 주장이 옳은 것은 아닐까? 하지만 국가가 없다면 누가 우리를 무정부적 폭력에서 지켜줄 것인가? 국가의 법적 통치가 없다면 우리는 더 큰 폭력에 희생될지도 모른다. 국가는 무정부 상태의 폭력을 막기 위한 인간의 원초적 필요에서 생긴 정치공동체의 결정체다.

이러한 이중성은 국가를 필요로 하면서도 국가를 넘어서야 한다는 생각으로 이어진다. 현재로서는 국가의 역기능을 적절히 통제하여 개인의 권리와 자율성을 유지하면서도, 국가를 통해 무정부 상태의 폭력이나 전쟁을 막고 정의를 지킬 수 있는 길을 찾아야 할 뿐이다.

국가의 폭력과 불의는 공동체를 유지하려는 사람들의 공동체적 합의를 의심하게 만들며, 이에 따라 결국 그 공동체를 파괴하거나 해체할 가능성을 증대시킨다. 그럴 때 삶과 존재의 기반인 공동체는 점차 위험 사회로 치닫게 될 것이므로, 우리는 공동체의 원리를 실현하면서 국가의 존립 근거를 지켜낼 필요가 있다. 그것이 어떠한 형태로 주어지든 삶과 존재의 터전이 해체되면 개인 역시 폭력과 야만에 희생되고, 결국 파멸로 이어질 것이기 때문이다.

사실 모두가 세계화를 이야기하고 자본이 국가 위에 자리하는 오늘날의 체제에서 초국가적 존재로 자리한 대기업의 권력을 고려하지 않은 채 최고공동체를 살펴보기란 불가능하다. 다국적 기업과 세계화된 자본의 권력은 국가를 넘어서 초국가적으로 작동하고 있다. "권력은 시장으로 넘어갔다"라고 말한 전직 대통령의 말은 이런 사실을 잘 보여준다.

오늘날 전 지구적으로 자본주의 체제가 과도하게 작동되면서 근대의 시민권 개념과 권리의 재현에 바탕을 둔 민주제 정치체제는 여러 방면에서 위험에 처해 있다. 일부 소수 부유층이 통치하는 체제인 플루토노미plutonomy의 위험은 물론 변형된 과두정치oligarchy처럼 소수의 전문가 집단에 의한 통치 가능성이 제기되기도 한다. 플루토노미란 국가의 부를 집중적으로 소유한 소수 계층plutocrat에 의한 통치를 가리킨다.

전문정치집단이나 법조계, 일부 전문지식집단 또는 부를 독점한 집단에 의한 통치는 일반 시민권을 심각하게 소외 및 배제시키는 결과를 초래하고, 그 결과 자율성과 권리, 시민정신을 소유한 일반인 계층citizenship에 바탕을 둔 민주주의 체제는 위기에 처해지게 된다. 그런 까닭에 인간의 일상적 삶을 구체적으로 통제하는 최고공동체 문제는 인간을 이해하기 위해 반드시 다루어야 할 주제다. 국가는 시민 정신을 지닌 사람들의 삶과 자의식을 비추는 거울이기 때문이다.

사전적 의미로 본다면 국가란 일정한 영토 안에 거주하는 사람들의 공동체이자, 그 공동체를 규율하는 최고의 통치권을 소유한 집단이다. 국가가 국가로서 존립하려면 내적 및 외적 조건이 함께 충족되어야 한다. 내적 조건은 영토와 주민, 주권이란 세 가지 요소이고, 외적으로는 다른 국가에 의해 독립적이며 배타적인 권리를 행사하고 그들 국가에 의해 자신이 행사하는 최고의 통치권을 인정받을 수 있어야 한다.

국가를 지칭하는 영어 단어 'state'는 라틴어의 'status'에서 유래한다. 이 말은 일차적으로 상태나 현상, 나아가 지위나 사회계층을 지칭하지만, 일정한 상태를 유지하는 통치체제, 권한과 집행 기관 등을 가리키는 데로 전용專用됨으로써 국가의 원형을 나타내는 표현으로 사용되었다.

고대 그리스의 도시 공동체인 폴리스나 로마 공화정res publica과 같은 다른 형태의 국가는 일차적으로 '시민공동체civitas'를 의미한다. 즉, 국가란 일차적으로 공적인 공동체를 가리키는 말에서 유래한다. 이러한 소박한 의미의 공동체가 근대적 의미에서의 국가로 성립된 것은 15세기 이탈리아의 도시 국가에서부터였다. 그 이전의 유럽에서는 근대적 의미의 국가가 존재하지 않았고, 근대적 체제가 성립되면서 이루어진 국가는 근대 이전의 국가와는 뚜렷이 구별되기 때문에 유럽 전통에서의 국가는 근대를 전후로 다른 의미를 지닌다.

이에 비해 동아시아 문화권에서는 일차적으로 나라(國)라는 개념이 존재했지만, 서구 근대의 철학이 유입된 이래 이에 새롭게 상응하는 '국가國家'란 말이 생겨났다. 전통적인 개념인 '나라'를 벗어나 '국가'란 말이 형성된 것은 근대의 철학용어가 정립되는 과정에서 가능했던 것이다. 국가란 용어는 일본을 통해 번역되어 유입된 서구 근대 철학과 함께 이미 1920~1930년대에 이르러 일반적으로 쓰이게 되었고, 전통적인 '나라' 개념을 대신하게 된 듯하다. 한국 최초의 철학 입문서라 할 수 있는 한치진의 『최신 철학개론』(1936)에는 이미 서양말 'state'를 '국가'로 번역하여 전통적인 '나라'의 개념에 상응하는 말로 사용했다. 플라톤의 저서 『국가』를 『국가론』으로 옮긴 것도 일본 철학자였다.

근대 이후 쓰이게 된 국가란 용어에는 이중의 경험이 뒤섞여 있다. 즉, 이 개념에는 동아시아 전통에서 정립되고 이해되어왔던 '나라國'의 개념과 서구 근대의 '국가state'에 대한 이해가 혼용되어 있는 것이다. 이런 결과로 우리가 지닌 국가 개념은 동아시아의 전통과 역사에서 이해되는 것과 서구 근대 이후의 국가 개념으로 뒤죽박죽이 되었고, 그렇기에 이 개념을 올바르게 받아들이는 데 혼란이 생겨버렸다.

국가의 기원과 의미

국가가 어떻게 생겨났는지에 대한 일반적인 이론들로는 국가목적설과 국가계약설 및 국가유기체설 등이 있다. 국가의 존립 근거를 그 목적에서 찾는 국가목적설은 개인의 생존과 국가의 가치를 중심으로 국가의 기원과 의미를 설명한다. 이에 비해 국가계약설은 국가란 인간이 자연 상태에서 자신을 보호하고 권리를 지키기 위해서뿐 아니라, 전쟁을 피하고 집단을 보존하기 위해 지배와 피지배의 상호 계약을 체결하여 최고의 통치권을 위임한 데서 생겨났다고 말한다. 국가를 유기체에 비유하는 학설은 그것을 별개의 초개인적인 실체로 이해하는 경향을 일컫는데, 이런 경향은 국가 그 자체가 자신의 기원과 정당성을 지니며 유기체처럼 독립적으로 존재한다고 말한다.

이에 비해 국가의 역할과 존립 근거 자체를 부정하거나 타파해야 할 대상으로 이해하는 다양한 반국가, 탈국가 개념들도 존재한다. 여기에는 온갖 형태의 통치를 부정하는 전통적인 '무정부주의anarchism'에서부터 국가조직을 폭력으로 이해하는 이론은 물론, 현대의 탈민족국가론 등 다양한 형태가 있다.

국가의 기원에 대해 신화학자들은 다른 주장을 한다. 그들에 의하면 신화의 세계는 야생의 사고를 담고 있는 체계다. 신화의 시대에 공동체를 다스리던 사람은 샤먼shaman이거나 수장, 또는 그 어떤 자연의 힘을 받아 자연과 인간, 공동체를 결합시킬 능력이 있는 사람이었다. 그는 인간을 권력으로 통치하려 하기보다는 자연의 영적인 힘을 교감시키는 역할에 충실했다. 그러나 이러한 영적 힘이 사라지거나, 또는 권력이 집중됨에 따라 인간을 통치하고 지배하기를 원하는 이들이 왕이 됨으로써 국가가 탄생했다는 것이다.

왕은 자연과의 교감을 상실한 채 다만 자연을 정복하거나 지배하는 힘을 추구하는 자이며, 그들은 그 힘으로 다른 사람, 공동체를 지배하게 되었다. 그들의 주장에 따르면 국가는 영적 힘과 자연과의 교감을 멀리한 채 소유의 욕망과 힘을 추구한다. 국가가 생겨난 것이 오히려 야만을 탄생시키는 계기가 되었다는 것이다. 이는 야생의 사고를 지녔던 신화 대신 야만의 힘을 추구한 데서 국가의 기원을 찾는 사고방식이다. 그럼에도 이들은 국가의 탄생 이후 생겨난 폭력과 야만의 통제, 국가의 순기능에 대해서는 침묵한다.

플라톤에 의하면 국가란 존재자의 최고 원리인 '선의 이데아'가 궁극적으로 실현되는 장소이자, 그러한 공동체를 의미한다. 인간은 덕德을 실현하려는 목적을 지니고 있다. 덕은 올바른 인식에 바탕을 두어야 가능하며, 인간의 삶은 덕을 가르치고 실현하는 데 있다. 이런 목적을 지닌 인간의 공동체가 국가이기에 국가 역시 이 목적을 달성하는 데 이바지해야 한다. 그래서 국가의 통치에 참여하는 이들이 해야 할 일은 국가를 '이데아'가 실현되는 터전으로 만드는 것이다. 이에 따라 플라톤은 현명한 철학자가 정의의 원리에 의해 통치하는 '철인국가'야말로 이상적이라고 생각했다.

국가와 통치에 대해 논의한 저서 『국가』에서 플라톤은 국가의 덕은 정의에 있으며, 이상적 정치 형태인 민주정치에서의 최고의 선은 자유라고 말한다. 국가가 부패하는 이유는 국민의 자유가 지나치게 속박되고, 조국에 대한 사랑과 공동선에 대한 열망이 사라지기 때문이다. 국가의 공동선이 소수의 이해관계를 위한 것으로 바뀔 때 국가는 부패하며, 그럴 때 법률은 국가가 아닌 도둑의 법률이 된다. 법은 국가를 유지하는 원리가 구체화된 것이기에 법이 올바르게 집행되지 않는 국가는 그 정당성을 상실하고 만다.

국가는 통치 형태에 따라 세 가지로 구분해볼 수 있는데, 뛰어난 한 사람이 통치하는 군주정치monarchy와 소수자에 의한 귀족정치aristocracy, 다수의 사람들이 합의하여 통치하는 민주정치democracy가 그것이다. 이런 통치 형태가 타락한 유형을 두고 플라톤은 독재국가, 과두제 국가, 우민정치라고 말한다.

국가에 대한 아리스토텔레스의 이해 역시 큰 틀에서는 플라톤적 맥락과 일치한다. 그에 따르면 인간이란 근본적으로 사회적 존재이기에 공동체를 이룩하려는 본성을 지니고 있다. 국가는 사회적 존재인 인간이 이룩하는 최고의 공동체이며, 국가를 유지하는 것은 정의의 원리다. 법이란 그러한 원리를 구체화하는 것으로, 국가공동체 안에서 통용되는 질서다(『정치학』 1권, 아리스토텔레스, 천병희 옮김, 도서출판 숲, 2009). 국가를 구성하는 사람은 시민이며, 그는 국가의 통치권에 참여하는 자다(『정치학』 3권 1장). 국가에서 통용되는 최고의 법은 통치하는 자들의 이익이 아닌 공동의 복지를 목표로 해야 한다.

이것을 그는 공동선이라 일컬었다. 그래서 국가의 구성원들이 공동선을 지켜나가는 것이 올바른 국가이며, 이러한 정치를 그는 '시민정치'라고 부른다. 인간은 공동선을 실현하는 국가공동체의 구성원이자 시민이며, 국가의 최고선인 정의正義를 실현하는 존재다.

국가의 전형으로 이해되는 '공화국'의 개념은 로마인들이 자신의 국가를 'res publica'로 이해한 데서 유래한다. 이 말은 '시민의 공동 사안'을 의미한다. 키케로는 자신의 저서 『국가론』에서 국가 또는 공동체란 공적인 체제 안에서 이루어지는 인간의 공동생활에 대해 질문한다. 국가가 지켜야 할 최고의 법은 자연법이다. 그것은 인간의 보편적 본성인 로고스에서 비롯된 것이며, 중세에서 보듯이 신적 본성에서 유래한 것이기도 하다.

국가 통치의 근거인 자연법은 모든 실정법에 우선하기 때문에 자연법이 훼손될 때 그 국가는 통치의 정당성을 상실하게 된다. 국가의 법은 플라톤에서 보듯이 '폴리스의 질서politeia'를 지키는 것이며, 공동체의 질서와 정의의 원리를 준수하는 데 있다. 정의의 고전적 규정은 공동체를 구성하는 이들에게 그들의 정당한 몫을 보장하는 원리다. 즉,『법률』에서 말하듯이 '각자에게 각자의 몫'을, 각자에게 정당한 권리를 부여하는 것이 정의의 의미다. 그래서 국가는 정의와 그를 위해 설정된 법을 지킴으로써 정당성을 보장받게 된다.

이처럼 인간은 사회적 존재로서 공동체를 떠나서는 살 수 없기에 그들이 모여 이루는 최고의 공동체인 국가는 그 안에서 더불어 살아갈 수 있는 규범을 설정하고 유지해야 한다. 국가는 이러한 규범, 정의와 공동선을 지키기 위한 정책을 설정하고 이를 지켜야 할 의무가 있다. 그것만이 국가가 지닌 정당성의 근거다.

한편 국가 내에서 철학자란 국가가 부패하거나 자신의 정당성을 상실할 것을 미리 예견하는 능력providentia를 지닌 존재로 이해되었다. 이런 공동체 개념은 이후 유럽 세계에서 국가를 이해하는 중요한 기준이 된다.

근대 국가는 어떻게 탄생되었는가

현대의 국가 개념은 근대 이후의 결과물이다. 베스트팔렌 조약Peace of Westphalia은 종교개혁 이후 이어진 오랜 종교전쟁을 종결시킨 조약으로, 신성로마 제국에서 일어난 30년 전쟁 및 스페인과 네덜란드 사이에서의 8년 전쟁을 마무리 짓기 위해 1648년 신성로마제국 황제와 각 동맹국 제후, 자유도시들이 참여하여 확정했다.

이 조약은 근대적 국가의 주권과 영토 개념에 기반하여 유럽의 근대적 국가를 정립한 시작으로 평가된다. 이로써 개신교 국가가 인정받고 네덜란드와 스위스가 독립하는 등 현재의 유럽 국가의 틀이 완성되었으며 국가의 주권 개념도 확립되었고, 이후 주민과 주권, 영토 개념은 근대에서 국가를 구성하는 전제 요건으로 확정되었다.

이렇게 보면 국가란 곧 법률 단위, 지배 단위, 지역 단위를 의미한다. 이러한 세 가지 단위를 설정하고 그를 위한 통치 권력을 수행하는 최고의 정치집단이자 가장 큰 사회적 구성체가 곧 근대에서 확정된 국가다.

근대 국가는 모든 구성원, 시민이거나 국민을 위한 통치 단위로서의 법을 제정하고 집행할 권리와 의무를 지님과 동시에, 지역 단위로 생활공간을 유지하고 외부의 힘으로부터 방어해야 할 책임을 지닌다. 그래서 국가가 국가로 존립하기 위해서는 자연법, 인권과 공동선, 국제 규범이 요구된다.

국가를 최고의 공동체로 이해할 때는 필연적으로 공동체 전체의 이익에 관계되는 공동선이 중요하다. 공동선은 국가의 내적 목적이자 존립 이유이기 때문이다. 국가는 인권과 공동선을 지키기 위해 법률을 제정하고 집행하며 감시할 권력을 배타적으로 소유한다. 이것이 국가 주권에 대한 근대적 의미의 개념이다.

국가는 다른 국가에 대해 이런 주권을 대표하고 재현하는 집단이다. 국가는 공동선을 지키고 공동규범을 설정하며, 인간다운 삶hu-manitas을 보증하기 위한 최고의 통치 체제다. 국가는 이를 통해 야만과 폭력은 물론, 권력 투쟁과 사익이 극대화되어 정의의 원칙을 무너지는 것을 막아야 한다. 그래서 국가는 공동교육을 통해 규범과 정의의 원칙을 유지해야 할 책임도 진다.

또한 국가가 국가로 존립하려면 정통성과 권위의 정당성을 확보해야 한다. 독일의 사회철학자 베버M. Weber는 국가란 "특정한 영토 내에서 정당한 물리적 폭력을 독점하는 공동체"라고 말한다. 국가가 독점하는 폭력의 정당성은 공동체를 유지할 권리를 위임받은 데서 주어진다(『직업으로서의 정치』). 그는 국가를 비롯한 최고 권력의 권위를 정통성legitimacy 개념에서 찾았다.

국가의 권력은 합법적 기구를 통해 강제력을 가지고 통치의 정당성을 부여받을 때 정통성을 확보하는데, 국가는 이 과정에서 강제력을 비롯한 다양한 권력을 행사하게 된다. 정당성을 상실한 집단은 더 이상 국가로서 기능하지 못한다. 그것은 사적 폭력에 불과할 뿐이다.

국가는 정당한 강제력이라는 수단에 기반하여 성립되는 지배 관계다. 국가 지배의 정당성으로 베버는 관습의 권위, 카리스마와 합법성을 거론한다. 근대 국가는 그런 의미에서 합리성에 의해 성취된 근대 생활의 질서이며 경영과 조직, 제도다.

그렇다면 국가의 정통성은 어디에서 찾을 수 있을까? 국가는 두 가지 근원에서 정통성을 갖게 된다. 역사적으로 주어지는 정통성이 첫 번째 것이라면, 통치받는 이들 사이의 동의는 또 다른 근원이 된다. 특히 이 두 번째 근원은 근대 국가에서 보듯이 국가의 권위가 인정받는 매우 중요한 근거가 된다.

중세 체제가 해체되면서 성립된 근대 유럽 체제의 밑바탕에는 종교개혁으로 인한 새로운 질서와 계몽주의 혁명을 통해 개인의 권리와 자유를 보장받기를 원하는 사회적 움직임이 있었다. 시민 계층은 자신의 권리와 자유를 지켜줄 권위에 복속함으로써 그것을 재현해냈고, 근대 국가의 정통성은 이 과정에서 주어졌다. 근대의 시민계층은 사회 계약을 통해 지배 권력을 창출하고, 그것에 정통성을 부여함으로써 자신들의 권리와 자유를 지켜내는 체제를 만들게 된 것이다.

그럼에도 여기서 반드시 지적해야 할 것은 베버의 근대 개념이나 국가 및 정치 개념에 담긴, 지극히 유럽 중심적이며 유럽 우월적인 사고다. 그의 사회철학적 주장은 서구의 합리성 개념에 매몰되어 있다. 베버는 『프로테스탄트 윤리와 자본주의 정신』의 서문에서 과학과 정치 등 합리적 문화는 오직 근대 유럽에서만 가능했다고 말한다. 합리성이 오직 서구 근대의 고유한 산물이라는 생각은 지극히 일면적이고 과도하게 제국주의적임에도 우리 학계에서는 베버를 근대 사상가의 전형으로 떠받들고 있다. 이렇게 제국주의적이고 편협한 사고에 기초한 논의를 아무런 비판 없이 수용하는 우리 학계는 마땅히 비판받아야 한다. 이것을 벗어나지 못할 때 우리의 역사적 지평과 현재에서 이루어지는 학문이란 불가능할 것이다.

현재의 국가와 국가 개념이 근대에 형성되었다는 주장은 유럽의 경험에 기초하고 있기 때문에 국가에 대한 비판 역시 이런 맥락을 벗어나지 못한다. 국가는 역사적 결과물이고 민족국가란 상상된 것에 불과하므로 이러한 민족국가주의를 벗어나야 한다는 비판이 오늘날 널리 퍼져 있다.

특히 제3세계 노동자의 유입과 그에 따른 다문화 사회가 대두되면서 국가주의를 비판하는 사람들이 이런 입장을 취한다. 예를 들어 코넬 대학의 앤더슨B. Anderson 교수는 국가란 근대에 이루어진 민족 내지 국민 개념에 의해 상상된 공동체라고 주장한다(『상상의 공동체』, 2003). 민족국가는 근대의 결과물이다. 그러나 이러한 주장은 한·중·일을 비롯한 동아시아적 경험과는 직접적인 연관이 없다. 그런 의미에서 탈민족주의 담론이나 그에 기초한 국가 비판에서는 한계가 있다. 서구에서 일반화된 탈민족주의는 서구의 경험에서 유래한 담론이다(한스-울리히 벨러Hans-Ulrich Wehle, 『허구의 민족주의』, 2001). 이런 주장은 결코 동아시아적 국가 이해나 우리의 역사 경험과 일치하지 않는다. 임지현 류의 탈민족주의 주장(『민족주의는 반역이다』, 1999)은 자신의 역사적 경험을 성찰하지 못한 반쪽의 주장일 뿐이다.

얼핏 그럴듯해 보이는 탈민족주의 내지 탈국가주의 담론은 서구의 이론에 대한 서구적 극복의 노력이지, 우리의 역사적 경험이나 학문적 지평과는 직접적인 관련이 없는 담론에 불과하다. 물론 그 담론에 내재되어 있는 배타적이며 국수적 민족주의에 대한 비판의 진정성에는 충분히 공감할 수 있다. 특히 민족주의 색채가 강한 우리의 역사적 경험과 현재의 상황은 이런 논의를 진지하게 고찰해야 할 충분한 이유가 되기도 하다.

따라서 그러한 담론을 무비판적으로 수용하여 국가를 규정하는 견해는 사실과 일치하지 않으며, 동아시아적 국가 이해에도 결코 타당한 견해로 작용할 수 없다. 동아시아 삼국의 영토분쟁이나 역사 왜곡 문제는 물론 다국적 자본에 의한 세계화 논의를 비판할 때에도 이런 관점은 매우 중요한 근거가 된다.

그렇기에 우리는 국가의 한계를 비판하면서도 인간이 지닌 공동체적 특성에 따른 국가의 필요성과 정당함에 대해 충분히 고려해야 한다. 그렇지 않을 때 인간은 헛된 이론 놀이에 희생되고 자본 혹은 또 다른 권력에 종속되어 본연의 자유와 인권, 인간다운 삶을 영위하지 못하게 될 수도 있기 때문이다.

현대의 문제는 오히려 국가의 공적 기능이 약화됨으로써 초래된
다고 말해야 할 것이다. 현대 사회에서의 몇몇 기업이나 소수 전문
가 집단은 이러한 국가의 공적 기능을 독점함으로써 심각한 문제를
발생시키곤 한다. 이제는 국가 권력의 과잉이 아니라, 공공성을 담
지 못하는 국가권력의 과소가 문제로 대두되는 것이 현실이다.

인간다움을 실현할 수 있는 곳

국가는 결코 보편적이거나 원초적 정당성을 지니는 공동체가 아니
다. 근대 이후의 국가는 자본주의 체제에 근거하여 시장자유주의를
옹호하고, 정치적 민주주의의 원리에 따른 정치 체제로 형상화된다.
오늘날 탈근대 논의에 근거해 이해한다면 이러한 국가의 존립 근거
와 역할은 새로운 변화를 맞이하고 있음이 분명하다.

국가는 인간을 위한 공동체여야 하고, 이를 위한 최고의 법적 제
도적 기관이어야 한다. 따라서 국가는 자유와 인권은 물론 인간다운
삶을 유지하기 위한 모든 제도와 정책을 수행할 의무를 갖는다. 근
대 이후 보편화된 계몽의 원리는 자유와 평등, 정의와 공공성에 바
탕을 둔 것으로, 인권 개념과 인간성을 실현하는 데서 구체화된다.

근대가 이룩한 커다란 변화 가운데 하나는 보편적 이념과 독단적
신념을 개인의 영역으로 돌리고, 공공성의 영역에서 주어지는 자유
를 보장하는 데 있다. 현대 국가는 이러한 영역에 관여하지 않는다

는 원칙을 보편적으로 확립한다. 독단적 권위주의 국가에 반해 민주주의 국가는 이러한 독단적 신념을 폐기할 뿐 아니라 개체의 인권과 신념의 자유를 침범하지도 않는다. 국가가 개인의 신념 체계에 관여하려 한다면 그것은 통치력을 과도하게 작동시키는 행위라는 비난을 받을 것이고, 그럴 때 국가는 전제적이 되며, 스스로의 존립 근거와 통치력의 정당성을 상실하게 될 것이다.

그와 함께 근대 국가는 공동선을 지키기 위한 기능을 가진다. 그것은 자본에 대한 탐욕에서부터 개인의 경제 정의를 지키는 것이며, 공동선이 올바르게 자리하도록 감시하는 기능을 의미한다.

근대 이후의 경제는 자본주의 체제로 작동하지만 자본주의는 그 자체로 통치 이념 또는 규범이 될 수 없다. 왜냐하면 자본주의는 어떠한 신념이나 이념에 대해서도 말하지 않고, 공동선을 위한 절제와 희생, 함께 살아간다는 공동체 정신을 알지 못하기 때문이다. '더 많이'의 정신에 충실한 자본주의의 탐욕이 반사회적이며 반공동체적이라면 국가의 정의는 개인의 경제적 자유와 공동선 사이의 균형을 유지하고 지켜가는 데 있다. 그리고 이것은 국가의 중요한 의무일 수밖에 없다.

그런 의미에서 신자유주의에 대해 보이는 태도는 국가의 정의를 판단하는 중요한 기준 가운데 하나일 것이다. 국가 개념이란 것은 결코 보편적이지 않은 만큼 국가의 역할과 기능, 국가 권력의 정당성은 끊임없이 새롭게 정립되고 비판되어야 한다. 국가는 최고의 통치 집단임과 동시에 개인에 대해서는 최소의 통치 체제여야 한다.

국가의 역할과 정당성은 보편적 인간 이해와 함께해야 하며, 그를 위한 행위에서 존립의 정당성을 부여받는다. 그것은 인간다움을 지키고 인간답게 살 권리와 자유로움을 보증하는 데서 주어질 것이다. 만약 오늘날 국가 체제가 이를 보증하지 못한다면 변화가 불가피할 수밖에 없다. 국가 역시 인간의 역사와 공동체에 대한 이해의 변화에 따라 얼마든지 변화할 수 있는 체제이기 때문이다.

후기 근대 사회에 이르러서는 다양한 형태의 공동체를 형성하려는 시도들이 나타나고 있다. 국가 안의 다양한 시민공동체와 지역공동체는 물론 국가주의를 비판하고 이를 넘어서려는 움직임에 따른 국가 밖의 연대, 그리고 이를 통해 형성된 다양한 공동체 모형이 그 예에 해당한다.

또는 여러 층위의 공동체가 겹쳐진 시민국가가 국가주의에 대한 대안으로 제시되기도 한다. 그것은 한편으로 근대 국민국가의 한계를 넘어서는 것임과 동시에 공동선과 개체의 권리, 인간의 존재성을 유지하고 실현할 수 있는 자유로운 공간을 찾는 시도에서 비롯된다. 공동체를 유지하기 위한 덕목들, 상호신뢰와 타자에의 공감, 최소한의 정의를 위한 노력과 자기 절제, 또 시민들 사이의 연대 등은 공동체가 해체되는 이때의 인간들에게 가장 필요한 덕목들이다. 근대국가의 일면성을 넘어서는 다양한 형태의 공동체에 대한 이해, 그리고 중첩되는 공동체성을 제기하고 이에 대한 지향성을 정립하는 작업이 이 시대를 사는 시민으로서의 인간에게 주어진 몫일 것이다.

역사적으로 철학자 정치는 언제나 실패했다. 일찍이 철학자에 의한 이상理想 국가를 시라쿠사Siracusa의 디오니소스Dionysos를 통해 정치적으로 실현하려 했던 플라톤은 제외하더라도, 나치 치하에서의 하이데거나 유신시대 박종홍의 정치 참여는 결국 독재 정권을 합리화하거나 이용당하는 데 그치고 말았다.

그럼에도 공동체에 기여하고 이성과 정의, 공동선과 인권을 지키기 위해 참여하는 것은 인간다운 삶을 위해 반드시 필요한 일이다. 동시에 그것은 국가라는 최고의 공동체가 지향하는 바가 올바르게 지켜지도록 비판하고 감시하는 시민의 역할을 다하는 일이기도 하다.

인간으로서 우리는 국가의 존재 이유가 달성되지 않고, 국가가 공동선과 인권 및 정의의 원칙을 저버리면서 정당성을 상실할 때 그것을 비판하고 경고해야 한다. 국가가 자신의 존립 이유를 저버림으로써 국가 권력이 폭력으로 작동하는 것을 비판하고 교정하는 것은 시민인 우리에게 주어진 본래의 의무다.

한편으로 그것은 근대 국민국가의 체제를 극복하고 협의의 국가주의와 자본주의를 극복하려는 과제로 나타난다. 국가공동체를 넘어 지역공동체와 새로운 공동체를 상상하는 탈근대의 감수성은 근대 체제를 넘어서려는 노력의 구체적인 모습이다. 또한 인간의 삶이 자본이나 소유의 극대화에 있지 않음을 말하는 것 역시 신자유주의가 과잉으로 작동하는 시대에 인간으로서 우리에게 주어진 과제

가운데 하나다.

현대 국가의 한계는 자본과 경제제일주의의 사고에 매몰되어 제국이 된 체제에 종속되고 있다. 네그리A. Negri와 하트M. Hardt는 '제국' 3부작[『제국』(2000), 『다중』(2004), 『공동체』(2009)]을 통해 이런 문제를 상세하게 논의하고 있다. 세계화 이후 초국가적 기구와 다국적 기업은 국가를 넘어 정치와 사회, 경제와 군사 체제에 매우 강력한 힘을 행사하는데, 이런 힘은 우리 삶에 절대적 권력으로 작동하는 것이 현실이다.

시민으로서 우리의 정당한 권리와 자유, 인권을 위해 이에 맞설 담론을 형성하고 실천적으로 행동하는 것은 인간다움을 지키기 위한 우리의 의무다. 공동체적 존재인 인간은 보편적 지성으로 인간다움을 실현하고, 이를 위해 필요한 공동체를 만들어가야 한다. 그것은 보편적 인간성과 공동체성에 대한 이해에서 비롯되고, 그것에 참여하고 기여함으로써 그 이해를 구체화하는 과정이기도 하다.

/6장/

현재의 거울

경제성장에 현혹되어
그 안에 사람이 있음을 잊어버릴 때,
야만은 우리를 휩쓸고 간다.
그렇게 인간의 의미를 상실할 때
우리는 괴물이 된다.

01

현재를
마주하다

극단의 시대를 살아가는 우리

영국 역사학자 홉스봄E. J. Hobsbawm은 우리 시대를 극단의 시대라고
부른다. 이성과 합리성에 의해 세계를 기획하던 시대, 인권과 진보
에 의한 민주주의의 시대였으며 과학·기술과 자본주의에 의해 그
어느 때보다도 윤택했던 시기, 그럼에도 가장 많은 폭력과 세계적
야만, 학살이 저질러졌던 시대가 현대다.

　그렇다. 이 시대는 극단적이기에 모순적이기까지 하다. 우리의 현
대도 그러하다. 일제의 식민 시기와 해방, 6·25전쟁과 개발독재 시
대, 유신의 만행과 광주 학살이 있었음에도 물질적 풍요와 민주주
의가 자리 잡은 시대가 이때였기 때문이다. 성취와 퇴행, 야만과 인

간성이 중첩되던 시간이었기에 이 시대는 모순되고 극단적이었다.

사실 인간의 역사란 그 자체로 이러한 모순을 해소해가는 과정이기도 하다. 평화와 야만 사이, 진보와 퇴보 사이에서 길을 찾아가는 것이 인간이며, 그의 삶이다. 이러한 과정 그 자체가 바로 역사 아닌가. 인간과 역사는 성공과 좌절, 성취와 몰락 사이를 방황하면서 이루어진다. 모순의 감내와 극복, 진보와 퇴보의 방황이 삶의 흐름이다. 아픈 과거를 보듬으면서 맑은 내일을 향하는 것이 인간이란 존재일 것이다.

러시아 혁명을 성공시킨 역사적 인물 레닌W. Lenin의 비참한 말년을 묘사하는 최인훈의 소설 『화두』(1994)는 인간이 얼마나 쉽게 성취와 몰락 사이에서 허덕일 수 있는지를 잘 보여준다. 인간의 삶은 순간적으로 부서질 수 있을 정도로 허약하며, 하늘을 향하면서도 땅에 갇혀 있는 모순 자체다. 그러면서도 인간은 삶의 세계에 의미가 있으며, 역사는 진보를 향해 나아간다는 희망과 믿음으로 이 모순을 이겨낸다.

인간과 역사는 그 자체로 모순을 감내하면서 극복해가는 과정 중에 있다. 우리는 영원히 그 길 위에 서 있는 존재다. 성취와 승리 속에는 퇴행과 야만의 싹이 담겨 있다. 인간에 대한 이해와 그를 위한 노력을 포기하고 자기만의 세계에 함몰되는 순간, 악과 야만으로의 퇴행은 시작된다. 우리의 삶과 역사는 그것을 너무도 생생하게 보여주고 있다.

이런 삶의 길을 걸으며 현재와 역사를 만들어가는 가운데 우리는 인간이 된다. 인간의 삶은 그 현재와 역사에서 의미를 발견한다. 현재와 역사는 우리 안에 있다. 우리는 어떤 삶과 역사를 원하는가? 삶과 의미의 역사인가, 아니면 야만과 퇴행의 역사인가. 의미를 상실한 풍요로움인가, 아니면 공허와 모순을 극복하는 삶인가. 그 선택과 결과는 오롯이 우리 몫이다.

현재와 역사는 신의 선물이 아니다. 현재와 싸우며 역사가 된 앞선 사람들을 보면서 우리 역시 삶의 역사가 현재가 되도록 해야 한다. 인간은 모두 예외 없이 현재와 역사의 길에 초대받았다. 우리가 살아가는 시간은 언제나 현재라는 지평이다. 그 현재는 시간적인 '지금'이며 공간적인 '여기'다. 인간이 살아가는 현재는 자신의 존재를 되돌아보는 시간이며, 자신의 얼굴을 비춰 보는 자리다. 현재는 과거를 기억함으로써 새롭게 해석하는 시간이자, 미래를 기획하고 결단하는 지금이다. 현재는 과거와 미래가 얽혀 하나로 주어지는 시간이기 때문에 자신의 존재를 돌아보려면 현재를 돌아보아야 한다.

우리의 현재는 조선 시대가 끝나고 이후 서구의 근대가 밀려오면서 겪었던 역사적 경험의 결과물이다. 이른바 서세동점의 시대와 해방을 지나면서 우리 사회의 시대적 당위는 근대화에 있었다. '잘살아보세'로 대변되는 이 시대적 명제는 그럼에도 근대성에 대한 진지한 반성을 결여한 채 근대화를 기껏 산업화와 서구화, 경제성장의 문제로 환원시켰을 뿐이다. 정작 무엇을 위한 근대화이고 그 내용은 무엇인지 성찰하지 않음으로써 삶을 소외시키고, 어디로 가는지도 모르는 채 허겁지겁 뛸 것을 강요했다.

근대화 과정에서 삶의 의미에 대한 질문은 삶의 도구에 대한 집착과 성과에 대한 욕망으로 대치되었다. 그 안에 사는 사람들은 무엇 때문인지도 모르는 상태에서 산업화와 자본주의가 자신의 목표인 양 생각하고 달려왔을 뿐이다. 자본주의가 사회의 당위인 듯하지만, 그것의 한계나 절제되지 않은 욕망의 문제에 대해서는 아무도 성찰하지 않는다. 오히려 이념의 과잉현상은 질문을 금지하고 반성을 배제하였으며, 인간을 억압했다.

경제성장에 현혹되어 그 안에 사람이 있음을 잊어버릴 때, 야만은 우리를 휩쓸고 간다. 인간의 의미를 상실할 때 우리는 괴물이 된다. 우리는 돈을 벌기 위해 사는 존재가 아니라, 삶에 필요한 최소한의 품위를 지키기 위해 경제적 안정을 필요로 하는 존재다. 학문의 목적은 한 줌의 이론을 세우는 데 있지 않고, 이 모순을 극복하고 이렇게 세계를 이해하며 인간을 인간답게 존재할 수 있도록 하는 데 있다. 종교는 교세를 늘리는 것이 아니라, 의미를 충족시키고 실현하는 데서 존재의 이유를 찾아야 한다. 정치는 권력을 잡고 자신들의 사익을 키우기 위한 수단이 아니라, 공동체와 그 안의 사람을 위한 최소한의 정의를 실행하기 위한 전략이다.

경제성장이나 자본주의가 규범일 수는 없다. 그럼에도 규범인 척하는 것이 현대의 자본주의다. 자본의 과다는 수단과 소유의 문제일 뿐 그것이 삶의 문제를 틀 짓는, 사람과 사회의 지향점일 수는 없다. 그래서 경제성장이나 경제적 안락함이 자본주의와 동일시되고, 자본의 크기가 삶을 결정짓는 시금석으로 작용하는 사회는 끝없는 갈등이 소용돌이치는 공간일 뿐이다. 그 속에서 우리는 자본의 모습에 일희일비하며, 물질과 욕망에 함몰되어 허덕이는 존재가 되어간다.

우리의 현재는 이념적 공허함과 논의의 피상성, 문제의 본질을 다루지 못하는 껍데기 같은 삶으로 빠져들고 있다. 인간은 어떤 형태로든 삶의 기준이 될 규범을 필요로 한다. 자본주의가 규범일 수 없다면 무엇이 그것을 대신할 것인가. 우리의 현재는 자본과 성장이란 허구 외에 어떤 규범이 가능할까? 인간이 인간답게 살아가는 시간은 어떻게 가능할까?

자본주의는 인간의 규범이 될 수 없다

우리 사회를 보면 참으로 절망적인 생각이 들 때가 많다. 한국 사회의 단면은 인간다움과는 거리가 멀어 보인다. 일상적인 야만과 폭력, 탐욕과 욕망의 질주, 전문지식은 넘치고 세련된 삶을 살지만 그 안에 담긴 무지할 정도의 염치없음은 참 절망적이다. 우리 안에 깃든 폭력과 반폭력, 우리의 일상과 내면 깊숙이 똬리를 틀고 자리 잡은 욕망과 이기심이 빚어내는 시대의 흐름이 그것을 잘 보여주고 있다. 그렇지만, 아니 어쩌면 바로 그렇기 때문에 우리의 현재를 인간다운 삶의 터전으로 바꾸기 위한 끝없는 노력이 필요한 것인지도 모른다.

해방 이래 지금까지 지속되어왔던 개발과 성공지상주의, 산업화로 착종錯綜된 근대를 반성하고 넘어서야 하지 않을까. 우리의 근대는 비록 압축적으로 성공했을지 모르나 너무도 일면적이기에 착종되고 왜곡되었다. 산업화된 근대, 이렇게 왜곡된 근대는 물론 근대성 자체를 진지하게 되돌아보면서 이 현재를 넘어설 수 있다면 그것은 새로운 시대정신을 드러내는 계기가 될 것이다.

그래서 우리의 현재는 이념적 맹목과 전체주의, 경제제일주의적 사고는 물론 껍데기 이념의 시대, 자신의 욕망과 무지로 독선에 가득 찬 시대를 벗어나는 성찰의 시간이 되어야 한다. 현재의 시간을 사람답게 사는 세상을 향한 준비 기간, 일상과 체제의 폭력을 넘어 사람을 위한 사회와 문화를 지향하는 성찰의 시간, 그리고 그것을 향한 전환점으로 삼아야 하는 것이다.

현재의 시간은 이를 향한 결단의 순간이다. 이 결단을 통해 우리 안의 아름다움과 희망, 사랑과 평화가 되살아나길 바란다. 아름다움을 위한 청산과 정리의 시간, 산업화와 경제성장이든 민주화와 선진화의 완성이든 한 시대의 완성과 종언을 통해 다음의 시간으로 진보하는 역사의 발전을 진지하게 수용해야 한다. 그럴 때 우리의 현재는 역설적으로 성찰의 시간이 될 것이다.

이 시대의 정치경제 체제는 자본주의다. 자본주의는 17세기 이후 유럽이란 특수한 생산과 경제 상황에서 생겨난 특수한 경제 체제임에도 우리는 이것을 우리 사회의 본모습으로 이해한다. 인간 사회에서 생산과 노동, 상업 활동은 언제나 존재했지만 그 모든 시대가 자본주의 체제였던 것은 아니었다. 멀리로는 이탈리아 도시국가의 무역 행위에서 찾기도 하지만 자본주의는 일반적으로 영국의 산업혁명과 함께 시작되었다고 보는 것이 정설이다.

18세기 유럽은 아메리카 대륙을 비롯한 식민지를 약탈했고 거기서 생겨난 재화와 무역 활동을 통해 자본을 정치경제의 중심에 두는 독특한 체제를 성립시켰다. 이 시기 영국에서는 식민지를 확보하고 해외 무역을 활성화한 결과 노동력과 산업 체계의 문제가 대두되었다.

그 가운데 모직 공업을 위해 지주들이 농경지에 양을 키우기 위해 소작농을 몰아낸 이른바 '울타리 치기 운동enclosure'이 초기 자본주의의 시작이었다고 이야기된다. 이후 산업혁명을 통한 산업화와 기계화, 자유방임 무역, 자본의 성립 등의 역사적 과정을 통해 자본주의는 현대 세계를 움직이는 가장 중요한 체제가 된 것이다.

그럼에도 이 말이 일반적으로도 쓰이기 시작한 것은 19세기 중반의 일이다. 1856년 옥스퍼드 영어사전이 자본주의란 단어를 쓴 최초의 기록으로 간주될 정도다. 그 후 자본주의란 말은 19세기에 이르러 일반화된 정치경제 체제를 비판적으로 일컫는 단어로 쓰였다.

예를 들어 1850년 프랑스 사회주의자 블랑L. Blanc은 "다른 이들을 배제하고 자본을 전유하는 행위"를 자본주의라고 불렀다. 마르크스 K. Marx는 그의 유명한 저서 『자본』(1867)을 "자본주의적 생산 체제가 지배하는 사회에서 부는 거대한 상품더미로 나타난다"라는 문장으로 시작한다. 생산 양식임과 동시에 기술과 식민지의 자원을 바탕으로 상품을 교환하여 부를 증진시키려는 의도에서 생겨난 자본주의는 특정한, 그것도 유럽적인 정치경제 체제였다.

독일의 사회학자 좀바르트W. Sombart는 이런 체제를 밝힌 그의 저서 『근대 자본주의』(1902)에서, 자본주의는 이제 정치경제 체제를 넘어 사회와 문화 전체에 닥친 거대한 전환이라고 이해한다. 이후 싫든 좋든 자본주의는 20세기 이래 인간의 삶을 지배하는 가장 강력한 정치경제 체제가 되었으며, 사회와 문화를 넘어 21세기 초엽인 이제는 인간의 정신과 삶, 마음까지 지배하기에 이르렀다. 초기 자본주의와 수정 자본주의를 거쳐 신자유주의가 범람하는 이때는 인간의 삶이 이 체제를 떠나 살아갈 수 없을 정도가 되었다.

인간은 분명 경제적 존재homo economicus다. 경제적 존재로서의 인간의 삶과는 별개로 자본주의는 정치사회 체제로서 반드시 살펴봐야 할 주제임에 틀림없다. 여기서 나아가 현대의 자본주의는 삶의 규범과 가치 체제로까지 작용하고 있다. 그럼에도 인간은 경제적 삶에 얽매인 존재가 아니며, 자본주의 역시 결코 인간을 위한 규범이될 수 없다. 그것은 기껏해야 껍데기의 규범, 의사규범pseudo-norms에 머물 뿐이다. 자본주의의 의사규범성을 극복하지 않은 상태에서 인간의 인간다움이란 결코 가능하지 않다.

이 시대 우리가 필요로 하는 공동체의 정의, 공동체의 정치경제 체제는 무엇일까? 현재의 인간을 이해하기 위해서 이 문제는 공동체와 연결 지어 논의해야 할 매우 중요한 주제다.

02

냉소의 시대,
인간의 한계를 비웃다

·····················

무의미와 허무가 지배하는 세상

10대가 시대에 반항하는 존재라면 20~30대는 시대에 혁명으로 맞

선다(혁명과 무관한 이 시대의 20~30대는 논외로 하자). 그렇다면 40대 이후

는 그 시대에 맞서 무슨 행동을 할까? 그들이 보일 수 있는 것이란

어쩌면 냉소밖에 없을지도 모른다. 벗어날 수 없는 현실이지만, 그

현실에 매몰되기에는 너무도 비굴해지는 삶에 냉소 이외의 어떤 형

태로 맞설 수 있을까? 냉소를 통한 시대의 감내, 그럼에도 벗어날

수 없는 현실을 받아들이는 서글픈 기성세대의 저항적 몸짓은 냉소

로 드러난다. 나는 이런 시대에 맞서는 인간의 모습을 냉소의 거울

로 해명해보고자 한다. 저항하거나 냉소하는 것은 어쩌면 모든 시대

를 아우르는, 그러면서도 매 시대마다 새롭게 드러나는 상징일지도 모른다. 냉소의 거울은 세대와 세대에 반항하는 인간의 얼굴이다.

현재를 사는 인간은 한편으로는 이 시대를 비판하고 수정하면서 그것을 넘어서려 한다. 그럼에도 자신의 한계로 인해 시대에 얽매여 있으며, 시대가 주는 무게에 허덕이는 것이 인간이다. 특히 오늘날에는 자본의 체제와 그 기능이 고도로 복잡하게 작동하기 때문에 일상적으로 우리가 느끼는 한계는 가늠하기 힘들 정도다.

그와 함께 자본에 의해 극단화되는 불균형, 실업과 퇴행하는 사회, 암울한 미래로 때로는 허무하며, 때로는 냉소적이기까지 한 시대를 살고 있다. 이에 맞서는 인간의 힘은 미약하기 그지없어서 아무리 외쳐도 누구 하나 듣지 않는 것 같다. 2012년을 달구었던 저항의 소리, 에셀s. Hessel의 "분노하라"라는 외침, 미국 젊은이들의 월가 시위Occupy Wall street의 외침도 큰 반향 없이 사그라지는 듯하다. 2013년 말 "안녕들 하십니까?"의 대자보 운동도 이런 모습을 잘 보여주고 있다.

그럼에도 여전히 현실은 복잡하고 이미 그 위에 자리 잡은 기득권층은 요지부동이다. 과학기술과 정보사회의 정교한 메커니즘을 우리를 남김없이 옥죄고 있다. 독일 철학자 슬로터다이크p. Sloterdijk는 이런 시대를 '냉소의 시대'라 규정하면서 이 시대를 사는 인간은 냉소의 시대를 냉소하는, 냉소적 지성으로 살아야 한다고 말한다.

냉소적 존재는 이 시대의 거울일까. 그것이 후기 자본주의 사회에 처한 인간의 실존적 모습임에는 틀림없다. 그럼에도 이 냉소적 시대의 거울은 한 시대를 넘어서려 했던 모든 이들에게 보편적으로 발견되는 현상이기도 하다. 자신이 사는 현재라는 시대를 넘어서려 했던 인간의 본성은 냉소의 거울에 비춰진다. 이것은 인간의 한계를 비웃는 검은 거울이다.

서구철학은 헤겔에 이르러 완성에 이르렀다고 흔히 이야기한다. 헤겔뿐 아니라 플라톤적 정신 체계가 주류로 작동하는 유럽문화에서 이런 생각은 일반적으로 통용되었다. 그래서 사람들은 1831년 헤겔이 죽자 철학은 완성과 함께 종말에 이르렀다고 말했다. 그럼에도 그 뒤에서는 니체와 키에르케고르에 의한 새로운 사유의 싹이 트고 있었다. 니체 철학은 하이데거의 지적처럼 '전도된 플라톤주의'로 평가된다. 니체의 철학에 따르면 2500년의 서구철학사는 결국 니힐리즘Nihilism으로 귀결되었다.

그런데 과연 우리 시대는 니힐리즘의 시대인가? 만약 그러한 진단처럼 이 시대가 니힐리즘의 시간이라면 그 무의미함을 우리는 어떻게 견뎌낼 수 있는 것일까? 선험적 세계와 그에 따른 목적론을 거부하는 시대적 흐름은 계몽주의의 필연적 결과인가? 계몽의 또 다른 결과는 학적 체계를 과학주의로 귀결시켰으며, 계몽의 문화는 기술이 최고의 자리를 차지하는 문명으로 완성되었다. 이 과학기술의 문명은 어떠한 진리를 말하고 있는가? 그 진리는 존재론적 진리의 맥락에서는 어떻게 이해되는 것일까?

해체주의와 포스트모던에 대한 논의는 결국 의미와 선험적 목적으로 가득 찬 하늘을 해체하고, 그 자리에 상대주의와 주관성의 철학을 정립시켰다. 이들은 존재의 진리를 해체한 빈자리에 오직 자본과 과학기술만이 흘러넘치는 세계를 만들어가고 있다. 생명과학과 생명공학이 인간 생명에 대한 진리 주장을 전횡하는 시대, 생활세계는 이미 자본에 포획되고 자본이 존재의 원리가 된 시대에 존재론적 진리와 그를 위한 이성은 어디에서 의미를 지니는 것일까? 어쩌면 자본과 과학기술이야말로 해체해야 할 무의미의 세계가 아닐까? 그와 함께 무의미의 헛된 권위가 허위의 세계를 만들어가고 있는 것은 아닐까?

계몽이 주술이 된 시대

1947년 독일 칼스루에Karlsruhe에서 태어나 철학과 역사학, 신학을 공부한 슬로터다이크는 현대의 사회적 상황에서 인간의 존재를 위한 철학을 냉소적 이성이라고 말한다. 그는 자신의 저서『냉소적 이성 비판』(1983)에서 의미를 부정하고 물신화物神化가 과잉으로 치닫는 시대, 이들이 존재의 자리를 대신하는 시대에 이성의 의미는 무엇인지 질문한다.

나아가 그는 이런 정신은 후기 근대에 이르러 완성에 이른 계몽주의 기획 및 근대 철학과 대결한다는 정신사적 맥락을 지닌다고 말한다. 과잉의 시대, 무이념의 시대에 필요한 것은 새로운 견유주의犬儒主義적 이성이다. 그 까닭은 그의 비판이 본질적으로는 현대라는 시대가 근대의 계몽주의적 이성에 의해 형성되었음을 비웃는 것이기 때문이다.

현대 철학의 일반적 흐름이 그러하듯이 그도 플라톤 이래의 전통 철학과 그 형이상학적 체계와의 대결을 통해 자신의 철학을 형성한다. 그럼에도 그의 철학은 일반적 해체주의나 포스트모던 철학과 달리 이성적 인간이라는 전통적 인간 이해를 비판하면서 새로운 생각의 틀을 모색한다.

현대 사회와 문화를 비판적으로 조명하는 까닭은 현대의 체계가 계몽주의 이래 완성에 이른 서구 근대의 이성 이해에 근거하고 있다고 생각하기 때문이다. 그것은 현대의 시대와 문화에 냉소주의와 니힐리즘적 경향이 만연해 있다는 비판임과 동시에 모든 것을 객체화하고 사물화하는 계몽 이성이 그 원인임을 냉소적으로 밝혀내는 작업이기도 하다. 그럼에도 그의 분석은 인식 이성과 계몽 이성으로 축소된 서구 이성이해의 역사를 넘어 존재론적 관점에서 이해되는 로고스 개념에 근거하여 인간의 인간다움을 회복하려는 노력으로 이해해야 할 것이다.

냉소주의는 먼저 현대 사회를 움직이는 원리인 계몽과 합리성을 비판하기 위해 냉소란 개념을 제시한다. 냉소주의는 계몽주의 이후에 사회적이며 문화적인 상황이 담긴 시대정신이 되었다. 그것은 이미 아도르노를 비롯한 프랑크푸르트 비판학파가 언급했듯이 주술의 시대를 벗어나고자 했던 계몽이 다시금 주술이 된 시대적 상황에 대한 비판이다. 또한 인간에게 보편적 부와 사회적 평등을 약속했던 마르크스주의Marxism 철학의 실험 역시 다시금 전체주의와 억압의 파시즘으로 흘러간 것에 대한 비판이기도 하다.

그와는 반대의 모습이지만 같은 철학에서 자라난 자본주의 역시 성장과 풍요로움을 말했음에도, 신자유주의에서 보듯이 범람하는 자본의 폭력과 야만은 시간이 갈수록 더욱 강고해지고 있다. 그럼에도 이러한 야만에 희생되는 사람들이 자본의 힘을 숭배하는 허위의식에 빠진 것이 지금의 시대다. 이렇게 '계몽된 허위의식'을 그는 냉소적 이성으로 비판하고 있다.

이런 맥락에서 슬로터다이크는 저서 『냉소적 이성 비판』에서 근대 이후의 계몽주의에 대한 평가와 함께 그에 따라 형성된 사회·문화적 현상을 '여덟 가지 폭로'를 통해 비판적으로 드러낸다.

근대의 학문 체계가 승리의 개선행진곡을 울려 퍼뜨린 과학 및 기술은 인간과 사물의 존재 의미를 다만 물신적 차원으로 귀결시킨다. 그것은 자본주의와 공산주의를 막론하고 계몽의 시대 이후의 사회·경제적이며 문화적인 현상으로 드러나고, 이 현상은 시간이 갈수록 더욱 강고해진다.

이와 함께 그는 현시顯示와 종교적 환상에 대한 비판, 형이상학적 허구와 관념론적 상부 구조, 도덕적 허구를 비판하며 자연적이며 역사적 허구에 대한 비판까지 이어간다. 결국 인간이 '소박한 세계상을 비판하면서 얻게 되는 인간 존재의 자기경험'에 따라 현대 문화의 허상을 비판하는 것이다.

슬로터다이크는 "서구의 계몽주의 문화는 역설적으로 자신을 부정하는 자기부정의 모습을 지닌다"라고 말한다. 합리성과 이성을 비판하는 일은 이 시대에서 체험한 자기경험의 집결체이며, 이를 통해 시대에 봉사하는 정신적 작업이다. 인간이 그 시대에 수행하는 모든 비판은 결국 '시대의 고통 속에서 이루어진 선구적 작업'이다.

계몽은 자신의 기획을 통해 현대 문화에서 보듯이 엄청난 성공을 거두었다. 그럼에도 이러한 비판을 통해 "계몽은 냉소주의 이성 비판의 신호 아래에서만 자신에게 주어진 기회를 다시 찾"을 수 있으며, 이를 통해 자신의 본질적 기획, 즉 '의식을 통해 존재를 변화시키는 기획'에 충실할 수 있다. 또한 이런 폭로는 사람들을 천진난만하게 묶어두어 지속적으로 통제하려는 지배 세력의 반성찰적 정치를 드러내는 일이며, 이로써 정치적으로 재현된 계몽의 기획을 파손시킨다.

그와 함께 계몽의 기획은 현대의 학문 체계에서 보듯이 '이성과 학문의 근대적 동일화'를 통해 과학주의scientism를 만들어내지만, 이러한 폭로는 결국 반합리주의란 형식으로 '다른 이성'이란 주제를 드러낸다. 이 문제는 2500년에 이르는 유럽의 철학사는 이성 중심으로 이루어졌으며, 이런 역사가 결국 현대 문화의 위기를 초래했다는 비판에서 비롯된다. 서구의 이성은 이제 종말에 이르렀으며, 이러한 이성 중심의 역사를 넘어 그와는 다른 이성에 대해 논의해야한다는 것이 이 비판에 담긴 주장이다.

그래서 이들은 과격하게는 서구 전통 이성과는 '다른 이성'을, 때로는 온건하게 서구 이성에 의해 감춰졌던 '이성의 다른 부분'을 말하고 있다. 그것이 현대 문화에서는 독특하게 '감정의 논리와 신비주의, 명상과 자기성찰, 신화와 마술적 세계상' 등의 이름으로 드러나는, 이 현상에 숨겨진 철학적 원인이다.

그래서 슬로터다이크는 정치적으로 시도되었으나 금세기에서 보듯이 균열로 접어든 현대 자본주의의 한계를 폭로하면서 '(현대) 이후의 철학적 상황'에 대해 논의한다. 그 논의는 자본주의 사회의 핵심적 문제인 노동 개념을 넘어서려는 마르크스주의에서 동인動因을 얻을 수 있을지 모른다. 그럼에도 그런 논의를 통해 자본주의를 극복할 궁극적 단초를 찾을 수는 없을 것이다.

이런 까닭에 슬로터다이크는 냉소적 이성 비판과 계몽주의 문화의 자기부정적 모습을 묘사한 뒤 이에 대한 극복의 사유를 잃어버린 그리스적 사유, 견유주의 철학에서 찾으려 시도한다. 그것은 제국의 반쪽이라도 주겠다는 알렉산더 대왕의 제의를 한 줄기 햇빛과 바꾸지 않은 디오게네스의 철학이다.

이를 통해 그가 말하려는 것은 이성 중심의 역사에서 보듯이 철학이 '자신이 말하는 대로 살려면 위선적이 될 수밖에 없었던' 모습을 넘어서고자 한다. 이러한 생각의 실마리를 냉소적으로 '자신의 사는 그대로' 사유하라고 요구한다. 이른바 견유주의의 철학적 태도를 유지하라는 것이다. 이러한 견유주의는 진리에 대한 새로운 질문과 대답을 제공할 전환점이 될 것이다.

슬로터다이크의 주장은 그 자체로 무척 냉소적이다. 그럼에도 이를 통해 그는 서구철학사의 강고함을 비판하는 것이 얼마나 어려운지 거듭 강조하고 있다. 현재의 모순과 한계, 현재의 강고함을 넘어서기란 너무도 어렵지 않은가. 그럼에도 냉소하는 지성만이 대답일까? 현재를 사는 우리는 어떠한 대안적 사유를 할 수 있을까? 그것이 서구철학의 이성으로 결코 가능하지 않다면 우리에게는 그와 다른 어떤 지성적 능력이 필요한 것일까?

－

슬로터다이크의 냉소주의

계몽의 기획이 실패로 끝난 뒤의 세계, 자본주의와 과학기술이 물신화되어 세계를 온갖 허위의식으로 물들이는 현재에서 인간은 무엇을 할 수 있을까? 하버마스처럼 미완성에 그친 계몽의 기획을 완성할 작업에 동참할 것인가? 의사소통적 이성을 말하는 그 기획은 인간의 비합리성을 진지하게 수용하지 못하기 때문에 절대 불가능한 것임을 절감한 이 시대에 우리는 어떤 길을 찾아야 할까?

슬로터다이크에 따르면, 우리가 추구하는 새로움이란 이러한 허구를 냉소함으로써 그 허위의식을 벗어날 수 있을 때 시작된다. 우리가 깨야 할 현실의 허위가 너무도 강고하기에 그만큼 더 많은 견유주의적 철학이 필요한 탓이다. 그러한 태도는 지식을 사물화하고 객관화하려는 근대의 정신이 이룩한 학문과 과학기술의 체계를 넘어서려는 통합적 자세다.

냉소적 철학은 여러 형태로 드러나는데 그 핵심은 '욕망에 대한 비판적이고 아이러니컬한 철학'이고, 근본적으로 절제하지 못하는 욕망의 부조리를 해명하는 데 있다. 그것은 사람들이 찾아야 할 존재 대신 존재를 제외하고 다른 모든 것을 찾는, 냉소주의가 지배하는 시대에 대한 비판이다. 자본과 인터넷 등 기술적 문화현상에 종속된 삶이 그 대표적인 모습이다.

그에 의하면 견유주의 이성은 허무주의로 비난받는 인식에서 정점을 이룬다. 그것은 견유주의의 의미에서 모든 목적과 가치를 거부하고 목적을 이루기 위해서라면 악한 수단도 마다하지 않는 도구적 이성의 순환 고리를 부수는 데서 시작된다. 이것은 허위의식에 가득 찬 도덕적 이념을 버리고 이미 거기에 있는 것, 현재에 전념하는 성숙한 태도다.

슬로터다이크는 이러한 견유주의가 물신주의와 계몽의 허위의식에 빠진 냉소주의를 막을 수 있는 길이라고 하며, 다시 돌아온 디오게네스를 상상해보라고 말한다. 그 길은 현대의 학문과 기술의 토대인 서구 이성과 그 근거를 무너뜨리는 길이며, 존재론적 방법과 변증법적 방법을 통해 삶의 의미를 되찾는 길이기도 하다.

그것은 하이데거가 말했던 '세상 사람의 태도와 함께 일상 속의 실존 존재론을 펼쳐가는 길'이며, 니체가 말했던 '선악의 저편을 넘어 형이상학의 이편을 사유하는 길'이기도 하다. 철학사적 흐름을 거치면서 니힐리즘으로 완성된 플라톤적 철학이 존재론적 무의미의 세계를 열었다면, 이제 냉소적 이성 비판을 통해 지향하는 바는 이러한 무의미함을 해명하는 작업이다. 그러한 철학 작업을 슬로터다이크는 '이성의 그림자 놀이'라고 말한다.

계몽의 허위의식에 가득 찬 우리 시대는 서구 역사에서 드러난 이성 이해의 다른 면, 즉 이성의 그림자 놀이를 통해 무의미의 의미를 철학적으로 표현하는, 고도로 발전된 해석학적 사유를 필요로 한다. 그것은 영원과 본질에 근거한 철학을 해체한 '이후의post' 철학 작업이자, 존재가 보내오는 의미에 충실하게 살아가는 길이다. 그것은 인식 이성과 계몽 이성으로 굳건하게 세워진 근대를 넘어서고, 그 역사를 감내함으로써 극복하며, 그 가운데 새롭게 드러나는 형이상학적 체계를 위한 길이다. 왜냐하면 현대 문화와 사회를 분석적으로 비판하는 모든 작업을 거친 철학적 기획은 근대적 계몽을 필요로 하지 않기 때문이다.

삶의 의미를 찾아야 하는 이유

이런 새로운 사유를 드러내는 인간은 삶을 실존적으로 고찰하고, 의식적으로 결단하는 참된 존재이며, '죽음을 향한 존재와 일상성을 대립시키려는 철학'을 수행하는 현존재現存在다. 현존재란 의미를 드러내는 인간의 특성을 설명하는 철학 용어다. 그는 삶의 현재에서 불가피하게 생겨나는 '모든 대립과 모순을 일치'시킨 뒤에야 가능한 본래적인 성찰을 이루어가고, 그래서 서구철학의 역사에서 주어진 '형이상학의 도깨비짓'에서 깨어나 자기 존재의 본래적인 특성을 향한 의지를 드러낼 수 있게 된다.

현존재는 죽음 앞에 서서 결단을 내린 존재이고, 다른 사람의 죽음을 진지하게 수용하며, 죽음 앞에서 본래적인 실존으로 설 수 있는 진지한 인간이다. 그는 허무의 늪에서 벗어나 무의미에서 의미를 찾아가며, 삶의 온갖 허위의식과 허구를 냉소적으로 비웃지만 그러한 냉소에만 빠져 있지는 않는다.

현대 사회의 온갖 허구적 모습을 생각하면 이런 지적은 무척 흥미로운 것이 사실이다. 이렇게 행동할 수 있는 사람은 자신의 존재를 결단할 수 있으며, 매 순간 그 의미를 드러낸다. 그는 우리에게 주어진 본래적인 실존을 열정적으로 살아가는 그러한 인간일 것이다.

슬로터다이크는 이러한 실존적 존재를 하이데거의 철학에 토대를 두고서 '실존주의적 좌파' '신견유주의 좌파'라고 말한다. 또는 철학적으로 보면 이것은 단적으로 '하이데거식 좌파'라 할 수 있다. 그 까닭은 하이데거야말로 목적을 지닌 견유주의자로서 19세기 말 이래 니힐리즘으로 귀결된 유럽문화의 허구, '유토피아적이며 도덕주의적 거대 이론들을 파괴한 최초의 철학자'이기 때문이다. 이 좌파는 마르크스적 의미 또는 특정 이념적 구도에서의 좌파가 아니라, 오히려 '물질주의적 전통을 수정하는 좌파'다.

이러한 주장을 통해 슬로터다이크는 객체화되고 물신화된 서구 문명, 계몽의 기획이 오히려 존재 의미를 매몰시키는 근대성의 역설을 극복할 계기를 제시하고 있다. 그것은 서구 전통에서 형성된 이성을 극복하는 새로운 사유를 의미한다.

그럼에도 우리는 슬로터다이크적 냉소를 넘어, 그와 거리를 둔 새로운 실존주의적 좌파의 태도와 철학을 필요로 한다. 이 시대의 한계와 모순을 냉소적으로 바라보는 거리 두기, 또는 어떤 '거룩한 무관심'을 넘어 우리가 필요로 하는 존재론적 의미와 결단을 염두에 둬야 하지 않을까? 그렇지 않다면 그가 말하는 견유주의적 냉소는 또 하나의 계몽이 되어 다시금 현대적 허무주의에 빠져들지 모른다. 냉소적 이성은 그것 자체도 냉소함으로써 허무주의를 넘어서려는 새로운 계몽을 거부할 수 있지 않을까. 무의미를 무의미로 받아들이는 것이야말로 진정 허무주의를 넘어서는 길일 것이다.

우리 사회의 물질적 풍요로움과 과학기술의 성취는 문화적인 현란함을 보여주지만, 그 안에는 헛된 권위와 물신풍조에 매몰된 현실이 있다. 슬로터다이크는 이것을 허구와 허위의식으로 규정하면서 이를 해체하고 넘어설 냉소적 이성 비판을 말한다. 냉소적 이성은 주어적이며 목적어적으로 읽힌다. 그것은 현대 문화를 냉소하는 이성임과 동시에, 냉소에 함몰되어 그 틀을 벗어나지 못하는 무의미를 냉소하는 이성이기도 하다. 따라서 냉소의 거울은 냉소와 역설을 통한 무의미의 해석학적 사유를 보여주고 있다.

우리의 현재가 냉소적인 까닭은 무의미와 허무가 지배하는 시간에 그것을 극복할 근원적 의미를 발견하지 못하기 때문이다. 그것은 한편으로 죽음으로 매몰된 시간이거나, 신이 떠나간 가난한 시대, 또는 채워질 수 없는 자본이 우리 존재를 대신 채우려 드는 허무의 시간이기도 하다. 또는 가장 혐오스러운 자들이 사회의 부와 권력, 권위를 차지하고 있는 시대이기에 냉소적이 되기도 한다. 그것은 인간은 인간답게 살지 못하고, 지성은 지성으로 움직이지 못하는 위선의 시대를 냉소한다. 현재는 냉소 가운데 존재한다. 그리고 냉소적 이성은 그 무의미를 무의미로 받아들이는 지성이다.

03
역사와 미래가
만나는 터전, 현재

—

인간의 역사는 곧 성찰의 역사

의미를 지향하는 인간의 특성은 어떻게 형성되는 것일까? 그것은
다른 어떤 것보다도 현재를 성찰하는 데서 만들어진다. 성찰이란
인간이 자신의 존재와 그에 대한 이해에 근거하여 자연과 세계, 타
자와 역사의 의미를 되돌아보는 과정을 말한다. 따라서 학문과 예
술, 문화와 역사는 이러한 인간의 자기이해가 변화되고 실현되어온
과정이자 결과라고 말할 수 있다.

　조금 난해하지만 여기에서는 이러한 성찰의 특성이 무엇인지 살
펴보고자 한다. 성찰적 특성 없이 인간은 인간으로 존재하지 못하
기 때문이다. 이런 특성은 자신의 얼굴을 거울에 비춰 보며 자신의

모습을 이해하는 진화적 과정에서 생긴 능력에서 비롯된다.

자기이해Self-understanding란 인간이 스스로를 이해하는 체계를 말한다. 한 시대의 문화와 사회는 결국 인간이 지닌 이 자기이해에 의해 형성된다. 역사의 매 순간마다 고유하고 특별한 자기이해는 숨은 음모자처럼 모든 현상 뒤에 자리하고 있다. 그와 함께 시대마다 고유한 인간 이해와 표상도 끊임없이 그 시대의 정신과 관련하여 새롭게 이해되고 해석된다. 그 이해는 고유하면서도 일반적이고, 보편적이면서도 특수하다.

시대정신은 한편으로 인간을 이해하고 표상하는 틀을 결정하지만, 또한 시대정신을 통해 드러난 이해가 사회와 문화의 체계를 형성하는 근거가 되기도 한다. 시대정신과 이해의 틀은 상호작용하면서 현상적인 문화를 형성하는 것이다. 새로운 이해와 사유의 패러다임이 제시될 때 우리는 그에 상응하는 인간상을 표상하지만, 또한 그 표상은 그 시대의 정신을 재현한다.

그래서 우리는 현재를 사는 인간의 이해와 인간상을 중심으로 시대의 흐름을 구분지어볼 수 있다. 왜냐하면 이러한 자기이해와 표상은 과거의 경험과 미래에의 결단이 현재라는 시간에 집약되어 재현되는 것이기 때문이다.

그 시간은 과거와 미래가 시간적인 현재, '지금, 이곳'에 현존하는 인간에 의해 표상된 것이다. 이해의 표상은 현재에서 드러나는 시대정신의 거울이다. 실재와 세계, 자연과 역사에 대한 이해의 변화는 그에 상응하는 새로운 사유를 필요로 한다. 이 시대에 요구되는 인간의 자기이해는 이렇게 변화된 체계를 올바르게 성찰할 수 있을 때 타당하게 제기될 것이다. 그것은 인간의 자기이해를 규정하는 근거가 되며, 이에 따라 인간은 자신과는 물론이고 타자와의 관계도 설정하게 된다.

인간의 역사에서 가장 중요한 사건이라면 약 2500년 전쯤 '이해 체계'에서 생겨난 커다란 전환일 것이다. 여기서 말하는 이해란 세계와 자연, 인간과 다른 인간, 역사와 문화, 사회와 삶을 받아들이고 인식하며, 이를 설명하고 해석하는 행위 전체를 의미한다. 그것은 진리와 존재란 이름으로, 때로는 앎과 직관으로, 또는 믿음의 체계와 신념으로 형상화되었다.

인간이 지닌 앎과 이해의 과정, 스스로의 지성으로 이 모두를 이해하고 해석하려는 노력을 우리는 전통적으로 철학이라 부른다. 이 학문은 인간이 지닌 자기이해의 거울이다. 그것은 결코 근대적 학문 체계에서 규정하는 분과학문으로서의 철학이거나 전문지식 체계로서의 철학이 아니다.

각 시대는 그 시대에 고유한 이상적 인간상을 지닌다. 이 이상적 인간상은 시대정신이 표현된 것이기도 하며, 그 시대의 인간 이해이기도 하다. 그렇기 때문에 시대마다 문화권마다 인간상은 다르게 나타난다. 이렇듯 인간이 문화를 이룩하고 자신의 존재를 반성하기 시작한 이래 모든 시대는 이런 모습을 이상적인 인간상으로 재현해왔다.

예를 들어 자연과 투쟁하고 빈번하게 전쟁을 거쳐 자신들의 공동체를 유지해야 했던 고대에서의 이상적 인간은 투쟁에 맞서는 의연한 영웅의 모습이었다. 그런 모습은 신화나 전설에서 빈번하게 드러난다. 그에 비해 인간의 내적 가치, 또는 종교적 가르침과 교의가 중요한 규범으로 작동했던 중세 유럽에서의 이상적 인간은 신의 명령과 가르침에 충실한 순례자와 수도자의 모습으로 나타났다.

비슷한 문화적 시기를 거쳤던 동아시아 문화권에서는 안으로 자신의 본성을 닦아가며 밖으로는 자신의 이상적 학문으로 공동체를 교육하고 이끌어가는 성인聖人으로 재현된다. 자신을 절제하고 수련하면서 밖으로는 사람들을 교화시키는 인간, 내성외왕內聖外王의 덕목을 지닌 선비가 그 시대의 이상적인 인간의 모습이었다.

고대와 중세가 자연의 경이로운 힘을 두려워하거나 자연과 동화되는 모습을 띠었다면, 근대는 자연을 장악하고 정복하며 과학기술을 통해 그것을 인간의 도구나 객체적 사물, 소유의 대상으로 만들었다. 그것은 인간이 지닌 지성과 실천적 능력 덕분에 가능했다. 따라서 근대의 이상적 인간상은 고대 및 중세와는 확연히 다른 모습으로 드러난다. 동아시아 세계의 인간상 역시 이러한 모습은 아니었다.

근대의 이상적 인간의 모습은 자신의 내면에 지닌 지성적 능력으로 세계와 자연을 알고, 그를 통해 자연을 관리하고 통제하는 기술적 인간이다. 그 내적 능력이 서구에서 보듯이 이성이거나 합리성으로 재현된 계몽의 정신이든, 이 시대는 그것을 인간만의 고유한 특성으로 받아들였다. 근대의 인간은 이러한 특성과 능력으로 세계와 자연, 문화와 역사를 기획하고 관리하는 세계의 주인으로 형상화된 것이다.

근대의 모순을 극복하고 새로운 시대에 대한 요구가 절박한 과제로 나타나는 이 시대, 후기 산업사회를 사는 이때의 이상적 인간상은 어떤 모습일까? 그것은 결코 현재와 같은 과학기술 시대의 전문적 기능인technocrat이거나, 자본의 논리에 충실한 경제인homo economicus은 아닐 것이다.

이 시대에는 성찰적 지식이 자본의 논리에 굴종해버렸기에 철학과 인문학조차 전문지식인academicrat으로 고착되어 있다. 이 시대, 근대의 과학기술과 만연하는 자본의 논리를 극복하고 이를 넘어 새로운 사유로 나아가려는 시대가 요구하는 이상적 인간은 어떤 얼굴로 나타날까?

성찰, 진정한 의미의 인간다움

인간이 이룩한 문명의 화려함과는 대조적으로 실존적인 측면에서 봤을 때의 인간은 부족하고 불안하기 그지없는 존재다. 자신의 생물학적 조건과 한계는 물론, 인간의 존재 자체에 깃들어 있는 근본적인 모순은 우리를 실존적으로 불안과 허무를 절감하지 않을 수 없게 한다. 어떻게 하면 이런 근원적 불안감과 허무함을 넘어설 수 있는 것일까?

돌아보면 이런 한계가 있음에도 인간은 끊임없이 그 안에서 의미를 찾고 무언가를 이룩함으로써 그것을 넘어서려 노력한다. 아니, 어쩌면 바로 그렇기 때문에 이렇게 조건 지어진 존재와 죽음처럼 한계 지어진 삶을 성찰하고 그것을 넘어서기 위해 몸부림치는 것일 수도 있다.

인간은 자신의 한계를 성찰하고 의미를 부여하며, 심지어 어떤 초월적 행위를 통해 이를 극복하려 한다. 그렇게 생각해보면 인간은 제한된 초월적 존재, 조건 지어졌지만 이를 넘어서려는 반조건적 존재일지도 모른다.

이런 특성은 인간이 본질적인 의미를 추구하고, 이를 위해 자기 자신을 성찰하는 능력에 의해 가능해진다. 그래서 인간은 자신을 의미론적 존재로 이해한다. 의미를 상실할 때 인간은 살아 있어도 살아 있지 않지만, 그 어떤 큰 어려움 가운데에서도 의미를 찾을 수 있을 때에는 그 모든 것을 넘어서는 위대함을 보인다. 인간의 인간다움은 그가 이룩한 기술문명보다는 이처럼 의미를 통해 근본적 한계를 넘어서는 데 있을지도 모른다.

이런 특성은 인간을 전통적으로 형이상학적 존재homo metaphysicus로 정의하는 근거가 된다. 인간의 모든 행동과 인간다움은 결국 이처럼 의미를 추구하고 그것을 만들어가는 특성 때문에 가능하다.

의미를 부여하는 인간이 있기에 세계와 우주, 자연과 역사도 의미를 지니게 된다.

　형이상학적 존재인 인간이 없다면 자연과 우주는 단순한 사물에 지나지 않는다. 인간이 없다면 이 세계는 그저 그렇게 있을 뿐이지만, 인간이 있기에 이 모든 것이 의미 있고 아름답게 빛나는 것이다. 꽃과 별은 그 아름다움을 보는 인간이 있기에 아름답지 않은가. 허무의 심연조차도 그 안에서 의미를 보는 인간이 있기에 허무를 넘어서게 된다. 비록 물리적인 세계의 모습은 변하지 않을지라도 그 모두는 의미론적 행위에 따라 얼마든지 다른 모습으로 드러날 수 있다.

　또한 인간의 의미적 행위 때문에 우주와 자연, 세계와 역사, 인간과 모든 생명체는 나아갈 방향을 갖게 된다. 인간은 결코 물리적 존재에 불과할 수가 없다. 예술과 문화, 또한 학문과 그 어떤 인간적 행위도 근본적으로는 이러한 특성에 따라 형성된다. 그것은 자신의 한계와 조건성을 초월하고자 하는 인간의 존재론적 욕망에 따른 결과다.

　우리가 단순히 주어진 세계에만 의미를 부여하려 했다면 문화와 역사의 의미 또한 존재할 수 없었을 것이다. 죽음과 같은 근본적 한계를 넘어서고, 물리적으로 조건 지어진 상황을 초월하며 무의미함에 빠져있지 않으려는 인간 존재, 허무와 무의미를 넘어 아름다움과 의미를 보려는 이런 특성이 인간을 인간이게 한다.

근대 철학자 라이프니츠는 지성사知性史 전체를 '있다는 것'의 의미를 묻는 행위로 규정하고 이를 철학이라 불렀다. 그래서 그는 철학이란 본질적으로 진리에 관계하며, 선과 아름다움에 관해 말하는 인간의 학문이라고 했다. 진선미를 이해하고 수용함으로써 자신을 만들어가는 존재가 인간이란 뜻이다.

이런 면에서 철학과 윤리, 예술은 인간의 본질적 이해의 과정에서 만나며, 그에 대한 재현의 방식에서 차이를 갖는다고 할 수 있다. 인간의 모든 업적은 이러한 이해를 각기 다른 양식으로 다시금 보여주도록 드러낸 작품이란 뜻이다.

철학과 예술은 궁극적으로 인간의 자기이해에 의해 이루어진다. 다만 이 과정에 있어 어떤 지성적 능력으로 문제의 역사를 추적한다는 측면에서 철학은 예술과 구별된다. 또한 근원에 대해 이야기한다는 관점에서는 객체적 지식을 말하는 과학과 다르지만, 근원에 대한 체험과 재현이란 관점에서는 예술과 같은 지평에 자리한다. 이때 문제의 역사에서 유래한 철학은 새로운 근원을 재조명함으로써 예술의 또 다른 이름으로 이해된다.

철학과 예술은 인간 존재의 의미론적 체험이란 관점에서 같은 맥락에 있지만, 재현의 형상에서는 다르게 드러난다. 철학과 예술의 같음과 다름을 서구 전통은 진리이해와 인간의 지성적 특성에서 찾았다. 그것은 객체적 진리와 존재론적 진리, 이성과 감성을 구별함에 따라 드러나는 같음과 다름이었다.

다른 한편 인간은 관계적 존재다. 공동체적 존재인 인간은 다만 다른 사람을 타자로만 보는 것이 아니라 그와의 상호작용에 따라 자신을 형성한다. 여기에는 다른 생명체는 물론, 역사와 문화의 영향을 받고 또 자신의 이해에 따라 그것을 이루어가는 과정이 포함된다. 인간은 이렇게 이중적 관계를 통해 상호작용하는 존재다.

뿐만 아니라 인간은 자연적 생태계를 넘어 우주 전체와도 관계를 맺는다. 인간은 관계 안에서 살아가며 그 안에서 자신을 이해하고, 또 그렇게 형성된다. 그렇기에 인간은 궁극적으로 관계 맺음의 상호작용 안에서 관계의 규범을 지니는 존재라고 말할 수 있다. 여기서 말하는 규범norm이란 윤리적 덕목이나 도덕 규칙이 아니라 차라리 타자에 대한 관계와 의미, 그에 따른 책임까지도 포함하는 개념이다.

자본주의가 과잉으로 작동하는 현대 사회의 가장 큰 잘못은 인간이 지닌 타자에 대한 규범을 상실한 데서 생긴다. 그 타자에는 다른 사람뿐 아니라 다른 생명체와 자연, 역사까지도 포함된다. 현대는 인간이 지닌 역사적 책임과 규범은 물론 근대에서는 윤리적 대상조차 되지 않았던 동물윤리와 생태윤리, 심지어 우주적 규범까지도 문제시하는 시대다.

이러한 윤리와 규범, 자유와 책임은 결코 도덕 규칙이나 당위적 선언이 아니다. 그래서 현대의 문화적 상황에서 개별적 차원을 넘어선 관계적 측면에서 진리와 정의, 규범 등을 고려하는 것은 인간이 인간답게 사는 데 있어 반드시 필요한 작업이 될 수밖에 없다.

이런 규범을 위해 필요한 것은 자신을 넘어서고 극복할 원리를 어떻게 내면화하는가에 달려 있다. 그것은 인간에 대한 믿음과 인간에 대한 의미 규정이 있어야 가능하다. 이러한 의미는 삶의 세계에서 주어지는 것ethos과 인간과 역사에 대한 실존적 열정pathos이 함께 어우러질 때 올바로 결정될 것이다.

의미 있는 현재를 만들기 위한 노력

인간에게는 본성적으로 자신을 되돌아보는 특성이 있다. 그런 의미에서 인간은 성찰reflexion적 존재라고 말할 수 있다. 성찰이란 말은 빛을 자신에게 되비추는 행위를 뜻한다. 그 빛은 인간이 존재의 의미에 따라 결단한 것, 즉 인간이 자신의 온몸으로 결단한 궁극적인 의미다.

존재 의미를 결단한다는 것은 '있다는 것'의 의미를 어떻게 근원적인 관점에서 설정하는가에 관한 문제다. 인간은 이렇게 결단한 존재 의미의 빛을 현재에서 행하는 모든 행위의 기준으로 설정하게 된다. 성찰이란 이렇게 설정하는 행위를 가리킨다.

이렇게 볼 때 우리는 인간이란 근본적으로 자기성찰적 존재라고 말할 수밖에 없다. 인간의 모든 생각과 행동, 가치판단의 밑바닥에는 이 근본적 자기결단의 빛이 존재하기 때문이다. 이런 자기결단의 빛을 설정하는 행동 없이 인간은 인간일 수 없다. 인간은 본질적으로 이러한 성찰적 특성에 따라 살아가는 존재다.

그렇기 때문에 인간을 이해하기 위해서는 성찰적 특성에 대한 해명과 함께 이것이 이루어지는 내적이면서 초월적인 면이 어떻게 상호작용하는지 살펴보지 않을 수 없다. 성찰은 나의 내면에서 이루어지면서 동시에 나를 넘어선다는 측면을 지니기 때문이다.

개인의 삶은 그 사람이 어떠한 미래를 꿈꾸는지에 따라 달라진다. 오늘의 삶은 내일을 향한 것이기에 꿈꾸는 미래가 현재의 방향을 결정하고, 미래를 결정하는 오늘에는 지나간 삶의 경험과 기억이 자리한다. 그래서 현재에는 꿈꾸는 미래와 기억하는 과거가 같이 공존한다.

그 현재는 미래와 과거가 만나는 지금이기에 현재의 삶은 과거를 돌아보고 미래를 꿈꾸는 자리라는 점에서 해석과 결단의 순간이기도 하다. 과거의 경험과 기억을 객관적으로 바꿀 수는 없지만 현재의 해석에 따라 과거의 의미는 달라진다. 따라서 과거는 닫힌 시간이 아닌, 현재에 의해 끊임없이 해석되는 열린 시간이다.

미래 역시 경험의 해석과 꿈꾸고 결단하는 현재에 의해 만들어짐과 동시에 현재를 해석하고 결단하는 틀로 작용한다. 이처럼 현재의 삶은 과거와 미래가 만나는 순간이며, 과거의 성찰과 미래의 결단이 함께 이루어지는 터전이다. 이런 특성은 사회에도 마찬가지로 적용된다. 때문에 성찰하고 결단하는 현재가 없는 사회는 올바르게 나아가지 못한다.

실존적 차원에서든 사회적 차원에서든 이러한 성찰과 결단의 작업을 수행하는 것은 지성의 몫이다. 개인이든 사회이든 이러한 지성적 작업은 반드시 필요하다. 우리는 누구나 예외 없이 이를 위한 지성을 지니고 있을 뿐 아니라, 인간으로서 이런 행위와 삶을 이끌어 가야 할 근본적인 의무가 있다.

문제는 신자유주의의 광풍이 몰아친 이래 개인은 물론 우리 사회에서도 이러한 지성의 작업이 사라졌다는 데 있다. 오히려 오늘날 지성은 더 심하게 사라지고, 억압되기까지 한다. 지성이 사라진 사회는 전체주의와 무사유無思惟의 음울함만이 남게 될 것이다.

여기서의 지성은 결코 지식을 찾는 능력이나 그 결과를 말하는 것이 아니다. 지성은 다른 삶과 함께하고, 그들과 같이 느끼는 마음과 감성이며, 미래를 꿈꾸고 결단하는 의지까지 포함하는 개념이다. 우리에게는 타자와 함께하는 감성, 성찰하고 해석하는 이성은 물론 미래를 결단하는 의지를 담은 지성이 필요하지만, 그럼에도 현대 문화는 이런 지성을 심하게 억압하고 배제한다.

이런 현상은 경제성장이란 허상과 경쟁이란 이름으로 속도를 더하고 있다. 그래서 사익과 욕망에 허덕이는 세력들은 이러한 과제를 무시한 채 소유의 허상에 쫓긴다. 자신의 성공에 오만해하면서 지금 가진 것과 더 많은 것을 위해 돌진할 뿐이다.

그들은 지금의 결과를 고착시키려 한다. 게다가 그 결과가 잘못된 과정의 산물일 가능성도 무시하고 그 폭력적 결과를 수정하려는 생각은 물론 고통 받는 이들을 돌아볼 마음도 갖고 있지 않다. 그들에게서 사람과 함께하려는 인간적 감성을 찾기란 불가능할지도 모른다. 그들의 욕망과 오만함은 결코 이러한 지성의 의미를 알려 하지 않는다.

반대로 이것을 경고하고 비판해야 할 이들은 한 줌의 신념에 갇혀 지성의 과제를 무시하고 있다. 그들은 결코 이루어질 수 없는 꿈을 맹목적으로 주장하지만 자신이 지닌 좁디좁은 이념의 망상에 빠져 진정 필요한 지성의 과제를 못 보고 있는 것이다.

어떤 경우든 결과와 과정, 현실과 이념 사이의 모순을 중재하고 수정해야 할 지성의 의무는 무시되고 있는 것이 사실이다. 인간의 삶과 역사는 이러한 모순과 씨름하면서 더 나은 삶과 사회를 만들어가는 노력의 과정이고, 그러한 대결이 펼쳐지는 과정의 현재임을 이 시대는 알지 못한다.

현재는 역사의 경험과 결단할 미래가 담긴 자리이며, 그 역사와 미래가 만나는 터전이기도 하다. 이 과정에서 감성과 이성이, 초월을 향한 정신이 함께 작용하기에 우리는 이를 넓은 의미에서 지성이라 부른다. 인간이 의미 있는 현재를 만드는 일은 이러한 지성이 있어야만 가능할 것이다.

지성은 우리의 현재를 성찰한다. 지성은 과거를 존재의 빛으로 새롭게 해석하여 그것에 의미를 부여하고, 미래를 미리 결단하여 기획하며 그것을 위해 현재의 삶을 바꾸어놓는다. 이렇게 설정한 현재가 인간이 인간답게 살아가는 '지금'이라는 시간과 '여기'라는 공간이다. 현재는 인간이 성찰한 지금이며, 인간의 자기이해가 비춰지는 거울이기도 하다.

7장

자연의 거울

자신의 죽음을 알고 그 죽음에 대한 생각 때문에
현재의 삶을 바꿔놓는 존재는 인간밖에 없다.
이렇게 인간이 지닌 의미와 실존을 제외한 채
어떻게 인간다운 인간을 이해할 수 있겠는가.

01
자연적
존재로서의 인간

·······

자연과학으로 본 인간

'인간은 언제 인간이 되었는가'라는 질문에 자연과학은 어떤 대답을 할까? 자연과학은 인간을 자연의 거울로 비춰 본다. 거기에 비춰진 것은 종교나 인문학, 철학과는 또 다른 모습이다. 자연과학 가운데 에서도 인간의 기원과 본성에 대해 연구하고 그에 대한 지식과 진리 를 추구하는 학문의 예로 인류학과 진화생물학을 들 수 있다. 이에 따르면 현재와 같은 인간은 '호모 사피엔스 사피엔스Homo sapiens sapiens' 라 불리는 일단一團의 호미니드에서 진화했다고 말한다.

우리는 아프리카 동부 사바나 지역에서 진화하던 호미니드에서 약 15만 년 전 분기分岐한 인간 종을 선조로 하여 비로소 인간으로 탄생했다. 인간은 약 500~600만 년 전 현재의 침팬지와 공동의 조상에서 갈라져 나와 진화했는데, 그럼에도 그 사이 현생 인류와 가까운 친척 종은 모두 멸종했고, 오스트랄로피테쿠스Australopithecus라 불리는 종에서 진화한 이들이 현재의 인류이자 우리 자신이다.

네안데르탈인Neanderthal man은 현재의 우리 조상과 가장 가까운 인류였지만 이들은 약 4만 5000년 전쯤 멸종했다고 한다. 우리와 생물학적으로 가장 가까운 종은 침팬지다. 그럼에도 많은 사람들이 생각하는 것처럼 우리가 침팬지와 같은 원숭이 종에서 진화한 것은 아니다.

자연과학적 설명에 근거하여 우리는 우리 자신을 이해할 수 있을까? 분명 인간은 진화해온 것이 사실이다. 설사 종교적인 창조나 또는 영혼의 문제에 대해 중립적 입장을 취할지라도 우리는 인간을 인간답게 하는 어떤 다른 특성이 있다는 사실을 인정하지 않을 수 없다.

인간과 가장 가까운 생물학적 종인 침팬지와 우리는 거의 동일한 생물학적 특성을 지닌다. 생명체를 생명체이게 만드는 요소의 경우 우리는 침팬지와 99% 정도의 유전체를 공유한다. 또한 도구나 초보적인 언어를 사용하는 것은 물론 어머니와 형제에게서 느끼는 감정이나 권력 투쟁, 심지어 남을 속이기까지 하는 면에서 침팬지는 인간과 큰 차이가 없다. 침팬지와 인간이 공유하는 이런 특성에 대해서는 이미 수도 없이 많은 보고들이 나와 있다. 가까운 예로 한평생을 침팬지 연구에 바친 제인 구달Jane Goodall의 보고를 참고할 수 있다. 『인간의 그늘에서』(2001)와 『제인 구달 침팬지와 함께한 50년』 (2011) 등은 그녀의 기록을 담은 책이다.

인간은 유전자를 전달하는 생존 기계인가

전통적으로 철학은 인간을 정신적 존재로 간주했다. 육체에 매여 욕망에 빠져 있는 사람을 경멸하고, 정신적으로 고귀한 사람을 우러러보는 문화는 이런 사실을 잘 보여준다. 동서양을 막론하고 이런 전통은 크게 다르지 않았다. 비록 그 정신을 동아시아 세계와 달리 서구에서는 이성으로 이해했다는 차이가 있지만 말이다. 플라톤과 아리스토텔레스는 물론 그 이후의 전통은 말할 것도 없고 근대의 데카르트나 칸트, 헤겔 등도 예외는 아니다.

근대의 계몽주의 역시 인간을 이성적 존재로 정의하고 그 이성을 사용하는 데서 계몽의 정신을 찾았다. 근대 세계는 이런 계몽의 정신에 따라 체계화되었으니, 우리 시대를 이성의 시대라 하는 것도 과언은 아니다. 인간은 과연 정신적 존재이고 육체는 플라톤의 말처럼 단지 이성의 감옥에 지나지 않는 것일까?

과연 인간은 육체적 요구를 억제한 채 이성적이며 고결하게 살아야 할까? 학문과 전통은 그렇게 말하고 있을지 몰라도 현재의 문화는 그렇지 않은 듯하다. 범람하는 성형수술과 아름다움을 위한 처절한 노력, 날씬한 몸매를 추구하는 우리 문화는 전혀 다른 이야기를 하고 있다. 인간은 몸을 지닌 존재다. 이 몸적인 조건을 사소한 것으로, 또는 열등하고 억압해야 할 것으로 간주할 때 과연 인간은 전인적 존재로 자리할 수 있을까?

우리의 경험은 이와 반대로 이야기한다. 몸의 조건과 상황은 마음과 정신을 지배한다. 전통은 정신을 강조하고, 육체적 조건을 억압하거나 그 욕망을 감추는 데 주력했다. 몸적 차원에서 생겨나는 욕망의 힘과 그 역기능은 너무도 강했기에 그것을 제어하려는 흐름을 이해할 수는 있다. 그럼에도 당위적 목표에 따라 있을 수밖에 없는 조건을 왜곡시키는 것은 진리일 수 없다.

현대 철학에 이르면 이런 조건을 진지하게 받아들이는 경향이 두드러지게 나타난다. 메를로-퐁티의 '몸 현상학'은 물론 몸의 철학이나 생물적 조건을 진지하게 수용하려는 여러 철학적 경향이 점차 더 큰 설득력을 지니게 된 것이다. 몸적 조건을 진지하게 받아들인다면 인간을 자연의 거울에 비춰진 존재로 이해하는 것은 당연한 결론일 것이다. 그럼에도 이 거울은 보이는 것을 그대로 보여주는 거울이 아니다. 인간은 생물학적 존재이지만, 이런 사실만을 일면적으로 강조하여 정신과 마음을 자연주의적으로 해석하거나 환원시키는 오류는 피해야 한다.

자연주의란 자연에서 일어나는 현상을 근거로 하여 인간에 관한 해석을 하거나 그러한 규범을 설정하는 경향을 말하는데, 이것은 명백히 잘못된 것이다. 인간은 자연 이상의 존재이기 때문이다. 그럼에도 오늘날 인간을 이렇게 이해하는 경향은 타당하게 받아들여져야 할 것이다. 자연의 거울은 있는 모습을 그대로 반사하지만은 않는다. 이 거울은 거울에 비춰진 거울을 비추고 있다.

인간을 생물학적 존재, 자연의 거울로 규정할 때 진화생물학은 이런 조건을 이해하는 데 결정적 역할을 한다. 다윈C. Darwin의 진화론과 이후의 진화생물학이 이룩한 혁신적인 발전은 물론 오늘날 크게 범람하는 뇌과학, 진화심리학 등은 그들이 주장하는 지식이 인간에 대한 사실적 진리라고 역설한다. 인간을 유전과 진화의 관점에서 이해하는 계기를 제공한 것은 무엇보다 1859년에 출간된 다윈의 『종의 기원』이었다.

이것은 이후 1865년에 발표된 멘델G. Mendell의 유전법칙과 결합되어 오늘날 신다윈주의와 함께 현대의 분자생물학으로 발전하였다. 이러한 연구결과는 인간에 대한 이해를 전면적으로 변화시키기에 충분했다. 고대 플라톤 이래의 인간 이해는 물론, 인간의 본성과 연관되어 동아시아 세계에서 논의되던 인성론적 전통은 뒤켠으로 물러난 것이다.

생명과학의 발전이 인간 이해를 변화시키고, 인간을 유전적 층위로 바꾸어 놓은 결정적 계기가 있다면 1953년 크릭F. Crick과 왓슨J. Watson의 'DNA 이중나선구조'에 대한 연구일 것이다. 이 연구는 인간이 30억 개의 염기쌍과 3~4만 개의 유전자에 담긴 단백질

정보가 만들어낸 존재임을 밝혔다. 이 유전자의 염기서열을 밝힌 2001년의 인간게놈프로젝트Human Genome Project와 이에 대한 해명을 통해 눈부시게 발달한 진화생물학은 마침내 인간을 유전정보에 따라 해명할 뿐 아니라, 유전자를 조작하고 변형하는 유전공학 시대에까지 이르게 했다.

이런 변화가 인간 이해에 미친 영향을 단적으로 보여주는 사람은 프랑스의 생화학자 모노J. Monod다. 그는 『우연과 필연』(1971)을 통해 초기 미시적 차원의 생화학적 과정과 진화라는 우연적 사건이 합쳐져 거시적 차원에서의 필연적 과정이 되었고, 이런 과정이 결국 오늘날 인간을 비롯한 생명체로 이어졌다고 주장했다.

이제 인간이란 존재의 필연성은 거부될 뿐 아니라, 그 존재의 의미와 목적성조차 다만 우연적인 것에 지나지 않게 되었다. 인간은 역사 이래 어쩌면 당연시했던 '신의 형상'에 따라 창조된 존재, 신의 대리자라는 자리를 빼앗기게 된 셈이다. 그래서 모노는 위의 책에서 "더 이상 우주는 인간의 생명의 노래에 귀 기울이지 않는다"라고 말한다. "인간의 운명이나 의무는 아무 데도 기록되어 있지 않다. 위에는 왕국이, 발밑에는 암흑의 심연이 가로놓여 있을 뿐이다."

인간은 더 이상 하늘을 우러러보며 경배와 찬미, 의미를 찾을 수 없고, 우연과 무의미로 가득 찬 이 땅에서 절대적 무와 마주할 뿐이다. 이제 인간은 이 우연적 생명의 결과로서 자신의 운명과 의미를 스스로 결정해야만 한다고 말한다. 인간을 DNA의 이중나선구조와 진화의 결과물로만 이해한다면 이런 결론은 당연할지도 모른다. 이제 의미와 아름다움, 서로에 대한 믿음, 더 큰 존재에 의탁하면서 내일을 향해 가던 인간의 삶이 한낱 생화학적 구조물과 진화의 결과로 간주되고 있으니 말이다. 이때 인간은 이 무無의 우주에서 어떤 의미를 찾을 수 있을까?

인간이 추구하던 가치, 앎과 의미, 사랑과 평화, 또는 그 어떤 의미로 충만했던 세계는 사라지고 다만 우연과 무의미, 허무만이 그 자리를 채우게 되었다. 기뻐하거나 슬퍼하고, 고뇌하거나 갈등하면서 그 안에서 사랑과 의미를, 아름다움을 노래하던 실존적 삶이 그저 진화와 유전의 부수적 현상에 머무르게 된 것이다. 인간은 핑커의 말처럼 단지 "생존과 번식을 위한 정보 전달체"이고, 그를 위한 "연산기관"에 지나지 않으며, 또 다른 진화생물학자 도킨스R. Dawkins 의 주장처럼 유전자를 전달하는 생존기계쯤으로 하락되기에 이르렀다. 그러나 과연 이런 생각이 진실이란 말인가.

진화생물학적 관점에도 다양한 해석의 차이가 있다. 모노의 동료였던 노벨 생리학상 수상자 자콥F. Jacob은 인간을 자연과 문화라는 두 요소가 결합된 존재로 이해하려 한다. 인간은 '핵산과 기억, 욕망과 단백질의 가공할 혼합물'이란 말이 그의 주장이다. 인간은 분명 자연적 존재이고, 유전적 차원에서 움직이는 생명체임에 틀림없다. 그럼에도 인간은 그러한 생물적 요소를 넘어서는 다른 차원의 원리와 요인들을 갖고 있다.

과연 인간은 생물학적 조건 위에 문화적 요소가 덧붙여진 존재일까? 오히려 이 두 요인이 상호작용하면서 살아가는 존재이자 과거를 새롭게 해석하고 그를 통해 내일을 결정하며, 과거와 미래를 성찰적으로 해석하는 현재에 사는 존재가 인간이 아닐까? 인간의 생물적 조건은 필연적이지만, 그것만이 인간을 만드는 것은 아니다. 과연 그 이상의 요인은 무엇일까?

02
진화생물학과
인간의 본성

·························

—

진화론이 바꿔놓은 것들

다윈의 진화론과 그 이후 진화생물학의 놀라운 발전이 인간 이해에
미친 영향은 그 어떤 철학이나 종교보다 강력하다. 아마도 진화론
만큼 지성사에 막강한 영향을 미친 이론은 찾아볼 수 없을 것이다.
인간에 대한 이해의 변화는 물론 심지어 학문 자체도 다윈 이후 새
롭게 설정되었기 때문이다.

　유명한 진화생물학자인 도브잔스키T. Dobzansky는 "생물학에서 진
화라는 관점을 제외하면 그 어떤 것도 의미를 갖지 못할 것"이라고
말한다. 하버드 대학교의 진화생물학 교수였던 굴드S. Gould는 "다윈
이후" 우리는 모든 학문과 종교, 윤리와 미학, 심지어 문화와 사회적

인 것까지 새롭게 규정하고 정의해야 한다고 이야기한다.

이는 결코 지나친 말이 아니다. 오늘날 학문의 흐름과 사회와 문화에 미친 진화론과 진화생물학적 이론이 미친 영향을 조금이라도 살펴보면 이런 사실은 불 보듯 명확하기 때문이다.

지식론, 윤리학, 미학은 물론 심지어 철학적 신론에서도 진화론 이전과 이후는 명확히 구분된다. 오늘날 전통적인 인문학적 주제와 철학의 고유한 문제들조차 진화생물학의 연구결과에 따라 전혀 새로운 방향으로 나아가고 있다. 단적인 예가 윌슨의 '사회생물학과 통섭 논의'일 것이다. 그 외 진화심리학과 뇌과학의 발달은 명백히 생물학적 차원에 제한시켜 인간을 이해하게 만든다. 인간의 행동은 물론 마음과 정신까지도 과학의 영역에서 논의되어야 한다는 것이다. 이런 연구결과에 바탕을 두지 않은 인간 이해는 허수아비이거나 오류라는 주장도 등장했다.

인간은 물론 자연의 결과다. 그럼에도 거듭 말할 수 있고 말해야 할 사실은 인간은 일면적 의미에서 이해하는 자연의 거울이 아니란 것이다. 인간이 지닌 인간다움과 철학적 층위는 결코 부수적으로 주어진 것이 아니다. 아니, 이런 요소들이 명백히 진화 과정 없이 생겨난 것은 아닐 테지만, 그럼에도 인간은 그 모두를 모아 새롭게 해석하고 의미를 부여함으로써 인간으로 자리한다. 존재 의미나 초월 등의 주제와 그러한 지평을 제외하고서는 인간에 대한 논의가 불가능한 이유는 이 때문이다. 어떤 경우라도 인간이 존재론적 동물이며 초월적 존재란 사실을 부정할 수는 없다. 우리의 일상적 삶의 경험이 그것을 말해준다.

인간을 자연의 거울로 해석하는 또 다른 진화생물학적 인간학으로는 사회생물학을 거론할 수 있다. 사회생물학은 윌슨을 통해 하나의 학문으로 체계화되었다(『사회생물학』, 1975, 『인간본성에 관하여』, 1978). 윌슨은 인간의 사회생활에 따른 관계, 권력이나 성sexuality은 물론 이타주의와 종교, 희망의 문제 등에 대해서도 이런 관점과 연결 지어 설명한다. 즉, 진화라는 사실적 요소를 사회·문화적인 맥락에 따라 해명하면서, 인간의 본성이 진화 과정에서 사회생활을 하는 집단에 적합하게 형성되었다고 주장하는 것이다.

그는 사회적 생활을 하는 동물의 행동생태학을 연구하는 가운데 인간을 포함한 이들의 사회적 행동이란 결국 진화의 과정에서 생긴 결과물, 다시 말해 자연선택을 거쳐 종의 생존 과정에서 형성된 것이라고 말한다. 인간의 행동은 물론 본성까지도 진화생물학적 차원에서 이루어지는 생존전략과 번식경쟁의 결과이기에 그것은 사회적 생활, 집단생활을 하는 종에 적합하게 진화했다. 그러므로 인간 이해는 그러한 차원으로 환원시킬 때 가장 잘 해명된다고 주장한다.

한 걸음 더 나아가 윌슨은 근대 철학 이후 여러 다양한 분과학문으로 분화된 여러 학문 체계를 진화생물학의 원리에 따라 통합하고자 한다(『통섭』, 1998). 철학, 윤리학, 미학과 종교학조차도 진화생물학적 원리에 따라 새롭게 정립되어야 한다. 그는 이러한 학문과 신의 존재까지도 긍정하지만 그것은 어디까지나 생존에 필요하기에 선택된 요소라고 말한다. 진화생물학의 관점에 의하지 않고서는 그 어떤 것도 사실이 아니며, 그에 따라 해석할 때 인간의 모든 것을 아주 자연스럽고 필연적으로 설명할 수 있다는 것이다.

이런 경향은 사회과학을 넘어 인문학 분야에서도 매우 폭넓게 퍼지면서 강력한 영향력을 행사하고 있다. 예를 들어 미국의 종교학자인 티한J. Teehan은 『신의 이름으로』(2010)에서 "신을 찾는 본성은 진화적 결과물"이란 주장과 함께, 신과 인간의 관계에 대해 성서에 적힌 수많은 이야기와 십계명을 비롯한 신의 명령은 진화론적 관점에서 형성된 것이라고 주장한다. 이는 성서에 나타난 모순들, 폭력의 문제 역시 진화 과정에서 생겨난 불가피한 일들을 그 과정에서 성립된 것으로 해명하려는 시도다.

뉴질랜드의 영문학자 보이드B. Boyd의 『이야기의 기원』(2009) 역시 예술과 종교는 진화 과정에 적응하는 데 있어 중요한 체계라고 말하며, 그런 관점에서 이야기와 놀이하는 인간의 본성을 진화론적으로 풀어낸다. 결국 진화론적 관점에서의 생존과 적응이란 틀을 벗어나서는 그 많은 서사를 이해할 수 없다는 것이다.

진화론적 생명과학의 지식은 해석을 필요로 한다. 그 지식은 결코 가치중립적으로 제시되는 객체적 지식이 아닌, 사회윤리학적 차원에서 얼마든지 자의적으로 적용될 수 있는 지식이다. 우생학eugenics을 인종주의적으로 해석하고 정치적으로 악용했던 나치즘이나 미국의 우생학이 거세법과 인종차별적인 이민법에 악용된 것이 대표적 사례다. 초기 다윈주의를 사회해석에 적용한 사회다윈주의Social Darwinism는 이민제한법, 불임법과 흑인법Black codes을 정당화하는 철학적 근거로 악용되었다.

유전학에 기반한 사회 체계의 변화도 현대 사회에서 보게 되는 이런 폐해의 단적인 결과다. 유전정보의 차이에 따른 취업, 해고, 보험 가입 거부 등과 같이 그것을 악용하는 사례들은 여전히 아주 심각한 사회적 문제로 작동한다. 그것이 얼마나 심각한지는 미국에서 제정된 '유전정보 차별금지법'이 역설적으로 보여준다. 그렇기에 객관이란 옷을 입은 지식과 학문 역시 그것을 어떻게 해석하고 적용하는지에 따라 전혀 다른 결과를 낳을 수 있다. 이에 대한 반성은 지식을 추구하는 인간에게 매우 중요한 작업임을 잊지 말아야 한다.

이처럼 인간이 유전적 차원에서 결정되어 있다거나 그런 차원으로 환원시켜 이해하려는 생각은 DNA 이중나선구조를 발견한 크릭과 왓슨에서 비롯되었다. 그들은 유전자가 단백질을 만들고 단백질이 인간의 몸을 만든다는, 이른바 '중심원리'에 근거한 결정론을 주장했다. 그러나 유전자 결정론과 유전자 환원주의는 이미 생명과학 내부에서도 여러 가지로 비판되면서 수정되었다. 이러한 계기를 마련한 이론의 예로는 무엇보다도 호메오박스(homeobox, 조절유전자)의 역할, 후성유전자에 대한 자각 및 유전자의 발현은 환경과 상호작용하는 가운데 이루어진다는 논의 등을 들 수 있다.

인간의 본성은 그저 유전자에 쓰여 있거나 그러한 차원으로 환원될 수 있는 것이 아니다. 유전자의 발현이 환경과 상호작용한다는 말은 환경을 어떻게 이해하느냐에 따라 매우 다양한 해석이 가능하다. 우리의 몸적 상태는 물론 의식과 문화, 심지어 생각조차 환경으로 작용할 수 있다. 또한 후성유전학의 경우 유전자가 발현하는 규칙이 이런 측면을 '내가 먹는 것이 곧 나다'라는 명제를 내세우고 있기도 하다. '먹는 것이 삼대를 간다'라는 말 역시 이런 생각을 반영한 것이다.

예를 들어 진화생물학자 후쿠오카 신이치福岡伸一는 그의 저서 『동적 평형』(2010)에서 학문과 배움의 이유를 자유로움에서 찾고 있다. "우리가 배우는 이유는 우리를 규정하는 생물학적 제약으로부터 자유로워지기 위해서다." 진리가 인간을 자유롭게 한다고 하지 않았던가. 인간의 성찰적 행위와 지적 활동은 인간에게 해방과 구원을 준다. 비록 종교적으로 혹은 신적 존재에 의해 이루어지는 것은 아니지만 그것은 자연의 굴레와 결정론의 억압에서 해방시키고 무지와 소외에서 우리를 벗어나게 하는 구원이다.

진리가 우리에게 자유를 주는 것은 분명한 사실이다. 그렇다고 이 말이 생각하지 않는 자와 공부하지 않는 자에게는 구원이 없다는 식의 현학적 오만함을 내비치려는 것은 아니다. 이해하며 해석하는 행위는 공부하는 것이며, 인간에게 자신을 비춰보게 하는 근원적인 거울이다. 그런 행위가 우리를 존재하게 하는 본질적인 이유가 아닐까? 살아 있다는 것은 무언가를 이해하고 있다는 말이며, 인간이라면 누구나 매 순간 어떻게든 자신의 존재에 비추어 해석하면서 살아가지 않는가.

또한 신이치는 자연이란 결코 우리와 구별된 독립된 실체가 아님을 강조한다. "우리가 지금 보는 세계는 있는 그대로의 자연이 아니라 형태가 바뀐 것이다." 변형되었다는 말은 자연이 독립된 사물이 아니라 "뇌의 특수한 조작"에 따라 이해되는 것임을 뜻한다. 그는 생명활동이란 "아미노산이라는 알파벳에 의해 끊임없이 되풀이되는 애너그램anagram"이라고 말한다. 애너그램이란 이미 있는 단어의 철자 순서를 바꾸고 조합하여 새로운 의미의 단어를 만드는 놀이다.

즉, 이 말은 생명이 '이미 있었던 생명이 살아가는 과정을 거치면서 조합시켜내는 새로운 생명'임을 뜻한다. 인간 역시 생명이기에 이러한 과정을 거쳐 생겨났고, 또한 그러한 과정을 거쳐 새로운 생명으로 거듭나게 되는 것이다. 다만 인간은 다른 생명과 달리 이 새로운 과정을 삶으로 이해한다. 인간은 자신의 삶을 이해함으로써 자신의 삶과 생명을 만들어가는 생명체다.

—

진화심리학으로 본 인간의 마음

진화심리학은 인간의 마음을 다원주의의 관점에서 이해해야 한다고 주장한다. 인류학자 투비J. Tooby와 심리학자 코즈미디스L. Cosmides

는 인간의 행동은 유전자와 직접 관련되는 것이 아니라 행동의 기초가 되는 심리적 메커니즘이 유전자와 관련을 맺는 가운데 표현되는 것이라고 주장하며 1992년 진화심리학^{evolutionary pscychology}이라 불리는 새로운 이론 체계를 정립했다. 진화심리학은 인간의 행동이 근거한 "심리적 메커니즘이 유전자와 직접 관련"된다고 말한다. 마음은 진화적 메커니즘에 의해 형성된 것으로, 생존과 번식 전략에 따라 구체적인 모습으로 결정된다.

진화심리학은 우리 마음을 진화의 결과로 해석한다. 마음이란 결국 뇌의 움직임에 의한 것, 뇌의 화학적 작용에 지나지 않는다. 이것은 마음을 "연산기관들로 구성된 하나의 체계이며, 그 연산기관들은 진화의 과정, 특히 식량채집 단계에서 인류의 조상이 부딪혔던 문제들을 해결하기 위해 자연선택이 설계한 것"으로 이해하는 관점이다.

핑커의 말처럼 인간의 마음은 생존과 번식을 위해 생겨난 연산기관에 지나지 않는다. 그래서 이들의 이론은 인간의 본성에 대한 논의에서 오랜 주제였던 '타고난 본성과 경험에 의해 형성되는 특성'에 대한 논의는 물론 영육이원론 등 전통적 철학의 영역을 과학이란 이름으로 강력하게 재편하고 있다.

인간의 본성을 이타주의와 이기주의로 해명하는 도식이나 성에 관한 생각이 인간에게 미치는 엄청난 영향 등에 대한 해명은 이런 사실을 잘 보여준다. 생존과 번식을 위한 존재인 인간에게 있어 자신의 존재를 염두에 두는 이기성과 성의 문제가 가장 강력한 행동의 동기가 된다는 사실은 틀림없는 듯하다.

같은 맥락에서 인간의 심리와 뇌를 연구하는 가자니가는 인간의 진화생물학적 측면을 수용하면서도 인간을 인간이게 하는 그 이상의 현상에 주목한다. 그는 인간은 "다른 동물과 동일한 화학물질로 구성"되며 "동일한 생리적 반응을 보이지만" 그럼에도 동물과 매우 다르다고 말한다(『왜 인간인가』, 2008).

이 말은 이른바 인간을 인간이게 하는 위상 이동의 가능성을 언급한 것이다. 사람을 동물이 아닌 인간답게 만드는 데는 어떤 현상이 작용하는 것일까? 인간에게는 침팬지나 다른 유인원과 근본적으로 구별되는 특성이 있는 것일까? 아마 인간이라면 그렇게 믿고 싶어 할 것이다. 인간을 인간이게 하는 것이 있기나 한 것일까? 만약 있다면 그것은 과연 무엇일까?

03

진화생물학을
넘어선 인간

....

—

포스트휴머니즘은 가능한 것일까

현대의 유전공학적 발전에 따라 몇몇 철학자들은 이런 지식을 기반
으로 인본주의 이후의 인간 이해에 대한 논의를 전개한다. 포스트
휴머니즘posthumanism이라 불리는 이 경향은 인간과 동물의 존재론
적 차이를 유지하면서도 그 존재적 동일함을 주장한다.

　예를 들어 슬로터다이크는 『인간농장을 위한 규칙』(1999)에서 자연
적 조건을 넘어서는 인간성에 대해 역설한다. 그는 생명공학적 연구
를 통한 인간의 존재적 변화와 전환을 긍정하면서 이를 통해 인간
은 더 나은 존재로 전환할 수 있고, 또한 그렇게 해야 한다고 주장
한다. 이른바 〈엑스맨X-Men〉 시리즈의 학문적 재판再版인 셈이다.

돌연변이 인간이 초능력을 지닌 새로운 인간으로 진화하는 과정에서 일반인과 겪는 갈등과 다툼을 그린 〈엑스맨〉 시리즈는 2000년 개봉한 이래 올해까지 벌써 여섯 편이 제작되었다. 비록 만화 같지만 새로운 인간상에 대한 감추어진 동경은 물론 그에 대한 두려움과 소외, 갈등 등의 문제가 이 영화가 연속적으로 제작되는 숨은 동기라고 말하면 지나칠까.

앞에서 보았듯이 슬로터다이크는 근대의 계몽주의적 전환에 따른 현대 문화의 허무주의적 상황을 극복하는, 냉소주의에 찬 실존주의적 좌파의 철학을 강조했다. 그의 포스트휴머니즘 주장은 이런 논지를 이어가고 있는 셈이다.

이 냉소주의는 과학기술로 잊혀가는 존재론적 의미에 대한 '계몽된 허위의식'일지도 모른다. 『인간농장을 위한 규칙』에서 그는 인권이나 인간 해방 같은 근대적 인간주의의 철학이 아닌, 인간의 미디어화에 따른 포스트$_{post}$ 문자적인 철학과 유전적 변형을 거친 포스트휴머니즘의 철학에 대해 이야기한다. 휴머니즘의 숨은 주제 역시 계몽에 의한 '인간 길들이기'였다면, 그 철학도 결국 인간을 자연에서 벗어나 자연 바깥 혹은 위에 군림하게 만들었다. 인간의 의미란 관점에서 보면 계몽주의 역시 허위적이기는 과학기술과 다를 것이 없는 것이다.

서구의 형이상학적 휴머니즘은 생명공학의 출현으로 인해 근본적으로 변할 것이고, 그래서 포스트휴머니즘은 인간으로 하여금 다시금 자연으로 돌아가게 할 것이다. 과학기술 시대의 실존적 자기해명의 철학은 진화생물학적 지식과 함께하면서 새롭게 전개되어야 한다. 그런 맥락에서 현대의 문명은 '장기적으로 인류의 특성을 유전적으로 변화시키는' 과정으로 진행될지도 모르고, 생명공학의 그러한 발전은 근대의 휴머니즘적 혁명을 넘어서는 포스트휴머니즘으로 이어질 수도 있음을 예고한다. 이럴 때 인간에 대한 학문으로서의 철학은 생명공학의 윤리와 함께 정보기술의 사회로의 전환을 성찰해야 한다.

정보과학기술을 거론하는 경향 역시 포스트휴머니즘 내의 강력한 흐름 중 하나다. 여하튼 현대의 과학기술에 따라 인간의 실존과 존재적 의미는 전통적 흐름과 현저한 차이가 날 수밖에 없다. 정말 인간은 후기 인간성의 시대로 접어든 것일까?

인간을 이성적 존재로 규정한 것이 유럽 형이상학의 가장 해로운 결과라면 그 잘못을 수정하는 길은 인간 안에 깃든 자연성을 회복하는 데 있을 것이다. 인간의 마음과 존재는 자연에서 태어나 자연으로 살아간다. 정지용이 그의 시 「향수」에서 노래했듯이 우리 마음은 "흙에서 자란"다. 그래서 새로운 사유로서의 철학이 해야 할 일을 포스트휴머니즘은 "우리의 언어 사용을 바꾸는 데" 있다는 니체의 원칙으로 연결시킨다.

슬로터다이크는 이런 맥락에서 『신약성서』의 4대 복음을 넘어 니체가 말하는 다섯 번째 복음서를 언급한다. 그 복음은 이제까지 복음이라 불렸던 모든 것과 대립한다. 다섯 번째 복음은 반대 복음이며, 현실로부터의 해방이라는 관점의 부정이 아닌, 삶의 긍정적 내용을 담고 있다. 그것은 현실의 삶에 충실한 삶 전체를 위한 해방이란 관점에서의 긍정이다.

현대의 생명과학은 인간에 대한 이해에 놀라운 지식을 제공한다. 그리고 이러한 생명과학에 근거하여 인간의 본성을 해명하려는 새로운 자연신학적 인간학도 두드러지게 나타난다. 그러한 인간학은 자연과학의 객관성이란 옷을 입고 사회생물학이나 진화심리학, 또는 학문의 통합이란 이름으로 나타나기도 한다.

이런 경향들의 공통점은 인간을 철저히 생리적 조건과 진화적 발전에 따라 규정하려는 데 있다. 그에 따르면 인간의 자유의지나 윤리와 예술은 물론, 심지어 신에 대한 믿음조차 생존과 번식에 필요하기에 가능하다. 그와 함께 이런 과학지식의 발전에 따라 인간은 자연적 차원을 넘어 새로운 인간상으로 향하는 발걸음을 떼기 시작했다.

그럼에도 이러한 생물학주의는 인간을 이해하는 데 한계가 있을 수밖에 없다. 인간은 분명 생물적 조건과 제약을 지니고 있으며, 그러한 자연사적 결과로 주어진 존재다. 그럼에도 인간은 이러한 한계적 조건을 초월하는 자유로운 존재이자 초월적 존재다. 비록 조건과 제약 속에 놓여 있지만 인간은 인간이기에 그 한계를 부단히 넘어서려 한다. 살아가는 데 필요하기에, 또 생존해야 하기에 물질과 자본, 권력과 사회적 조건에 매여 있지만 인간은 결코 자신의 자유를 포기하거나 물질에 종속된 삶을 살지 않는다. 인간은 철저히 자유롭고 의미를 찾는 존재이며, 그 이상의 자유와 아름다움, 의미를 위해 자신까지 포기하는 존재이기도 하다. 그런 한에서 인간은 인간인 것이다.

━

철학은 자연의 거울이 아니다

인간의 자연적 특성을 해명하는 데 있어 철학과 과학은 다른 길을 걷고 있다. 이들은 어떤 점에서 같고 또 어떤 점에서 다른 것일까? 신화적 세계관을 넘어 인간이 지닌 지성적 능력으로 이루어진 체계가 철학이라고 말했던 사실을 기억해보자. 철학은 인간과 다른 능력이나 어떤 인간 외적인 힘과 원리에 근거해서 이루어가는 작업이 아니라 철저히 인간의 학문, 인간을 위한 학문이다. 그와 함께 철학은 객체적 지식이 아니라 인간의 존재와 관계하여 그 지식의 의미와 근원적 토대를 밝히는 작업을 수행한다.

미국 신실용주의 철학자 로티R. Rorty는 자신의 책 『철학과 자연의 거울』(1979)에서 인간의 인식과 철학적 이해는 결코 자연을 그대로 보여주는 단편적 거울이 아니라고 말한다. 근대 철학은 인간의 인식을 정신의 거울에 비춰진 자연의 표상과 관련지어 이해하는데, 이는 잘못된 것이다. 객관적으로 확실한 인식을 위한 자연의 거울이란 거짓이다. 인간의 인식은 자연을 비춰주는 거울이 아니라, 생물학적이든 문화적이든 인간의 조건에 따라 표상되고 그렇게 결정되는 것이다. 즉, 지식과 자연에 대한 인간의 인식은 결코 거울처럼 사물에서 그대로 비춰진 것이 아니라는 주장이다.

철학이 처음 '자연의 근거는 무엇인가?'라는 질문에서 출발했음은 앞에서 말한 바와 같다. 그런데 이들 초기 철학이 자연에 대해 확정된 지식을 밝혀냈는가? 예를 들어 탈레스는 만물의 근원이 물이라고 했지만 누구는 불이라 했으며, 또 다른 이는 물, 불, 공기, 흙이란 4대 원소라고 말하기도 했다. 이외에도 초기 그리스 철학자들은 수많은 대답을 제시했는데, 과연 그 대답들은 타당한 것일까?

철학적으로 볼 때 그것은 전혀 중요하지 않다. 중요한 것은 인간이 스스로의 지성으로 이런 질문에 대답을 제시해보려 했다는 데 있기 때문이다. 철학은 자연에 대한 질문을 매개로 펼쳐간 인간 지성의 근원적 이해의 노력이라는 점에 그 본질적 특성이 있다. 이 점에서 철학과 자연과학은 같으면서도 다르다. 이러한 같음과 다름을 이해하지 못하면 철학이나 과학의 본성을 알지 못할 뿐 아니라, 인간 존재와 존재의 진리에 대해서도 무지할 수밖에 없다.

예를 들어 세계적 물리학자라 불리는 스티븐 호킹S. Hawking 박사는 우주와 물질의 현상에 대한 자연과학적 지식을 자신의 책 『위대한 설계』(2010) 한 권으로 요약해서 보여주고 있다. 그는 물리학에 대한 지식은 탁월하지만 철학에 대해서는 무지하다고밖에 말할 수 없다.

『위대한 설계』의 서두에서 그는 "자연의 근거와 현상을 설명하는 데 철학은 합당하고 타당한 지식을 확정적으로 제시하지 못했기에 이제 종말에 처해졌다"고 말한다. 호킹이 이해하는 철학은 자연에 대한 지식을 밝히는 학문, 즉 자연을 이루는 궁극의 물질에 대한 정답과 사실적인 지식을 제시하는 학문이다. 그러한 학문은 자연과학적인 지식, 이른바 객관적이며 정합적인 지식에 관계된다.

그러나 철학이 밝히고자 하는 것은 이러한 지식이 아니라 그것이 어떠한 의미를 지니고, 인간의 존재와 연관하여 어떤 지평에서 의미를 갖는가와 연관된다. 철학은 진리를 말하지만 그것은 객체적 혹은 정보적인 지식이 아니라, 인간의 존재론적 의미와 관계된 진리다. 과학이 객관적 대상에서 특정한 지식을 찾는다면 철학은 그 지식의 근거와 원리, 그 의미와 맥락에서의 진리를 말하고자 한다. 이러한 오해는 호킹이 자연과학과 연결 지어 "우주의 기원과 미래를 설명하기 위해 더 이상 신의 존재는 필요 없다"라고 말하는 지점에서 극명하게 드러난다.

인간은 생물학적 조건을 가진다. 그렇기에 지난 35억 년에 걸친 생명과 진화의 역사를 제외하고서 인간을 이해할 수 없다. 의식과 정신의 탄생은 인간을 인간답게 하는 결정적인 요소이기 때문이다. 그럼에도 이러한 요소는 생물학적 차원에 근거하기에 인간을 이해하려면 현대의 진화생물학적 연구결과를 수용해야만 한다. 그러한 연구와 그 지식을 배제한 인간 이해는 사실 허상이거나 심한 경우 거짓으로까지 판명될 것이기 때문이다.

그럼에도 분명한 것은 인간은 결코 생물학적 차원에서만 이해할 수는 없다는 사실이다. 우리가 아는 한, 자신의 죽음을 알고 그 죽음에 대한 생각 때문에 현재의 삶을 바꿔놓는 존재는 인간밖에 없다. 인간이 지닌 의미와 실존성, 역사성과 초월성 등을 제외한 채 자연적 차원에만 머물러서야 어떻게 인간다운 인간을 이해할 수 있겠는가.

/ 8 장 /

죽음의 거울

죽음은 인간을 파멸시킨다.
그러나 죽음에 대한 올바른 이해가
우리를 구원할 것이다.

01

죽음이란
무엇인가

....

—

죽음에 관한 동서양의 정의

살아 있는 모든 존재에게 가장 분명한 사실은 태어났다는 것과 언젠가는 죽어야 한다는 것이다. 죽음은 가장 확실하지만, 그 시간은 가장 불확실하다Mors certa, hora incerta. 생명에 있어 죽음이란 결코 비켜갈 수 없는 사건이며, 죽을 수 있는 것만이 살아 있다. 그래서 생명이란 죽음에 의해 규정되는 존재라고 말해야 할 것이다.

인간 역시 그러하다. 비록 일상의 삶에서 잊히고 감춰져 있으며 멀리 밀려나 있을지언정, 인간이란 존재에 있어 가장 분명한 사건인 죽음은 언제나 우리를 에워싼 채 삶 전체를 관통하고 있다. 다가올 사건인 죽음에 대한 생각이 역설적으로 현재의 삶의 방향을 잡고 있는 것이다.

그럼에도 인간은 죽음을 두려워하며 회피하고, 어쩔 수 없는 삶의 종결 정도로 생각한다. 죽음이 두려운 이유는 우리가 지닌 모든 관계가 단절되며, 인간 행동의 모든 가능성이 남김없이 부서진다는 데 있다. 그래서 사람들은 영생을 꿈꾸거나, 죽음을 감추고 피하려 하며, 가능하다면 죽음과 직면하고 싶어 하지 않는다. 불로장생에 대한 오래된 갈망이나 삼천갑자를 살았다는 동방삭에 대한 이야기는 물론이고, "개똥밭에서 굴러도 이승이 저승보다 낫다"라는 우리 속담 등은 이런 마음을 남김없이 드러내고 있지 않은가. 과연 죽음은 무서운 것이고, 그래서 피해야만 하는 것일까?

결코 피해갈 수 없는 우리의 절대적 운명인 죽음을 우리는 어떻게 정의하고 있는지 살펴보자. 우리 말에서 죽음이란 '끝장, 죽는 일, 생물의 생명이 없어지는 현상, 세포 내의 연속적인 생리적 변화가 불가역적으로 되어 정지되는 상태'(『한국어 대사전』) 정도로 표현된다.

이것은 다른 언어권에서도 큰 차이를 보이지 않는다. 영어에서는 죽음을 '동식물에서 소생의 가망이 없는 모든 생체 기능의 영구적 정지, 생명의 종결, 또는 그러한 사실이나 행동 및 과정'(『메리엄 웹스터』)이라고 말하거나, '생명의 부재. 유기적 생명체가 급격하고 철저하게 파괴되고 그 기능이 정지되는 현상'(『브리태니커 백과사전』) 등으로 정의한다. 죽음은 말 그대로 생명의 기능이 되돌아올 수 없이 정지하여 절대적인 종말을 맞이한다는 뜻이다.

죽음은 이처럼 살아 있는 것과 반대되는 것, 생명의 끝을 의미한다. 다른 말로 표현하면 죽음은 절대적인 무의 체험, 다시는 돌아올 수 없다는 불가역성不可逆性과 연관되어 있다. 그럼에도 죽음과 삶을 의학적으로 결정하는 기준은 여전히 미흡하다. 의학적으로 죽음을 결정하는 기준으로는 흔히 심폐사를 거론하는데, 이는 인간이란 결국 생물학적 존재이며, 심장의 기능이 불가역적으로 정지할 경우 죽은 것으로 간주할 수 있다는 견해다.

이와 달리 인간 존재를 인격체로 보는 시각에서는 그 인격체로서의 기능이 불가역적으로 상실되었을 때에야 죽음으로 판정하려 하기도 한다. 그런데 이 경우에는 생물학적 사건으로서의 죽음과 인격적 사건이 대치되는 어려움이 생기곤 한다.

여하튼 죽음의 기준은 단순하지 않다. 죽은 자는 결코 말이 없고, 성서의 말처럼 죽었다가 살아난 자는 이제까지 없었다. 그래서 죽음에 대해 사람들은 침묵하거나 그것을 알 수 없는 것으로 치부한다. 또한 성서를 비롯한 다른 많은 종교에서도 죽음은 보편적으로 죄의 결과 또는 인간이 저지른 악의 필연적 대가代價로 인식된다.

헤겔이 말했듯이 삶과 죽음은 자신의 존재를 위한 서로의 조건이다. 삶 없이 죽음은 존재하지 않으며, 죽음이 있기에 삶이 존재한다. 죽음이 두려운 이유는 죽음으로 우리가 이룬 성취와 인간 관계, 우리의 존재 전체가 절대적으로 종말을 맞이하리란 생각 때문일 것이다. 그에 따라 우리의 모든 것, 모든 의미들은 무로 돌아간다. 이러한 절대적 무의미의 체험, 절대적으로 받아들일 수밖에 없는 무의미와 '무로 돌아가리란 사실(無化)'에 대한 두려움이 죽음을 회피하고 거부하게 만드는 것이다.

우리는 죽음에 대해 아는 것이 전혀 없다. 죽은 자와는 어떠한 교류도 불가능하며, 죽었다가 돌아온 자도 없다. 절대적 무지, 절대적 단절과 절대적 무회귀성, 이 세 가지 절대성 때문에 우리는 죽음의 공포에 경악하게 된다. 알지 못하기에 두려우며, 절대적 침묵 때문에 그것을 회피하려 하는 것이다.

이런 생각은 동아시아의 사유에서도 자주 접할 수 있다. 공자孔子는 제자 계로季路가 귀신을 섬기는 일에 대해 물었을 때 "사람도 능히 섬기지 못하는데 어찌 귀신을 섬길 수 있겠는가?(未能事人 焉能事鬼)"(『논어』 「선진」)라는 말로 죽음 이후에 대한 질문을 회피했는가 하면, 죽음을 묻는 질문에 대해서는 "아직 삶도 제대로 모르는데 어찌 죽음을 알겠는가?(未知生 焉知死)"라는 불가지론적 말로 답을 대신했다.

죽음은 인간의 존재와 생명을 파괴하고 종말에 이르게 하는 가장 악하고 무서운 사건, 인간이라면 누구도 피해갈 수 없으며 우리의 삶 안에 끊임없이 똬리를 틀고 우리를 삼키려 드는 독사처럼 생명을 넘보는 숙명이다. 이렇게 불가사의하며 결코 피할 수 없기에 이 죽음을 자연스러운 사건으로 받아들이는 생각들도 많다.

유가에 비해 자연적인 삶을 강조하는 경향이 강한 도가에서는 삶과 죽음을 우리가 받아들여야 할 자연의 이치로 이해한다. 장자는 기氣가 모이고 흩어지는 것(離合聚散)으로 생명을 설명한다. "삶은 죽음의 길을 따르는 것이며 죽음이란 삶의 시작이니, 어찌 그 근본 이유를 알 수 있을까. 생명이란 기가 모이는 것이니, 기가 모이면 곧 살아 있는 것이요, 기가 흩어지면 죽는 것이다. 삶과 죽음이란 서로 뒤따르는 것이니 어찌 두려워할 까닭이 있는가."(『장자』「지북유」)라고 말한다. 죽음과 삶을 실에 함께 묶여 있는 것으로, 같은 무리로 받아들이고 있는 것이다.

또한 신이 모든 생명을 창조했다고 고백하는 성서에서 창조주는 자신의 창조물, 자기 존재의 거울인 인간을 낙원에서 추방하면서 이렇게 말한다. "너는 흙에서 나왔으니, 흙으로 돌아갈 것이다."(『창세기』 3 : 19) 또한 "죽음의 날이 태어나는 날보다 낫다"(『전도서』 7 : 1)는 말로 역설적으로 삶보다 강력한 죽음에 대해 말하고 있기도 하다. 인도의 시인 타고르R. Tagore 역시 "탄생이 삶이듯 죽음도 삶이다. 드는 발도 걸음이고 내딛는 발도 걸음이다"(『길 잃은 새들』, 286장)라고 말한다.

▬

죽음은 두려운 것인가

죽음은 무엇보다 먼저 자연적인 죽음, 즉 생물학적 측면에서 발생하는 사건이다. 그와 함께 죽음은 문화적인 측면과 실존적 측면에서 반성되기도 한다. 인간은 미래의 사건인 죽음을 앞당겨 지금 생각하고 성찰하면서 그것을 현재의 사건으로 받아들이곤 한다. 그것이 죽음에의 성찰이라면, 이러한 성찰의 과정을 통해 이해되는 죽음은 철학적이며 영성적 측면을 지닌다.

우리는 죽음을 말하는 데서 가장 인간다운 삶을 보게 된다. 죽음에서 어찌할 수 없는 인간의 절대적 한계를 보고, 죽음을 벗어나고 극복하려는 데서 생겨나는 그 이상의 세계를 향한 불가피한 선택을 이해하게 되는 것이다. 그것이 죽음 이후의 삶이든 절대자에 대한 신앙이든, 또는 반대로 허무로 끝나는 삶에 대한 좌절이든, 살아 있는 생명인 인간에게 죽음은 참으로 절박한 외침으로 다가온다.

죽음은 존재의 한계다. 그래서 인간은 애써 현실에 집착함으로써 죽음을 피하고 잊으려 하는가 하면, 그것에 대한 노래와 시를 통해 어쩔 수 없는 죽음을 관조하기도 한다. 우리는 죽기 전까지는 죽지 않는다. 살아 있는 삶은 죽지 않았기에 죽음과 무관한 듯하다. 죽음은 나를 죽게 할 수는 있을지언정, 나를 굴복시킬 수는 없다.

예일대 철학교수인 케이건S. Kagan은 『죽음이란 무엇인가』(2012)에서 죽음과 무관하게 남아 있는 인간의 어떤 정신적 영역이나 영혼 같은 부분을 받아들이지 않을 뿐 아니라 사후의 삶과 세계까지도 철저히 부정한다. 그는 죽음은 다만 인간 존재와 삶의 종말에 지나지 않고, 영원히 사는 것은 절대 좋은 것이 아니기에 죽음에 맞서 가장 용감하게 살아가는 길은 죽음으로 끝나기 전의 삶을 철저하게 살아가는 것이라고 주장한다. 이 역시 죽음에 대한 한 가지 태도이자,

현재의 삶에서 죽음을 직면함으로써 그것의 허무를 넘어서려는 역설적 행위이기도 하다.

그럼에도 인간은 죽음을 두려워하고 회피하려 한다. 사람들은 일반적으로 마치 죽음이 없는 듯이 살아가고 있다. 그럼에도 지금 죽음을 앞당겨 현재로 가져와 고뇌하는 인간은 누구일까? 죽음의 시는 죽음을 향한 시이자, 죽음을 맞이하는 인간의 노래다. 죽음은 인간의 필연적 사건이며 절대적 조건이기에 역설적으로 죽음에 대한 생각 없이 인간의 삶과 존재를 올바르게 해명하기란 불가능하다. 그렇다면 죽음의 거울을 통해 드러나는 인간 존재와 인간의 자기이해는 어떤 얼굴을 하고 있을까?

⋂2
자연적 죽음과
사회적 죽음

. . . .

죽음을 어떻게 이해할 것인가

죽음은 자연적 현상이며 생명이라면 결코 피해갈 수 없는 사건이다. 그럼에도 죽음이 문제가 되는 것은 나의 생명이 끝나는, 내 삶과 존재 전체가 종말에 처해지는 사건이기 때문이다. 죽음은 결코 피할 수 없다는 것을 '테헤란의 죽음'이라는 이야기에서는 이렇게 전한다.

페르시아의 어느 권력가가 한 명의 하인과 함께 화원을 거닐고 있었다. 이때 하인이 갑자기 비명을 질렀다. 조금 전 죽음의 신과 마주쳤다는 것이다. 하인은 주인에게 테헤란으로 도망칠 수 있도록 가장 빠른 말을 빌려달라고 애원했다. 주인이 그 요구를 들어준 덕분에 하인은 허겁지겁 말을 타고 떠났다. 그런데 발길을 돌려 자기 집

안으로 들어가던 주인은 죽음의 신과 마주쳤다. 그가 죽음의 신에게 왜 자신의 하인을 위협했는지 묻자, 죽음의 신은 이렇게 대답했다. "나는 그를 위협하지 않았다. 다만 오늘 밤 테헤란에서 그를 만날 것으로 알았는데, 아직도 그가 이곳에 있는 것을 보고 놀란 표정을 지었을 뿐이다." (프랭클V. Frankl, 『죽음의 수용소에서』, 1959)

한편 죽음의 필연성을 오히려 생명의 전제 조건으로 보는 사람도 있다. 바우커J. Bowker는 "모든 생명의 목적은 죽음"이라는 프로이트S. Freud의 말을 인용하면서 죽음이야말로 생명이 필연적으로 추구하는 것이라고 말한다(『세계 종교로 보는 죽음의 의미』, 2005).

생명이란 '죽음의 충동thanatos'과 '삶의 충동eros'이 투쟁하는 가운데 이루어지는 과정이다. 죽음의 충동은 모든 생명을 비생명의 상태로 돌리는 것이지만 에로스는 끊임없이 생명의 모든 요소를 통합하여 유기적 통일성을 유지하려 한다. 생물학적으로도 개체의 죽음은 유성생식을 하는 생명체에게서 생겨난다. 단성생식을 하는 생명체에게 개체의 죽음이란 무의미한 일일 뿐이다. 환경과 그 적응도에 따라 분열과 통합을 이룩하는 그들에게 있어 개체의 죽음이란 의미 없는 일임에 틀림없다. 따라서 죽음은 성性과 함께 시작되었으며, 성은 죽음을 이해하는 중요한 짝이 된다는 사실을 알 수 있다.

또한 죽음은 한 세대가 다음 세대를 위해 생명의 공간을 준비하는 일이기도 하다. 생물학적으로 보았을 때 죽음이 없었다면 오늘날과 같은 생명체는 전적으로 불가능했을 것이고, 궁극적으로 현재와 같은 인간의 생명과 삶 역시 결코 있을 수 없었을 것이다.

생물체로서 인간은 더 나은 종으로 도약하기 위해 죽음이란 불가피한 선택을 받아들였다. 그리고 그 진화의 과정에서 인간 존재는 다른 고등 생명체와 달리 죽음에 대해 질문하고 성찰하며 해석하려 했다. 또한 문화인류학에서는 죽음이란 사건을 감추고 성이 사회의 첨예한 담론이 되는 문화와 그 반대의 문화를 비교한다. 그 두 문화 사이에는 어떤 차이가 있는 것일까?

과거의 문화가 성을 감추고 죽음을 삶 안으로 끌어들였다면, 오늘날의 문화는 그 반대다. 죽음과 성은 생명의 두 얼굴이다. 그래서 "죽음이 없다면, 별들의 죽음과 유기적 생명체의 계속되는 세대들에서 죽음이 없다면, 당신이 존재하지 않을 수도 있다. 그때는 우주도 존재하지 않을 것"이라고 바우커는 말한다. 죽음과 성은 생명을 생명이게 하는 가장 중요한 두 가지 사건이고, 이것은 인간에게도 마찬가지다.

엘리자베스 퀴블러 로스Elizabeth Kubler Ross에 의하면, 인간은 그 자신이 불치의 병으로 죽어간다는 사실을 알게 되면서부터 죽음을 맞는 심리적 단계를 거친다. 그 단계는 부정과 고립, 분노, 타협, 우울, 순응 등 다섯 요소로 이루어져 있다(『죽음과 죽어감』, 2008). 물론 누구나 순차적으로 이런 단계를 거치는 것은 아닐 테지만, 죽음의 상태에 접어들게 되면 이미 아무런 말도 소용없다. 죽음을 맞이하는 자에게 당장 필요한 것은 침묵이다.

그때 필요한 행동은 몇몇 위로의 말 이상의 침묵과 그의 죽음과 존재에 말없이 함께하는 것뿐이다. "평화로운 죽음을 맞이하는 사람의 모습은 마치 별이 스러지는 모습을 연상시킨다. (중략) 죽어가는 환자들의 곁을 지켜주는 일은 인류라는 거대한 바다에서 개개인이 지닌 고유함을 생각하게 한다. (중략) 그러나 그 짧은 시간 동안 우리 인간은 저마다 독창적인 삶을 살아감으로써 인류 역사의 한 올로 우리 자신을 엮어 넣는다"라고 퀴블러 로스는 말한다. 죽음은 죽음을 맞이하는 그가 자신의 존재와 마주하는 고유하고 유일회적인 사건이다. 살아 있는 이들은 용기와 사랑을 기원할 수 있을지 몰라도 죽음을 맞이하는 것은 오직 죽어가는 나 자신일 뿐이다. 죽음을 맞이하면서 인간은 자신의 존재와 고유하게 만나는 것이다.

그럼에도 죽음에의 두려움이나 현실에 대한 도피로 스스로 죽음을 택하는 것은 생명의 원리는 물론 인간의 존재론적 원리를 배반하는 행위에 지나지 않는다. 오진탁은 '생사학生死學'이라 불리는 죽음의 학문을 정립하면서 자살을 이 세상에서 가장 불행한 죽음이라고 말한다(『자살, 세상에서 가장 불행한 죽음』, 2008).

혹자는 자살에 대해 자신의 생명을 스스로 결정하는 행동이라 생각할지 모르지만, 그것은 자신의 의미와 존재를 포기하는 가장 어리석은 행위에 불과하다. 거의 모든 고등종교와 문화가 자살을 금기시하는 까닭도 여기에 있다. 스스로가 죽음을 선택하는 것 같지만 자신의 존재 가능성을 전적으로 포기한다는 측면에서 자살은 가장 불행한 죽음이다. 그것은 존엄한 죽음을 거부하는 것이기 때문이다.

이런 의미에서 칸트 역시 스스로 목숨을 끊는 것은 보편적인 자연법에 어긋난다고 말한다. 생명체이기에 살아야 한다는 원리에 따르는 것이 인간의 의무라면 스스로 생명을 버리는 행위는 이러한 원리를 거스르는, 생명에 대한 모독에 지나지 않는다는 것이다.

죽음에 대한 왜곡된 이해는 삶의 현재를 왜곡시킨다. 죽음에 대한 긍정적인 수용이 반드시 죽음을 무조건적으로 받아들이거나 어쩔 수 없는 현상으로 보고 그 앞에 굴복함을 의미하는 것은 아니다. 그런 관점에서 죽음을 찬미하는 것은 죽음을 올바르게 수용하는 태도가 될 수 없다. 죽음에의 성찰 없이 죽음을 미화하는 문학과 예술은 죽음을 왜곡되게 받아들이는 또 다른 모습일 뿐이다.

만약 죽지 않고 영원히 살 수 있다면?

죽음학thanatology은 인류학, 생물학, 물리학, 생태학 등의 다양한 학문 분야를 넘나들며 죽음을 통해 인간 사회와 문화, 생각의 구조를 이해하려 한다. 이제까지 죽음은 종교나 예술의 영역에서만 다루어져 온 것이 사실이다. 그러나 오늘날에는 철학이나 종교학, 또는 학제學制 간의 연구를 통해 죽음을 이해하려는 경향이 급격히 확대되고 있다.

죽음에 대한 문화적 이해와 학문적 이해는 매우 중요하게 받아들여야 할 인간 이해의 거울이다. 인간에게 죽음이 어떤 의미를 지니는지는 이런 다양한 학문과 여러 문화에 깃들어 있는 죽음의 개념을 살펴볼 때 가능할 것이다. 이런 작업을 통해 죽음에 대한 공포와 죽음을 부정하고 싶은 욕망은 물론 사후의 생이나 불멸에의 염원, 부활과 다시 태어남 등 죽음과 삶에 대한 인류의 오랜 생각과 느낌을 발견할 수 있기 때문이다.

죽음을 마주하는 인간의 감정과 갈망은 현대의 과학과 기술, 특히 유전학, 생물학, 의학 등의 영역으로 확장되기도 한다. 예를 들어 죽음을 피하고 싶은 인간의 열망은 과학기술의 발달이라는 새로운 모습으로 드러난다. 유전적 복제나 장기이식은 물론 유전자 조작을 통해 생물학적 죽음을 연기하거나 또 다른 나를 만들어 죽음을 회피하려는 것이 그런 예들이다. 죽음을 넘어서고자 하는 인간의 가장 오래된 열망은 어쩌면 현대의 문화와 과학기술의 발달 안에서도 전이된 형태로 드러나고 있을지 모른다.

죽음은 육신의 종말이지만 다른 한편 정신과 몸이 분리되는 인간의 존재론적 전환으로 이해되기도 한다. 수많은 신화와 원초적 이야기에도 이런 갈망이 담겨 있다. 이처럼 죽음을 존재론적 전환으로 이해하는 데는 인간을 삶과 죽음을 거쳐 성숙을 향해 가는 전인적 과정으로 받아들이는 생각이 들어 있다. 프랑스 철학자 모랭 E. Morin은 인간만이 죽음을 맞이한다고 말한다(『인간과 죽음』, 2000).

죽음은 인간만이 겪는 사건이다. 동물은 그냥 생명이 끊겨 사멸할 뿐 죽지는 않는 반면, 인간은 죽음을 죽음으로 의식하면서 인간으로 살아간다. 생물학적으로 죽어 없어진다는 점에서 인간과 동물은 같지만, 그럼에도 죽음은 동물과 인간을 구분하는 기준이 되기도 한다. 생명체이기에 죽음을 피할 수 없는 존재이지만 예외적으로 죽음에 단순히 머리 숙이지 않는 생명체 역시 인간이다. 인간만이 그 이상의 삶에 대한 희망으로 죽음을 넘어서는 또 다른 길을 찾으려 한다. 이것의 사실 여부는 결코 중요하지 않다.

보부아르S. Beauvoir는 "자연스러운 죽음이란 존재하지 않는다. (중략) 모든 인간에게 죽음은 하나의 우연적 사건일 뿐이다. 설령 죽음이 정당화될 수 없는 돌발적 침입"일지라도, 나아가 인간이 이러한 사실을 알고 그것에 동의하더라도 죽음은 우연적이고 전혀 예기치 않게 일어나는, 그 이전에는 결코 겪어본 적 없는 유일한 사건이다. 그렇다면 '자연적 죽음'이란 의미 없는 표현일 뿐이다. 죽음은 어떤 경우이든 그에 대한 우리의 결단을 필요로 한다. 죽음은 자연스러움을 넘어서는 사건, 우리 존재 전체에 관계되는 사건이다.

영성의 과정, 영혼의 성숙 과정으로 받아들일 수 없다면 죽음은 다만 육신의 종말에 불과할 것이다. 죽음을 이해하고 수용하는 태도와 죽음에 대한 해석이 지금의 삶과 인간의 존재 양식 전체를 결정한다. 그런 의미에서 영생을 추구하는 온갖 미혹된 행동이나 현대 생명과학에서 나타나듯이 복제를 통해 영원한 삶을 꿈꾸는 것은 헛된 망상에 지나지 않는다. 죽음 없는 단순한 삶의 영원한 지속이란 축복이 아니라 그 자체로 이미 불행한 삶에 불과하다.

1986년의 영화 〈하이랜더Highlander〉에서 보듯이 자신이 사랑한 모든 사람이 죽은 뒤 여분으로 사는 몇 백 년의 삶이란 한갓 저주일 뿐이다. 러셀 멀케이Russell Mulcahy 감독의 이 영화는 450년 전 스코틀랜드에 살았던 불사不死의 종족에 대한 이야기를 담고 있다.

이들은 영원히 죽지 않는 삶을 살지만 그 삶은 결코 축복이거나 영광이 아니다. 생리적으로 죽지 않고 영원히 이어지는 삶에서는 어떤 사랑과 희망도, 설렘 따위의 실존성도 찾아볼 수 없다. 주인공은 그 긴 시간을 살아가면서 몇 번의 사랑을 했지만 그들의 죽음으로 이제는 더 이상 사랑을 할 수 없는 사람이 되어버렸다. 그의 마음은 온통 잿빛으로 죽어 있다. 사랑하는 사람이 죽었음에도 자신만 남아 사랑을 죽여가는 삶을 사는 그는 어떤 고통과 아픔도 느끼지 못하는 나날들을 이어갈 뿐이다. 그의 육체적 삶은 마음의 죽음에서 오는 물리적 연장延長에 지나지 않는다.

프랭크 다라본트Frank Darabont 감독의 1999년작 〈그린 마일The Green Mile〉 역시 같은 주제를 말하고 있다. 간수인 존 커피는 누명을 쓰고 죽은 사형수에게서 언제 죽을지 알 수 없는 불멸성을 선물받는다. 그럼에도 커피는 그것이 결코 축복이 아니라 오히려 형벌이며 어떤 고문에도 비할 수 없는 삶이라고 넋두리한다. 생명기능을 단순히 생물학적으로 연장하는 것, 그래서 죽지 않는 삶은 무의미할 뿐 아니라 오히려 생명의 존엄성과 의미를 상실하는 허무함의 지속에 지나지 않는다. 생명의 의미와 존귀함이 지켜지지 않는 단순한 생명 연장에 무슨 의미가 있을까.

___

삶의 자각은 죽음을 마주할 때 생겨난다

죽음은 나만의 것, 지극히 내밀하고 실존적인 것임과, 동시에 그러한 차원을 넘어서는 다른 측면도 가진다. 죽음은 나의 것이면서 우리의 것이기도 하다. 우리의 죽음은 이러한 실존적 차원을 뛰어넘어 또 다른 의미를 지닌다. 실존적이며 존재론적 의미를 가지는 나의 죽음을 넘는다 해도 죽음에 담긴 공동체적이며 사회적인 성격을 도외시할 수는 없다. 앞에서 보았듯이 인간은 개인을 넘어선 공존재共存在적 특성을 지니고 있지 않은가. 그런 만큼 우리는 혼자 죽음을 맞이하지만 누구도 홀로 죽지는 않는다. 나의 죽음은 누군가에게도 죽음으로 다가온다. 또한 타인의 죽음과 아무런 관련 없이 살아 있는 이들도 없다.

　죽음은 철저히 개인적임과 동시에 공동체적이다. 나의 죽음은 우리의 죽음으로 다가오며 너의 죽음은 나에게도 죽음으로 다가온다. 죽음이 전적으로 개인의 것이라면 나만의 선택으로 죽음을 결정할 수 있다. 그러나 공동체적으로 주어진 생명이라면 그것은 결코 자신만의 선택일 수 없다.

자연스러운 죽음이 아닌 죽음들(불의의 사고에 의한 죽음은 말할 것도 없지만), 정치적인 이유에 따라 죽어가는 사람들, 전쟁과 고문, 잘못된 죽음과 폭력, 기아와 사회적 모순에 의한 죽음이 우리 안에 흘러넘치는 것은 분명하다. 이런 사실을 우리는 역사의 경험을 통해 너무도 자주 보게 되고, 또 잘 알고 있다. 그러한 사회적 죽음을 일일이 거론할 수는 없지만 그와 관련하여 분명히 말해야 할 것이 있다. 그러한 폭력과 죽임의 문화에 맞서 싸우고, 잘못된 죽음을 피하기 위해 우리의 삶 전체로 맞서는 것이 인격체로서 우리가 가지는 의무라는 사실이 그것이다.

그것은 죽음을 넘어서려는 인격적 의지의 결단이기도 하다. 무의미한 죽음과 폭력적인 죽음을 거부하고 그에 맞서는 것은 인간이라면 반드시 해야 할 일이다. 그래서 독일의 신학자 포그리믈러H. Vorgrimler는 "무의미한 죽음의 책임은 신의 섭리에 있는 것이 아니라 인간의 범죄, 등한, 경솔 그리고 마음의 태만 등에 있"다고 말한다(『죽음—오늘의 그리스도교적 죽음 이해』, 1982).

우리는 자연적 죽음을 넘어서는 사회적 죽음, 죽임의 문화라 지칭하는 폭력과 죽음의 문화가 존재하는 현실을 인정하고, 그러한 죽음에 대한 우리의 책임을 물을 수밖에 없다. 사회적 죽음의 탓은 공동체 구성원인 우리 모두에게 있다. 누구도 그의 죽음으로부터 자유롭지 못하다.

오스트리아의 정신의학자 프랭클V. Frankl은 죽음이 지배하는 수용소에서조차도 인간의 품위를 지키며, 타인에 대한 배려 혹은 미래에 대한 희망 등 의미를 찾을 수 있을 때 죽음을 피해갈 수 있음을 경험했다. 그는 이런 희망과 사랑, 의미 안에서 인간은 자신의 생명을 포기하지 않고, 그래서 죽음까지도 넘어설 수 있다고 말한다. 그의 가족들은 어느 날 유대인이란 이유만으로 아우슈비츠 수용소에 수용되었고, 가족 중 그 혼자만이 살아남았다. 소련에 의해 수용소에서 해방된 뒤 자신의 체험을 바탕으로 쓴 『죽음의 수용소에서』를 통해 그는 죽음이란 의미와 생명을 포기할 때만 주어진다고 고백한다.

그저 바깥에서 주어지는 극한의 고통만으로 사람이 죽음에 이르지는 않는다. 인간은 어떠한 극한 상황에서도 생명과 사람에 대한 존중과 사랑을 던져버리지 않을 때 살아 있을 수 있다. 이것은 전적으로 인간에게 주어진 선택의 자유, 자유의지의 결과다.

죽음을 이기고 넘어서는 것은 인간이 지닌 '사랑'이란 근본적인 특성 때문이다. 사랑은 죽음보다 강하다. 많은 사람들이 사랑을 그저 낭만적인 것으로 생각하지만 사랑은 죽음조차 넘어서게 만든다. 인간의 인간됨은 사랑과 죽음에 대한 태도에 달려 있다고 말해도 좋을 것이다.

이런 관점에서 하이데거는 그의 주저主著 『존재와 시간』에서 "그 누구도 타인에게서 그의 죽음을 빼앗을 수는 없"다고 말한다. 좋은 삶이란 고통과 죽음이 없는 삶이 아니다. 오히려 그것을 극복할 수 있는 길을 깨닫게 될 때 삶은 의미와 가치를 가지고, 그럴 때 인간은 인간일 수 있는 것이다. 그 누구도 나에게서 나의 죽음을 성찰할 기회를 빼앗을 수는 없다. 죽음에 대한 성찰은 인간을 고유한 나로 이끌어간다.

포스터E. M. Forster 역시 이런 관점에서 "죽음은 인간을 파멸시킨다. 그러나 죽음에 대한 올바른 이해가 그를 구원할 것"이라고 말한다. 죽음과 마주하고, 죽음의 의미를 성찰할 수 있을 때 비로소 삶으로서의 자각이 주어진다. 죽음을 자각하고 죽음을 현재에서 마주할 때 우리의 삶이 참으로 '인간'답게 자리한다는 뜻이다. 그렇기에 이제 말할 수 있는 것은 '죽음을 성찰하고 거기서 죽음의 의미를 찾아 우리 삶을 성숙시키는 것이 인간의 인간됨'이란 사실이다.

더 이상 죽음을 벌 혹은 회피해야 할 악으로 받아들일 필요는 없다. 신과 같은 그 어떤 초월적 존재가 있어 인간에게 죽음을 던져주는 것이 아니지 않은가. 그러나 잘못된 죽음, 사회적 죽음에 맞서는 일은 필요하다. 그와 함께 그 이상으로 죽음의 가치를 회복하고, 죽음의 근본적인 의미도 살펴봐야 할 것이다. 이런 성찰적 작업이야말로 인간다운 인간으로서 우리가 해야 할 숙제가 아닐까. 이런 의미에서 존엄한 죽음을 위한 행동이나 죽음에서 존재론적 의미를 찾는 성찰적 행위의 중요함을 결코 잊어서는 안 된다. 죽음은 인간의 잘못에 대한 벌이 아니라, 오히려 우리의 인간다움을 돌아볼 기회임에 틀림없기 때문이다.

03

우리는 죽음을
어떻게 받아들이고 있는가

죽음의 문화로 본 인간 이해

죽음과 문화를 말하기 위해서는 무엇보다 먼저 현대 문화에 대한 언급이 필요하다. 현대의 문화는 18세기 이래 근대 서구에서 성립된 체계다. 그럼에도 근대의 시대정신에 따른 문화는 수많은 한계와 모순을 나타내고 있다. 이러한 문화적 상황에 직면하여, 전前 교황 요한 바오로 2세는 『생명의 복음』에서 이러한 문화의 한계를 적시하고 있다.

그에 따르면 근대 이후의 문화는 생명을 죽음으로 몰아가는 죽임의 문화, 생명의 존엄성과 생명의 자리를 해치는 죽음의 문화다. 낙태와 안락사, 자살처럼 직접적으로 생명을 해치는 행위는 물론 각종 사회적 폭력에 깊이 함몰된 현대의 문화적 상황, 전쟁과 잘못된 사회 제도, 극단으로 치닫는 자본주의 문화는 생명을 죽음으로 몰아가는 문화에 지나지 않는다고 비판하면서 그는 우리가 이렇게 잘못된 문화를 넘어 올바른 의미에서 죽음을 성찰하고 수용하는 문화에 대해 말해야 한다고 주장한다.

문화인류학cultural anthropology은 문화란 인간이 죽음을 죽음으로 자각하면서부터 시작되었다고 말한다. 동물과 인간이 구별되는 가장 근본적인 차이점은 이 죽음을 의식하고 기억하는 데 있다. 4~5만 년 전 멸종한 것으로 알려진 네안데르탈인은 죽음이 끝이 아니란 사실을 자각하고 있었기에 죽은 이들을 방치하지 않고 매장했으며, 그곳에 초기 예술의 흔적이라 말할 수 있는 것들을 남겼다. 다른 생명체와는 달리 죽음을 삶으로 앞당겨 의식하고 기억했던 것이다. 이처럼 죽음에의 문화는 죽음을 기억하고 기념하며, 심지어 그것을 위해 축제를 벌이거나 죽음을 동경하기까지 한다. 즉, 죽음에의 문화는 인간이 인간인 표징이며, 죽음을 성찰하는 인간다움의 표현이다.

죽음을 기억함으로써 이루어지는 문화는 일차적으로 죽은 자에 대한 태도에서 비롯된다. 매장과 장례의식, 죽음에의 제례, 죽은 자를 기억하고 기념하는 일 등 인류의 문화는 죽음의 의식에서 시작되고, 각 문화권의 형태에 따라 달리 드러난다.

발리N. Barley는 다양한 문화세계 안에서 죽음이 각각 어떻게 이해되고 표현되는지를 문화학적 관점에서 밝히고 있다(『죽음의 얼굴』, 2001). 죽음에 관한 각 문화의 차이와 풍속도는 원시에서 현대까지의 인류 문화 안에서 죽음이란 사건이 어떻게 의식되고 기억되며 기념되는지를 보여주는 얼굴이다. 그것은 또한 고대에서 현대의 문명에 이르기까지 죽음을 기념하고 기억하는 다양한 문화적 유형을 만들어냈고, 그 안에는 죽음을 바라보는 인간의 문화적 해석이 담겨 있다.

죽음에 관계되어 나타나는 문화 현상은 각 문화권의 독특한 장례 의식, 그 속에 담긴 각 문화의 내세관과 삶의 철학, 죽음에 관한 신화, 카니발리즘cannibalism 등 죽음을 매개로 한 풍속 등으로 다양하게 나타난다. 이를 통해 죽음에 담긴 문화적 특수성과 상대성은 물론 초월적 의식, 삶의 가치와 의미 체계 등을 구체적으로 살펴볼 수 있다.

죽음은 인류학적이며 문화적으로 각인되어 있다. 문화인류학적으로 보자면 문화의 독창성은 죽음을 기념하는 의식에서 드러난다. 예를 들어 고대 이집트에서는 시신을 영원히 보관하기 위해 죽은 자를 미라로 만들었지만, 남부 아프리카의 한 부족은 사람이 죽으면 그가 살던 집을 허물어 시신을 그 안에 매장하고서는 그곳을 떠나버린다.

또한 우리나라에서 흔히 볼 수 있는 고인돌은 인간이란 생명이 다른 동물과 달리 매우 분명한 존재론적 의미를 가지고 있음을 드러내는 증거다. 고인돌 문화는 죽음을 단지 방치하지 않고 그것을 기억하고 기념하며, 죽은 이들과 산 이들이 함께 하는 분명한 표징을 보여준다.

이러한 표징들은 죽음으로 삶이 끝나지 않고 죽은 자가 다시 살아나 이루어갈 영생을 생각한 문화, 그리고 시신과 그의 삶의 터전을 잊어버림으로써 죽음을 삶에서 몰아내는 문화 간의 차이를 보여준다. 호주의 와라뭉가Warramunga족 남성들이 자신의 몸에 상처를 내면서까지 죽음을 애도하는 반면, 말레이인들이나 자바인들은 결코 소리 내어 울지 않음으로써 죽음을 맞이하는 다른 얼굴을 보여준다. 우리 문화에서도 지난 시절 죽음은 가까이 있었고 드러나 있었지만, 지금은 죽음을 감추고 서둘러 죽음을 망각으로 몰아내려 한다.

이처럼 각 문화권마다 다르게 나타나는 죽음의 문화는 우리가 받아들이는 죽음에의 의미를 드러내는 표징이다. 죽음의 문제가 지금껏 주로 철학이나 종교, 예술의 관찰 대상이었음에 반해, 죽음의 문화는 세계 여러 지역의 장례 의식과 각각의 문화권에서 죽음을 받아들이는 태도를 보여준다. 따라서 죽음에 대한 문화사적이며 현상학적 접근은 우리의 문화를 이해하는 중요한 열쇠가 된다. 죽음을 삶에서 몰아내는 행위는 죽음을 통해 비춰볼 수 있는 삶의 의미를 감추는 행동일 뿐이다.

메멘토 모리, 죽음을 기억하라

학문과 예술 같은 인간의 의미론적 활동은 죽음이 없다면 불가능했을 것이다. 죽음이 없었다면 예술도 학문도 지금처럼 존재해야 할 이유가 없다. 하느님과 천사는 학문과 예술을 필요로 하지 않고, 동물에게서도 학문과 예술은 찾아볼 수 없다. 그러나 인간은 죽음이 있기에, 그리고 그 죽음을 넘어서기 위해 의미를 찾고 학문을 하며, 아름다움을 표현한다.

중세 서양의 교회 묘지에서 신들린 듯 추었던 '죽음의 춤'은 죽음을 바라보는 인간의 예술 행위를 잘 보여준다. 중세 교회에서는 오랫동안 죽음의 춤을 그린 그림 등에서 "죽음을 기억하라memento mori"라는 경구를 예술로 승화시켜왔다. 죽음을 기억하는 것은 삶을 드높이는 것이며, 죽음을 기억하는 문화는 삶의 문화로 이어진다.

분덜리히U. Wunderlich의 책『메멘토 모리의 세계─'죽음의 춤' 을 통해 본 인간의 삶과 죽음』(2008)이 이런 사실을 잘 보여주고 있다. 죽음을 예술의 행위로 만드는 것, 죽음을 성찰하고 그 때문에 앎을 지향하는 인간의 행동은 죽음의 절대성과 함께 죽음의 의미를 드러내는 은유이며, 죽음을 삶의 한가운데로 가져와 우리 삶으로 만드는 의미의 행위다. 그 안에는 역사의 경험과 사회적 죽음에 대한 메타포metaphor는 물론, 죽음으로 완성되는 삶에 대한 초월적 관조가 담겨 있다. 죽음을 바라보는 문화는 삶의 문화를 만들어간다.

죽음의 춤은 인간이라면 누구나 예외 없이 죽는다는 사실을 기억하게 한다. 죽음은 무의미하게 인간의 목숨을 **빼앗아**가는 예기치 않은 폭군이 아니라, 오히려 천상의 사자使者이며 하느님의 위탁으로 음악을 연주하는 자다. 죽음에의 예술ars moriendi은 죽음을 인간에 대한 절대자의 계획과 연결 짓는다. 그것은 '죽음의 무의미성이 사라지고, 죽음이 창조의 총체 속에서 유의미한 부분임을 드러'내는 행위다. 죽음은 두려운 것이기에 거부하거나 감추어야 할 어떤 것이 아니라 삶을 이끌어가며 우리의 삶과 삶의 문화에 의미를 부여하는 것, 그래서 평생 배워가야 할 '삶의 예술ars vivendi'이라는 것이다.

보편적 문화현상을 중심으로 죽음의 얼굴을 살펴볼 수 있다면, 민속학적 관점에서 우리 문화에 나타난 '죽음의 얼굴'도 해명할 수 있을 것이다. 그것은 단순한 생명체의 죽음이 아닌, 문화적 존재로서의 인간이 맞이하는 죽음이 어떻게 한국 문화 안에서 상징적 표상으로 드러나는지를 살피는 작업이다.

죽음에 관한 민속학·언어학적 표현의 다양한 모습은 고대의 신화, 민간신앙과 무속, 조선조의 유교문화에서 제각기 다르게 드러난다. 이렇게 풍부한 민속학적 자료를 통해 우리 문화에서의 죽음의 얼굴을 해명함으로써 우리는 우리 민족이 어떻게 삶과 죽음을 이해했는지 살펴볼 수 있다.

죽음을 기억하는 것은 단순히 죽은 자를 기억하는 것이 아니라 자신의 삶을 어떻게 이해하는지, 또 어떤 삶으로 이끌어갈지를 결단하는 것이다. 그것은 지금 여기에 자리한 우리가 매 순간 죽음을 우리 삶 안에 두고 그것과 보이거나 보이지 않는 씨름을 하면서 삶을 영위해간 역사를 마주하고 있다는 의미다. 이런 관점에서 죽음과 삶은 단순히 생명을 시작하고 마감하는 처음과 끝이 아니라, 그 과정을 통한 우리 존재의 실현일 것이다.

—

죽음을 살리는 문화, 죽음을 감추는 문화

문화의 현재는 결국 죽음을 살려 의례화하고 삶 안에 자리매김한 문화와, 죽음을 감추고 억눌림으로써 삶을 죽여가는 문화의 차이에서 이해된다. 죽음이 삶에서 드러나는 문화는 역설적으로 생명이 살아 있는 문화라 말할 수 있다. 이는 곧 인간의 역사란 다가올 사건으로서의 죽음을 앞당겨 생각하고 그것을 기억하고 해석하며, 추체험해온 과정이란 의미다. 왜냐하면 인간의 삶이란 바로 죽음에 의해 주어지는 의미 규정의 역사이기 때문이다.

　동물의 죽음은 생물학적이지만 인간의 죽음은 문화적이다. 동물의 생명은 죽음과 죽음 사이에서 생물학적으로 지속되는 시기에 불과하지만, 인간의 삶은 생명과 생명 사이에 죽음을 규정하고 그것에 의미를 부여하며, 죽음을 살려가는 이해와 해석의 의미론적 과정이다. 그렇기 때문에 죽음에 대한 인간의 최초의 개념을 분석해보면 오늘날 문명의 현실을 해석할 수 있다. 죽음을 감추고 억압하는 죽음의 위기가 바로 현 시대 위기의 본질일지도 모르기 때문이다.

죽음은 결코 두려운 것이나 회피해야 할 어떤 것이 아니라, 오히려 우리가 성찰하며 규정하고 이해해야 할 인간 삶의 근본적 사건이다. 따라서 인간에게는 스스로 죽을 권리가 없고, 죽음은 인간이 받아들이고 성찰해야 하는 절대적 사건이지 스스로 결정지을 수 있는 상대적 사건이 아니다. 죽음을 대할 때 우리는 결국 이렇게 물어야 할 것이다. "나에게 죽음은 무엇인가? 나는 죽음을 어떻게 받아들이고 있는가?"

사실 죽음은 생명이 생명일 수 있는 필연적인 조건이다. 죽음이 없는 것은 생명이 아니다. 신은 죽지 않는다. 천사 역시 죽음을 알지 못한다. 또한 무생물도 부서질 뿐 죽음을 맞지는 않는다. 죽음은 생명의 의미를 알고 성찰하여 그것의 신비함을 받아들일 수 있게 하는 절대적 조건이다. 죽음이 있기에 생명은 생명으로 존재한다. 이러한 역사와 그 의미를 떠나서는 생명의 신비가 드러나지 않는다. 그런 관점에서 죽음이란 생명의 신비와 의미, 그 깊이가 드러나게끔 하기 위해 인간이 치러야만 하는 필연적인 대가일지도 모른다.

인간은 죽음을 앞당겨 현재와 문화 안으로 끌어들임으로서 자신의 생물학적 한계를 넘어서는 존재다. 다시 말해 인간은 죽음을 기억하고 의식할 뿐 아니라 심지어 드높임으로써 죽음을 넘어선다. 따라서 죽음을 단순히 사실적으로만 받아들여 생물학적으로 죽음을 연기하거나 극복하려 하는, 죽음에 대한 자연과학의 이해는 오히려 죽음의 의미를 망각함으로써 삶을 죽음으로 이끌어가는 어리석은 행동에 지나지 않는다.

의미를 사유하지 못하는 과학과 현대 문화는 맹목적이며, 무의미한 행위로 죽음을 삶에서 배제시키려 할 뿐이다. 죽음을 생물학적이 아닌 의미론적으로 성찰함으로써 인간은 자신의 생명을 생물학적 측면$_{zoe}$을 넘어 의미론적이며 존재론적인 삶$_{bios}$을 향해 이끌어가게 된다.

이처럼 인간의 문화란 결국 죽음을 역사화함으로써 삶을 생명으로 살려내는 과정이다. 우리의 삶, 학문과 예술, 문화와 사회, 의미 추구와 자기실현을 위한 인간의 모든 행위들은 우리가 죽음에 대해 어떠한 태도를 취하는가에 따라 규정된다. 다시 말해 그 모두는 죽음을 어떻게 받아들이는가에 달려 있다.

그러나 다른 측면에서 보자면 학문과 예술, 종교와 역사란 결국 죽음이란 사건을 의식하고 성찰하며 그것에 의미를 부여함으로써 생겨난, 인간 지성이 이룩한 자기반성의 결과이기도 하다. 절대적 한계상황, 실존적 불안의 가장 깊은 심연인 이 사건, 죽음에 대한 무지와 두려움이 인간으로 하여금 삶의 역사와 내용을 되돌아보고, 그것에 의미를 부여하게끔 이끌었다.

죽음이라는 사건에 대한 인간 스스로의 성찰과 대응은 물론 그것을 받아들이는 태도 여부는 인간으로 하여금 학문을 하게 한다. 죽음을 대하는 마음 자세에서 예술이 형성되며, 죽음을 향한 삶이기에 인간의 사회적 관계가 결정된다. 이처럼 죽음에의 성찰은 인간을 인간이게 하는 궁극적 근거다. 죽음보다 더 강한 사랑과 희망, 또는 죽음을 능가하는 고통과 절망을 말하는 것은 오직 인간이란 존재 뿐이다.

"사랑은 죽음처럼 강한 것이다."(「아가서」 8:6) 종교학적으로 말한다면 우리가 살아온 삶의 모습에 따라 죽음 이후의 삶이 결정된다. 그러나 철학적으로는 죽음이 우리의 삶의 방향과 내용, 삶의 형태와 의미, 삶 이후의 삶을 앞질러 결정한다고 말할 수 있다.

04

죽음에 대한
성찰

....

죽음을 성찰해야 하는 이유

죽음은 삶의 모든 것을 완벽하게 무로 돌려버리며, 우리의 전부를 결정적으로 폐기시킨다. 죽음 이후의 삶에 대해 우리는 아무것도 알지 못하며, 그것에 어떠한 영향도 미칠 수 없다. 절대적 무지와 무능이 빚어내는 두려움, 그것이 죽음에 대한 우리의 불안을 부추기고 있다.

인간이 그렇게도 간단히, 전혀 예기치 못한 순간에 그 절대적 무의 세계로 접어들지 모른다는 사실, 그것은 두려움을 넘어 끝없는 불안의 심연으로 우리를 이끌어간다. 인간이란 죽음을 향해 나아가는 존재, 죽을 수밖에 없는 존재, 죽음 앞에서 정말이지 너무도 나약하고 하찮은 존재에 불과하다는 사실은 자기성취감에 젖은 우리 모두를 무력하게 하고 당황하게 만든다. 그렇기에 실존주의 철학에서는 죽음을 경험을 통한 과학이나 객관적 지식의 대상이 아닌, 내면적이고 실존적인 체험임을 강조한다.

하이데거는 인간을 "죽음을 향한 존재Sein zum Tode"로 규정한 뒤, 죽음에 대한 실존적 이해에 따라 인간의 존재론적 지평이 드러난다고 말한다. 그에 의하면 죽음은 인간이 지닌 단적인 불가능성의 가능성이다. 죽음은 인간의 존재성을 완성하는 유일회적 계기인 것이다. 그럼에도 존재의미는 죽음을 직면하면서 그것을 성찰하여 현재화할 때에만 달성된다. 죽음을 그저 피하기만 한다면 우리는 결코 이러한 계기를 만날 수 없다.

죽음을 생각하는 일 자체를 두려워하고 불안해하는 이유는 자신의 존재를 직면하지 않으려는 존재론적인 도피, 죽음을 은폐하려는 용기 없음 때문이다. 인간은 죽음에 내던져진 존재이지만, 죽음을 성찰하고 현재화함으로써 그것을 넘어 그 현상을 기획하는 존재이기도 하다. 따라서 죽음은 이중적으로 이해된다. 생물학적인 죽음은 절대적으로 주어진 것이지만 존재론적인 죽음은 우리가 넘어서야 할 어떤 것이다. 나아가 우리는 이미 벌써 죽음에 처해 있지만, 죽음은 아직 아니not yet 이루어져 있다. 그 사이에서 우리는 죽음을 넘어설 수 있는 존재의 여백을 발견할 수 있을 것이다.

우리는 죽음에서 생명을 희망한다. 그것은 죽음보다 더 강한 희망이다. 죽음 없이는 생명을 가질 수 없다. '이미 벌써' 와 있는 죽음과 그럼에도 '아직 아니' 이루어진 죽음 사이에서 우리는 죽음을 성찰하고, 죽음에서 의미를 찾아내는 영성적 작업을 할 수 있다. 그래서 하이데거는 "돌은 없어지고 동물과 식물은 사멸하지만, 인간만이 죽음을 맞는다"라고 말한다. 죽음이란 인간이 건너뛸 수 없는 가장 고유한 가능성이기에, 죽음을 존재론적으로 성찰할 수 있을 때 인간은 그 불가능한 가능성을 초월할 수 있는 것이다.

죽음은 그것에 대한 존재론적 해석과 종말을 향한 실존을 달성할 때 비로소 맞이할 수 있는, 인간에게는 의미론적이며 존재론적 사건이 된다. 그것은 죽음을 향한 자유에로 자신을 기획한다는 의미다. 본래적 죽음은 인간 현존재가 자신의 존재 가능성에서 기획한 죽음으로 앞서 달려가는 존재론적 달성이다.

이런 의미에서 바우커는 이렇게 말한다. "죽음을 배제한 어떤 다른 조건에서도 생명을 가지는 것은 불가능하다. 그러나 당신이 죽음을 가지는 곳에서, 당신은 즉시 생명의 가능성을 가진다. 따라서 죽음은 마지막일 뿐 아니라 기회다. 나의 죽음 그리고 모든 죽음은, 생명이 존재하려면 필연적인 것이다." 기원후 65년경 세상을 떠난 로마 시대의 스토아 철학자 세네카Seneca 역시 죽음에 대한 두려움을 넘어서기 위해서라도 죽음의 의미를 살펴봐야 한다고 말한다.

그러므로 '죽음이 없었다면 인간은 어떤 유의미한 성취나 작업을 이룩하지 못했을 것'이란 표현은 잘못된 것이 아니다. 독일 철학자

요나스H. Jonas의 말처럼 인간이란 생명이라는 살려는 의지를 지닌 존재라기보다 살아가는 과정을 성찰하는 존재이기 때문이다(『생명의 원리-철학적 생물학을 위한 접근』, 2002). 인간에게 있어 죽음은 생명의 모순이 아니라 생명을 삶으로 이해하게 만드는 역동적인 사건이다. 죽음을 이해하는 마음은 인간에게 영원과 역사를 이해하게 한다.

죽음을 의식하지 못할 때 인간은 그곳, 그 시간 안에서만 사실적으로 존재하는 단순한 생물적 존재, 시간의 한 토막 안에 순간적으로 있다가 사라질 찰나적 개체에 지나지 않는다. 죽음은 인간의 생물학적 수명을 결정하는 사건임에도 인간이 그 안에서 자유로움을 느끼는 것은 바로 이러한 이유에서다.

죽음을 성찰할 때 인간은 비로소 역사의 주체가 되며 인간의 존재로 남게 된다. 삶이란 결국 죽음과 관련된 이러한 사건에 의해 역사가 된다. 죽음은 결국 삶을 위한 것이다. 이러한 이해에 근거해야만 죽음을 내세를 위한 것으로, 또 현실의 삶을 죽음 이후의 삶을 위해 있는 것으로 생각하는 태도를 고칠 수 있다.

죽음을 성찰하고 현재화함으로써 인간은 죽음을 벗어난다. 현실적으로 죽음은 인간을 속박하고 구속하지만, 죽음에 의미를 부여하고 그것을 의식화함으로써 인간은 비로소 생물학적 존재를 넘어 문화적 존재로 자리하게 되는 것이다. 그것이 사이비 종교에서 죽음에 대한 협박으로 주어지든 혹은 염세적 예술 또는 허무주의적 포기로 나타나든, 한 가지 분명한 것은 죽음에의 올바른 성찰과 의식은 인간을 인간이게 하는 가장 중요한 기준이 된다는 사실이다. 죽음이 있기에 생명은 생명으로 존재하는 것이다.

죽음의 인간학적 의미

인간은 죽음을 극복하고 죽음 이후의 삶을 생각하면서 그것을 넘어서려 한다. 여기에서 중요한 역할을 하는 것이 신에 대한 믿음이다. 죽음이 주는 인간학적 의미에도 불구하고 죽음은 결코 삶의 목적이 아니다. 죽음은 누구에게나 그만의 고유한, 유일회적 사건이다. 삶에서 가장 확실한 사건이 죽음이라면, 가장 불확실한 사건은 죽음의 시간일 것이다. 이러한 절대적 확실성과 절대적 불확실성에 우리는 두려움과 떨림을, 죽은 자에 대한 아픔과 그리움을 간직한다.

죽음은 현재 삶의 종결이기에 미래의 희망 때문에 현재의 종결에 대한 슬픔과 아픔, 고통을 외면하거나 감출 필요는 어디에도 없다. 죽음의 성찰, 죽음의 의미와 죽음 이후의 삶에도 불구하고 죽음은 나름의 고통을 주기에 죽음을 그 자체로 부정하는 것은 헛된 일임이 분명하다. 그래서 아우구스티누스는 "우리는 결코 죽음을 사랑할 수 없으며 오직 견뎌낼 따름"이라고 말한다.

죽음을 인간의 죄와 세상 악의 결과로 보고, 죽음의 원인을 신에서 찾는 것은 잘못된 신관神觀에서 비롯되었다. 죽음의 탓을 신에게 돌리는 것은 신을 '이 세계의 모든 흐름과 개별 인간의 온갖 운명마

저도 자유자재로 주재할 수 있는 절대적인 만능의 힘'을 지닌 존재로 이해하기 때문이다. 신에 대한 이런 이해를 포그리믈러H. Vorgrim-ler는 "자신의 불행과 질병의 원인을 자신의 책임으로부터 하느님의 섭리로 돌린 후" 모든 잘못을 신의 탓으로 돌리는 잘못된 행위라고 말한다.

죽음은 우리의 조건이자 한계상황임과 동시에 우리 존재로 넘어서야 할 어떤 가능성이다. 이것은 죽음을 생물학적으로 극복하라고 하거나 단순히 생명을 연장하라는 의미가 아니라, 죽음을 성찰하고 감내하면서 넘어서야 할 존재론적 조건임을 인정하고 이를 초월해야 한다는 뜻이다.

신이 전능하다는 것은 그가 신이 세상의 모든 법칙과 인간의 자유의지를 넘어서는 자의적 존재란 의미가 아니다. 죽음 앞에 선 실존적 인간은 포그리믈러의 말처럼 "다만 신이 이 세계 안에서 물리학적으로, 화학적으로 또는 생물학적으로 작용하지는 않"다는 사실을 받아들여야 한다. 신이나 그 어떤 초월적 존재에 대한 생각은 절대적인 무화無化 안에서도 궁극적인 희망과 삶이 가능하다는 신비를 의미하는 것이지, 어떤 마술적인 초월적 힘을 뜻하는 것이 아니다.

포그리믈러의 말처럼 "신은 진화의 진행과 인간의 자유로운 활동이 이루어지는 곳에는 개입하지 않"는다. 신은 생물학적 법칙과 진화의 법칙처럼 자신에 의해 허용된 법칙을 스스로 깨는 자기모순적 존재가 아니다. 절대적인 무화와 한계를 수용하면서 그것을 넘어서는 과정에서 신적 존재가 현재화하는 것이다. 이러한 존재를 세계의 내적 원인으로 격하시키려 한다면 그것은 신에 대한 잘못된 이해일 뿐이다.

죽음은 삶의 의미를 묻는 물음의 근거

죽음 사건을 통해 보게 되는 인간의 신앙 행위는 생물학적 죽음을 넘어서려는 것이 아니라 죽음을 통해 죽음을 초월하는 존재로 성숙해가는 과정이다. 또한 신에 대한 믿음은 죽음을 관리하는 초월적 존재에 대한 것이 아니라 죽음 앞에서의 자유로움과 자유로운 결단을 가능하게 하는 인간의 의미론적 행위다. 죽음에 대한 두려움과 영원한 저주에 대한 공포를 불러일으킨 뒤, 그를 통해 인간을 억압하는 신앙은 올바른 신神 이해에 따른 것이라 할 수 없다. 현실에서 죽음을 올바르게 수용할 수 있다면 우리의 삶 역시 올바르게 정초定礎될 수 있을 것이다.

삶의 성숙함은 인간이 어떻게 죽음을 받아들이고 죽음에 대한 의식을 만들어가는지에 따라 결정된다. 다가올 죽음에 대한 이해가 지금의 삶의 의미를 규정하고 삶을 틀 짓는다. 삶과 죽음은 인간의 존재론적 결단에 따라 결정적으로 연결되어 있는 한 축의 두 원점이다. 인간의 존재는 죽음이 있기에 가능하다. 죽음에 대한 이해가 없는 삶은 무의미하며 공허할 뿐이기 때문이다.

이렇게 죽음의 의미를 성찰함으로써 인간은 그 이상의 삶에 대한 영적 감수성을 지닐 수 있게 되는데, 그것을 곧 '죽음의 영성'이라 말할 수 있다. 죽음의 영성은 곧 무의미하게 보이는 이 현실에서 인간이 어떻게 본질적으로 의미를 만들어가는지, 어떻게 허무를 넘어설 수 있을지에 대한 대답이다.

우리는 어떻게 무의미함이나 허무에서 허무 이상의 세계를 만들어갈 수 있는 것일까? 죽음이 결코 허무의 늪은 아니지만 그 때문에 허무를 넘어서는 어떤 가상의 세계를 말해야 할 필요는 없다. 오히려 우리는 허무를 넘어서는 허무를, 그래서 죽음에서 죽음 너머를 보는 그 길을 죽음에 대한 답이라고 말한다. 그래서 죽음의 의미를 성찰하고 허무를 넘어서는 과정을 죽음의 영성이라고 하는 것이다.

현대 문화, 특히 오늘날 우리 사회에서는 영성을 지나치게 광범위하고 모호하게, 때로는 신비주의적이거나 지극히 내밀한 자신의 이념을 미화하는 데 사용하는 현상이 만연해 있다. 그럼에도 초월과 영성에 대해 논의하는 것은 탈근대의 문화를 정초하려는 우리에게 있어 매우 중요한 작업임이 분명하다. 죽음을 이해하는 중요한 계기는 죽음에 대한 성찰은 물론 그에 근거하여 죽음에서 의미와 영성적 지평을 찾아내는 길로 향하기 때문이다.

과학기술과 물질문명이 극도로 발달한 이때 결코 죽음은 검출되지 않지만, 그럼에도 죽음은 인간을 이해하는 거울이며 허무를 넘어서는 길을 보여주는 사건으로 작동한다. 따라서 죽음을 배제하는 현대의 문화는 오히려 죽음의 문화일지도 모른다. 이 죽음을 넘어 죽음을 현실화하는 삶이 인간을 인간답게 하는 길일 것이다.

스웨덴의 감독 잉그마르 베르히만Ingmar Bergman의 영화 〈제7의 봉인The Seventh Seal〉(1957)은 죽음의 문제를 되돌아보게 만드는 빼어난 작품이다. 십자군 전쟁에서 돌아온 기사 블로크를 통해 이 영화는 흑사병으로 죽음이 만연한 그 시대의 부조리와 종교의 역설, 그럼에도 죽음을 넘어서는 희망과 순수한 사랑을 죽음이란 거울을 통해 드러내고 있다. 죽음은 인간의 삶을 비추는 거울이다.

박노자는 『모든 것을 사랑하며 간다』(2013)에서 죽음에 굴복하지 않는 삶, 죽음에 대한 두려움 때문에 절대자를 희망하고 원하는 모습과는 다른 죽음에 대한 태도를 보여준다. 예를 들어 선사들이 깨달음을 노래한 오도송悟道頌은 '나와 만물을 상대화하는 데 성공한 순간의 희열'을 표현하고 있다. '상대화의 깨달음'이란 결국 모든 것이 없음이란 사실을 깨치는 것이며, 그래서 모든 것이 서로의 관계에서만 의미를 지닌다고 깨닫는 길이다.

깨달음의 노래는 결국 죽음에 대한 노래로 이어진다. 죽음을 맞는 순간의 노래인 임종계, 즉 열반송涅槃頌은 '죽는 순간에 이해되는, 나와 세계의 진상眞相에 대해서 마지막으로 읊는 시詩'다. 우리는 죽기 전까지는 죽지 않는다. 죽음에 굴복하지 않고, 죽음에 지지 않으면서 죽음의 허무와 끝을 넘어서는 존재가 인간이다.

죽음은 인간 인식의 범위를 벗어나 있다. 그것은 경험의 영역을 넘어서며, 검증의 대상이 될 수 없다. 그렇기 때문에 죽음에 대한 성찰은 과학의 영역이나 인식의 차원, 인간 능력의 범위나 소유의 측면 너머의 어떤 초월적 영역에서 가능하다. 죽음은 삶의 의미를 묻는 물음의 근거가 된다. 죽음을 사유하고 앞당겨 성찰하며, 죽음에 대해 회의하며 질문할 수 있는 이유는 오직 인간의 존재 근거와 그 의미에서 주어진다.

또한 죽음에 대한 태도를 어떻게 결정하는가에 따라 현재의 삶은 물론 세계와 인간에 대한 이해가 달라진다. 죽음에 마주해 헛된 위로를 구하기보다 허무를 넘어서는 또 다른 길을 바라보는 것이 올바른 태도가 아닐까? 죽음은 두려움이나 허무가 아니라 이해와 극복을 촉구하는 인간 존재의 궁극적 사건으로 이해해야 할 것이다. 그것은 삶과 존재를 드러내는 인간의 거울이니 말이다.

9 장

신의 거울

인간은 신이라는 이름으로
나타나는 자신의 얼굴을 타자에게 강요한다.
신의 얼굴은 인간이 스스로 이해하는
자신의 모습을 드러내는 거울이다.

01
인간과
신

신, 인간의 자기이해를 드러내는 거울

인간을 비롯한 모든 생명은 자연에서 생겨나 자연으로 돌아간다. 그 가운데에서도 죽어야만 한다는 사실을 자각하게 된 생명은 죽음 너머의 세계를 생각하지 않을 수 없게 된다. 자연에서 주어진 야생의 사고와 죽음을 넘어서려는 인간의 분투는 신화와 종교, 또는 철학으로 이어진다. 이러한 갈등과 극복의 노력은 신이란 거울을 통해 비춰진다. 일반적으로 인간은 신에 의해 생겨났으며, 그 신은 인간을 초월하는 절대적 힘을 지닌 존재로 이해된다. 그러나 철학적으로 생각해보면 오히려 신을 어떻게 이해하고 표상하는가를 통해 인간이 어떻게 세계와 존재, 자신의 본성을 이해하는지를 알 수 있다.

신의 표상은 역설적으로 인간의 자기이해를 드러내는 거울이다. 물론 이 말을 인간이 신을 만들었다거나 인간에 의해 신의 모습이 결정된다는 따위의 매우 단순한 주장으로 받아들일 필요는 없다. 오히려 이 말은 초월성으로 재현되는 신을 어떻게 바라보느냐에 따라 인간이 지닌 이해 전체가 드러난다는 뜻이다. 신이라는 거울에 비친 인간의 모습은 어떠할까?

신에 대한 물음과 이해는 인간의 문화와 역사, 학문과 예술에 있어 가장 오래되고 중요한 문제 중 하나다. 과학기술과 실증주의의 시대, 자본의 시대에서 보듯이 '진리와 의미'에 대한 문제를 감추는 문화에서 이것은 더욱 절실한 물음이다. 이 질문은 또한 인간의 초월적 특성에 비춰 봐도 우리가 씨름해야 할 중요한 과제임에 틀림없다. 신에 관한 질문과 이해는 인간의 존재론적인 근본 지평이며, 그것이 드러나는 근원적 현상 가운데 하나이기 때문이다.

전통적으로 신은 존재의 근거로, 최고의 가치와 최종적 근거, 최후의 목적이란 관점과 연결되어 생각되었다. 신학이 아닌 철학적으로 본다면 신이 실재하느냐의 문제보다 인간이 신의 존재를 어떻게 수용하느냐의 문제가 더 본질적이다. 왜냐하면 이러한 이해를 통해 우리는 인간이 절대성과 초월성의 문제를 어떻게 생각했는지 알 수 있기 때문이다. 또한 그 안에는 인간의 자기이해가 반영되어 있으며, 인간 본성에 대한 이해 역시 그 속에서 드러나기 때문이다.

동아시아와 달리 유럽적 사고에서 신이라는 존재는 중요한 의미를 지닌다. 신은 존재하는가? 이 문제가 중요한 까닭은 플라톤적 철학과 그에 따라 형성된 유럽문화의 전통 때문이다. 여기에는 사실 영원불변하는 최고의 존재가 있을까 하는 문제, 즉 '있음과 있지 않음'이란 문제가 담겨 있다.

서구철학은 그 시작에서부터 이 문제와 씨름을 해왔다. 그것은 허무함과 없음, 있지 않음(非有)을 배제하려는 존재론적 사유, 영원불변의 시간성과 최고의 존재자란 생각 때문에 생겨났다. 이런 생각의 틀을 벗어나면 인간은 자신을 이해하기 위해 꼭 신의 존재와 실재성의 문제를 연결 지어 생각해야 할 이유가 없다.

동아시아 세계를 생각해보면 이런 사실은 자명하다. 신 문제는 개념적으로는 존재 의미에 관계되며, 그 뒤에는 인간의 삶과 실존적 진리에 대한 의문이 자리한다. 결국 신이 실재하느냐가 아니라 신 존재를 어떻게 받아들이느냐가 문제시되고, 또한 그 대답에 따라서 인간 존재와 삶의 궁극적 의미가 결정되는 것이다.

그래서 서구철학의 전 역사는 신을 긍정하든 혹은 부정하거나 비판하든 결국 신에 대한 질문과 대답이라고 말할 수 있다. 우리 시대가 허무주의로 특징지어지는 것은 이러한 사유가 사라졌기 때문이다. 신적 사유의 위기는 현대 철학과 문화가 당면하는 위기의 본질이다. 그럼에도, 아니 바로 그렇기 때문에 현대 문화는 이 고유한 본질과 의미에 대해 다시금 따져봐야 한다. 인간의 편에서 바라보는 신, 철학자의 신은 최고로 질문할 가치가 있는 문제를 진지하게, 끝

까지 질문하는 데서 드러난다. 그 과제는 피히테J. G. Fichte의 말처럼
"사유의 최고 비약에서 신적인 것이 도래한"다는 명제를 주도면밀하
게 이끌어가는 길이기도 하다.

신이라는 이름 뒤에 숨겨진 인간 본성

철학의 본질은 존재와 역사, 인간의 근원에 대한 이해이며 그것이
무엇인지 결단하고 해명하는 데 있다. 철학은 이러한 질문과 대답이
이어져온 역사이며, 그에 대해 어떠한 태도를 지니느냐에 따라 달리
형성되었다. 어떤 의미에서 철학은 신의 본질과 초월성을 사유하는
데 자리하기 때문에 신 이해의 역사는 곧 철학사라고 말해도 좋을
정도다.

철학자의 신은 다양한 원리와 개념으로 주어지면서 각기 다른 의
미를 지닌다. 그것은 세상에 있는 모든 사물의 원리로서 최고의 존
재자이며 세계 이성의 근거이기도 하다. 또는 윤리와 도덕률의 근거
이거나 인격신으로, 나아가 모든 존재자의 근거로서 창조와 종말의
최종 판관으로 제시되기도 한다. 그 어떤 경우에도 신은 세계 전체
의 실재와 현실을 주관하며 근거 짓는 최고의 존재이며, 이 모두를
넘어서는 초월적 원리로 자리한다.

신을 이해하고, 신을 신으로 경배하는 것은 인간이 자기 존재를
자각하면서부터 시작되었다. 비록 사물처럼 존재하지는 않지만 이

세계의 가장 중요한 실재로 상정된 것이 신이기에 인간은 신이란 말이 어떤 의미를 지니는지 결단해야 한다. 신에 대한 이해는 인간의 자기이해는 물론 존재의 의미를 위해서도 필연적인 과제다.

인간이 초월을 경험하는 것은 삶의 진리이며, 이 초월성을 유일신론자들은 신이라 부른다. 그렇기에 신이란 이름은 절대적이며 근본적이다. 그것은 우리가 느끼는 어떤 존재의 떨림, 초월적 힘에 대한 감수성이며, 존재자로서 인간 존재의 심연에서 우러나는 울림, 존재의 소리를 듣는 영적인 지평에 관계된 개념이다. 신 개념을 포기함으로써 잃어버리게 되는 것들을 생각해보면 이 개념이 얼마나 중요한지 잘 알 수 있다. 그럼에도 신이란 말은 변하지 않는 관념이라기보다 모순 혹은 상호배타적이기까지 한 의미를 담고 있기에 그에 따라 끊임없이 새롭게 설정된다.

종교 전쟁은 물론 신의 이름으로 벌어지는 살인과 테러, 각종 분쟁을 살펴보면 문제는 신 존재 자체가 아니라 신에 대한 인간 자신의 이해임을 알 수 있다. 단일한 이름으로 가장 많은 사람을 죽음으로 몰아간 단어를 꼽으라면 단연코 '신'일 것이다. 진리, 정의, 신념 등 인간에게 가장 중요하고 의미 있는 말들은 오히려 가장 많이 그것을 지키고자 했던 사람들을 죽음으로 몰아가는 역설을 빚어낸다. 그 뒤에는 이런 이름에 담긴 인간의 자기이해와 신념이 담겨 있기 때문이다. 인간은 신이라는 이름으로 나타나는 자신의 얼굴을 타자에게 강요한다. 신의 얼굴은 인간이 스스로 이해하는 자신의 모습을 드러내는 거울이다.

따라서 신의 존재는 믿음이나 실재의 문제라기보다는 인간이 자신에게 던지는 결단의 문제로 다가온다. 그것은 인간이 전 실존을 걸고 내리는 존재의 결단이다. 신을 받아들이거나 부정하는 것과는 무관하게, 또는 신의 자리에 다른 어떤 이름을 대치하든 그 이름이 지니는 절대성과 유일함, 인간의 존재 전체에 걸친 근원적 성격을 고려한다면 이 말은 결코 과장된 것이 아님을 알 수 있다.

신은 인간이 찾으려는 의미의 세계를 비춰주는 거울이다. 그래서 프롬E. Fromm은 『너희도 신처럼 되리라』(1966)에서 『구약성서』 전체를 인간 해방에 대한 외침으로 이해한다. 그는 인간은 그의 존재를 얽매는 모든 속박에서 벗어나 완전히 자유롭고 자율적인 존재가 되기 위해 신과의 합일을 표상하는 존재라고 말한다. 유럽 사회에서 신은 의미와 가치, 규범과 근거의 원인이며 그 저장소로 설정되었다. 이제 이 신의 죽음을 선포하는 현대는 결국 세속화, 탈마법화의 세계로 전환되었지만 현대인은 오히려 그러한 신의 죽음에서 허무와 무의미만을 체험하고 있다. 이런 시대적 상황, 그 무의미함에 맞서기 위해 우리는 새로운 신에 대한 표상을 필요로 한다.

그래서 캘리포니아 대학의 철학 교수인 드레이퍼스H. Dreyfus는 오직 허무만을 보게 되는 현대 사회에서 그 근본적 허무를 벗어나기 위한 길은 신을 새롭게 이해하는 것이라고 말한다. 그 길은 전통적인 신, 또는 전체주의적 유일신이 아니라 인간 존재의 다양함을 드러내는 다원적 신을 설정하는 데 있다(『모든 것은 빛난다』, 2013).

교부 오리게네스Origenes는 인간의 삶을 신에 의해 영원히 교육pai-deia받는 과정으로 설명한다. 신은 인간을 영원히 교육시켜 그의 본질에 가까워지도록 만든다. 바꿔 말해 인간은 최고의 존재자로부터 끝없는 교육을 받아 그러한 본질로 초월해가는 존재란 뜻이다.

인간이 향해 가는 초월성, 자기완성의 거울, 의미의 근원적 지평으로서의 신에 대한 담론은 단순히 심판과 처벌, 또는 그에 대한 맹목적 신앙을 통한 구원이란 생각을 넘어선다. 이렇게 주어지는 구원과 해방은 무엇을 의미하는가. 구원과 해방은 아무런 고통도 없이 행복만이 넘쳐나는 천상 낙원을 의미하는 것이 아니다. 오히려 그것은 인간을 전적인 인간으로 만드는 길이며 인간다운 삶을 완성하게 만드는 과정이다.

구원과 해방은 인간을 구속하고 억압하는 모든 것에서 벗어나 인간다움을 성취하는 길일 것이다. 이러한 것들을 약속하는 신은 인간 존재의 완성과 초월을 가능하게 만드는 존재다. 자신의 한계와 현재를 넘어서려는 근원적 욕망을 지닌 인간은 본질적으로 초월적 존재일 수밖에 없다. 이 초월을 인간은 신의 이름으로 비추려 한다.

02
인간에게 신은
어떤 의미인가

인간은 신의 존재를 어떻게 받아들였는가

인간은 신의 존재를 어떻게 받아들였을까? 신이라는 이름은 여러 문화권에서 그만큼이나 다양한 이름으로 불리고, 신을 체험하고 그를 비추는 거울 역시 각 시대와 문화에 따라 새롭게 이해되고 다르게 표현된다.

이 모든 차이와 다양함에도 불구하고 여기에는 동일한 존재 경험이 담겨 있다. 그것은 신적 존재를 지향하는 인간의 보편적 성격과 함께 인간의 실존적 경험에 담긴 유일함과 절대적인 특성을 재현한다. 이러한 특성은 신이란 이름이 지니는 절대적 의미와 실존적 요청을 말하는 것이지, 결코 신 존재가 자명하다는 뜻은 아니다.

신을 부정하든 긍정하든 신이란 이름은 그 자체로 절대적인 의미를 지니고, 유일하면서도 보편적인 것으로 제시된다. 신을 부정하는 것조차 신이라는 이름이 가지는 이런 성격을 드러낸다. 그 이름은 존재하는 모든 것과 그 최종 근거에 대해 인간이 어떻게 관계 맺고 있는지를 나타낸다. 그래서 신이란 이름은 개념 또는 인격적인 특성으로 이해되고, 마침내 형이상학적 지평으로 이어진다.

신의 이름을 어떻게 이해할 수 있는가? 전통적으로 신학은 이 길을 긍정과 부정의 길, 탁월함의 세 가지 방식으로 제시한다. 이와 함께 신의 이름을 이해하는 길에는 '비유analogia'란 방식을 사용한다. 이에 따라 신이란 이름을 절대적이며 보편적인 개념으로 이해하거나, 인간의 실존적이며 인격적인 지평 또는 존재론적 최종 근거와 제1원인에서 이해하는 것이다.

신 이해의 역사는 대략 네 가지 단계로 나누어볼 수 있다. 간단히 이야기하자면 첫 번째 단계는 '우리 위에 있는 하느님'의 개념으로, 신을 우주적으로 생각하여 세계 피안彼岸의 존재로 받아들이는 단계다. 두 번째 단계는 인간 존재의 성취를 가능하게 하는, 우리 안에 있는 타자 개념으로서의 신, 즉 '우리 안의 하느님' 개념이고, 세 번째는 인격적 만남을 가능하게 하는 신, 즉 '당신으로서의 하느님' 개념이며, 마지막 네 번째는 인간의 역사와 고통, 한계와 모순에서 함께 하는 신, 다시 말해 '우리와 함께하는 신'의 개념이다.

영국의 종교학자 암스트롱K. Armstrong 역시 『신의 역사』(1994)에서 신 이해의 역사를 네 가지 단계로 요약한다. 먼저 인간은 신을 자연과 동일시하거나, 자연의 놀라운 힘을 관리하고 지배하는 존재로 생각한다. 이것은 앞에서 말하는 우주론적 신 이해와 같은데, 많은 사람들이 여전히 이러한 신관을 지니고 있는 것이 사실이다.

두 번째 형태는 인간의 생각이 철학적으로 발전한 뒤 나타난다. 즉, 존재란 개념을 설정한 뒤 신을 이 존재의 근거로 이해하고, 성서적 경험과 연결 지어 인격적 존재로 여긴다. 인간의 실존적 고통과 함께하며, 인간적 바람과 생각을 뒷받침하는 아버지와 같은 존재로 생각하는 것이다.

나아가 신을 진리와 정의를 보증하는 계시의 신으로 받아들이는 형태도 존재한다. 오늘날 신학은 이런 신을 인간의 내면적 존재의 근거로 받아들인다. 인간이 지닌 진리와 존재 의미의 근거가 신이란 뜻이다.

신을 말하면서 성서를 언급하는 까닭은 기독교와 같은 특정 종교의 교의를 주장하기 위해서가 아니다. 성서는 인류의 역사와 경험이 담긴 중요한 고전이다. 신에 대한 믿음과 인간의 갈등, 방황하고 배반하지만 그럼에도 다시금 신앙으로 자신을 투신하는 인간의 실존과 초월이 잘 나타난 것이 바로 성서다.

적나라하게 드러나는 인간의 위선과 폭력, 야만과 이중성은 물론 끊임없이 그런 상태에서 벗어나려는 인간의 몸부림과 그를 경고하는 강력한 주장, 이해할 수 없는 고통에 대한 고발, 사랑과 생명에 대한 찬미, 때로는 자신을 비워가라는 고귀한 가르침이 그 안에 담겨 있는 성서는 신학 외적으로 보아도 매우 훌륭한 인간학 교재이자 인문학적 성찰을 담은 고전이다. 이런 경전을 빼고 인류의 역사를 말할 수는 없다. 다만 이를 글자 그대로, 자구自求적으로 해석하여 자신의 신앙과 욕망을 위해 활용하거나 왜곡하는 근본주의적 성향을 지닌 이들이 문제가 될 뿐이다.

철학적 신론에서 본 신 이해는 플라톤 철학과 함께 시작한다. 형이상학은 있는 모든 사물의 제1원인과 최종 근거를 논의하는 철학이다. 이 형이상학은 신적 진리와 연관되며, 특히 유럽 철학에서는 기독교 신학의 창조주인 하느님에 대한 언명과 연결된 형태로 제시되었다. 플라톤에서 신은 '선하며 참되고 아름다운' 존재이며 또한 이 모든 것인 신적 존재는 '모든 관점에서 최상이며 절대'다. 그는 처음이자 끝이고, 스스로 동일한 존재이며, 영원불변하는 완전한 존재다. 초기 기독교 교부들church fathers은 그들의 신 체험을 해명해줄 이론을 플라톤 철학에서 찾은 것이다.

한편 아리스토텔레스의 우주론적 신 존재 논의는 이후 형이상학을 존재론과 신론으로 만드는 출발점이 되었다. 또한 중세에 이르러 토미즘Thomism이 수용되면서부터는 신 이해를 존재론적으로 방향 짓는 토대로 작용하게 된다. 이것이 서구의 형이상학을 틀 짓는 원형이 된 것이다.

아리스토텔레스는 그의 저서 『형이상학』에서 신은 스스로 움직이지 않으면서 모든 것을 움직이게 하는 최초의 원인이라고 말한다. 신은 유일한 존재이면서 다른 모든 움직임을 관장하는 근원이다. 변화 가능성을 전혀 가지지 않은, 그 자체로 완전하게 현실적으로 존재하는 신은 존재하는 모든 사물의 근원이자 시초다. 따라서 신은 최상의 존재다. 서구철학에서 신이란 최고의 존재를 가리키는 말로 쓰인다. 이러한 신에게 자신을 위탁하고 그에서 신앙을 발견하는 것은 종교의 문제다. 그래서 아리스토텔레스는 신이란 "영원하고 최고의 가장 완전한 생명체"라고 말한다.

나아가 아리스토텔레스는 신의 본성을 이성과 연결시킨다. 이성은 신이 지닌 고유한 생명력이며, 세계를 이루는 근본 원리로 작동한다. 그래서 인간 역시 이성적 존재이고, 그 이성은 신에게서 받은 것이다. 인간에게 주어진 이성은 이미 "스스로 하나의 신적인 것"이며, "우리 안에 존재하는 가장 신적인 것"이다(『니코마코스 윤리학』). 그래서 인간이 이성으로 받아들이는 모든 것은 "가장 신적이고 가장 고귀한 것"이다. 신은 "살아 있는 이성"이다.

헤라클레이토스와 플라톤 이래 서구철학은 신의 본성을 이성, 즉 로고스 개념과 연결 지어 이해했다. 로고스 개념을 그들이 믿는 하느님의 아들과 연결시킨 『신약성서』의 말은 이런 사실을 잘 보여주고 있다. "한 처음 천지가 창조되기 전부터 말씀logos이 계셨다. 말씀은 하느님과 함께 계셨고 하느님과 똑같은 분이셨다. (중략) 모든 것은 말씀을 통하여 생겨났고 이 말씀 없이 생겨난 것은 하나도 없다."

(『요한복음』 1 : 1~1 : 3) 여기서 말하는 말씀은 이후 이성으로, 만물의 근거로, 또는 그 원리와 이치로 해석되었다. 이 로고스는 서구철학의 가장 근본적 개념이며, 이후 서구철학은 이를 중심으로 전개되었다. 그래서 프랑스의 철학자 데리다J. Derrida는 이런 전통을 로고스 중심주의logocentrism이라고 규정했다. 여하튼 서구의 철학은 신을 이러한 존재론과 그에 따른 존재론적 이성이란 관점에서 설명해왔다.

인류의 시간은 선사 시대와 역사 시대로 구분해볼 수 있다. 이 구분은 인간이 문자를 발명해 자신의 삶을 기록하기 시작한 때를 기준으로 한다. 삶을 기록했다는 것은 인간이 비로소 자신의 삶에 대해 이해하고, 그러한 이해에 따라 자신의 존재와 관계되는 모든 것을 해명했다는 뜻이다.

바꾸어 말해 역사는 인간이 자신이 있다는 사실, 그리고 살아가고 있음에 관계되는 모든 것을 분명하게 이해하고 해석하면서 시작되었다. 그때가 언제였는지는 정확히 알 수 없지만, 분명한 것은 바로 그때 인간은 비로소 인간이 되었다는 사실이다. 이런 명시적인 행위를 우리는 철학이라고 말한다.

철학은 나의 존재뿐 아니라 '있는 것 전체', 즉 존재 자체에 대해 질문하고 대답한다. 개별 사물에 대한 지식은 이러한 존재 이해에 근거해서야 비로소 의미를 지닌다. 이러한 과정이 학문의 역사다. 그래서 초기에 철학은 학문이란 말과 동의어로 사용되었던 것이다.

역사가 발전하면서 사람들은 다양하게 철학을 정의했다. 어떤 사람은 철학이란 사물을 인식하는 지식의 기초에 관한 학문이라고 말했는가 하면, 누군가는 세계관이나 가치관, 또는 우주와 자연, 신과 영혼에 대한 본질적인 질문이라고 정의하기도 했다. 과학이 대상에 대한 객체적 지식을 추구한다면, 그와 달리 철학은 지식의 근거와 본질을 묻는 학문이란 뜻이다. 현대에 와서는 그보다 철학의 영역을 좁혀서 언어의 본질을 분석하거나, 논리적 사고에 관한 학문이라고 말하기도 한다. 어떤 학자는 과학이 모든 지식을 제공하므로 이제 철학은 아예 끝장난 학문이거나, 아니면 문화와 언어에 대한 해명으로 바뀌어야 한다고 주장하기도 한다.

분명한 것은 철학은 존재하는 모든 것의 근거에 대해 묻고 대답하는 과정이며, 그렇기 때문에 다른 학문과 달리 인간의 이해와 해석 그 자체에 관계한다는 사실이다. 철학은 신학과 과학을 포함한 모든 학문의 근거 자체에 대해 질문하며, 그러한 학문의 근거를 정립하는 기초적 학문이다. 그래서 다른 모든 학문이 그 대상인 존재자(있는 것)에 대해 질문한다면 철학은 있는 것 그 자체, 존재(있음)에 대해 묻고 대답하고자 한다. 그래서 개별 학문은 철학적 이해에 따라 자신의 학적 근거를 정립한다. 존재자에 관한 개별 학문은 존재자의 존재에 대한 이해에 기초해서 이루어지기 때문이다.

신학과 철학의 관계도 이런 맥락에서 이해할 수 있다. 신학은 하느님과 신앙에 관한 인간의 학적 해명이다. 일례로 유럽의 그리스도교는 역사적 사건으로서의 예수 사화史話를 철학적 해석 작업과 존재론적 근거를 거쳐 신학으로 정립했다. 이를 위해 교부라 불리는 초기 신학자들은 당시의 철학을 원용했던 것이다.

신이 사라진 세상

현대 문화의 체계와 상황은 유럽의 계몽주의와 그에 따른 혁명적 변화의 결과다. 독일의 신학자 카스퍼w. Kasper는 현대를 계몽주의에 대한 계몽, 계몽주의에 대한 메타 비판의 시대라고 규정한다. 이 시대는 인간의 이성과 자유, 신 체험과 근거에 관한 원리, 인간의 본성과 유한성 등에 대한 비판이 등장하고 그에 따라 새롭게 신을 이해하려 시도하는 시대다.

이른바 인간학적 전환은 인간을 존재의 주인으로 자리매김하면서 근대의 승리를 추동하는 힘이 되었다. 그것은 철학적 인간학의 지평에서 인간의 세계개방성에 신을 위치시키려는 시도를 일컫는다. 즉, 근대 이래의 철학에 기초하여 인간의 존재 이해에 따라 신을 근거 지으려는 행위인 것이다.

이러한 시도 중 하나가 신을 실체적으로 이해하는 사조를 넘어서려는 경향이다. 이런 신학자들은 '신의 죽음 이후의 신 이해'란 말로 자신들의 생각을 표현한다. 즉, 스스로 존재하면서 모든 사물을 있게 하는 실체처럼 신을 이해하는 경향이 한계에 이르렀다는 말이다. 이런 생각은 현대의 철학적 지평과 역사신학적 관점에서 이루어지는 신 이해를 모색하려는 시도다.

근대의 인간은 세계의 주인으로서 자연을 대상화하고 그를 장악하는 힘으로 과학기술의 시대를 만들었다. 미국의 신학자 콕스H. Cox가 『세속도시』(1965)에서 말했듯이 이 시대는 신의 도시가 인간의 도시가 된 시대, 즉 "인간의 이성과 언어를 지배하던 종교와 형이상학으로부터 벗어난" 세속화의 과정을 의미한다.

그럼에도 이 시대는 인간을 위대함과 비참함이 교차하는 이중적 상황에 놓이게 만든다. 자신이 이룩한 업적과 그에 따라 주어지는 한계를 이해하는 위대함과 함께, 그 위대함에 시달리는 비참함이 공존하는 것이 이 시대다. 이것은 스스로 주인이 된 인간의 자유와 이성의 힘 때문에 가능했다.

칸트가 말했듯이 계몽이란 다른 권위의 지도 없이는 자기의 이성을 사용하지 못하는 미숙함을 넘어 스스로 이성을 사용하는 것이다. 계몽된 인간은 '아버지의 이름'이나 '신의 이름in the name of God'과 같은 어떤 이름, 또는 교회나 국가 같은 어떤 권위에 기대지 않고 스스로 이성을 사용한다.

그러나 이렇게 이룩한 위대함에도 불구하고 인간은 존재의 근본적 체험에서 주어지는 비참함과 모순을 절감하게 된다. 왜냐하면 현재와 미래, 초월과 내재 사이에서 갈등이 일어나기 때문이다. 이러한 경험은 우리의 현재에서 인간의 자유와 이성, 존재 근거의 의미를 총체적으로 되돌아보게 만들며, 그에 대한 대답을 요구한다.

이제 신은 더 이상 근대 이전에서 보듯이 인간의 존재 의미와 삶의 역사, 실존적 상황을 벗어난 고고한 우주적 존재일 수 없다. 이때 신은 '인간이 오로지 경청하고 순종하면서 마주하는 전적인 타자로 인식'될 뿐이다. 그러한 신은 인간의 실존적 상황, 악과 고통의 문제, 존재론적 한계에 대한 어떠한 타당한 대답도 주지 못하기에 인간은 결국 무신론으로 치달을 수밖에 없다.

신 존재의 의미는 인간에 의해 성취되는 아래로부터의 미래일 뿐 아니라, 인간의 제조 가능성을 벗어나는 절대적 자유로서의 미래다. 미래의 삶으로서 신을 말하는 것은 신을 더 이상 인간의 작업가설이나 미봉자deus ex machina로, 또는 개별적 신념을 정당화하는 기재로 만들지 않을 때 가능하다.

미봉자란 말은 중세에서 인간으로서는 어찌할 수 없는 진퇴양난에 처했을 때 나타나는 초인적 존재로 신을 표상했기에 이에 빗대어 표현한 데서 유래한다. 마치 무협지에서 절체절명의 위기에 처한 주인공이 희대의 고수를 만나 몇 갑자의 내공을 물려받아 모든 상황을 단숨에 해결하는 것처럼 말이다.

신 개념은 만물의 근거나 최종적 절대근거와 동일시되는 것이 아니라 인간이 실재와 존재, 의미 전체를 문제시할 때 요구되고, 그에 대한 절대적이며 전체적인 해답이란 관점에서 나타난다. 신은 인간 존재의 유한함과 초월, 의미 체험과 실존적 문제의 근거에 대한 질문에서 의미를 지닌다.

파스칼은 전통 형이상학에서 제시한 신 이해의 지반地盤에 대해 회의하면서 신에 대한 이해를 다시금 제시한다. 존재와 이성의 기반에 확고히 서고자 했던 데카르트를 넘어 파스칼은 살아 있는 하느님, 신앙의 선조들이 체험한 신을 이야기한다.

그것은 '철학의 마음'을 넘어 '마음의 신학'으로 나아간다. 우리는 신이란 존재가 확실하다고 아무런 의심 없이 믿어야 하는가? 이 질문은 중세에서 보듯이 '이해하기 위하여 믿어라'라는 명제와 '믿기 위해서는 이해가 필요하다'라는 두 대립되는 말 사이에서 답을 찾는다. 신을 믿거나 부정하는 것은 증명의 문제가 아니다. 그것은 오로지 인간이 자신의 얼굴을 비춰 보는 거울로 작용할 뿐이다.

인간은 자신의 존재를 걸고 신에 대해 결단해야 한다. 그래서 파스칼은 신 문제를 실존적 인간의 현재적 문제로 여겼다. 신은 결코 신학적이거나 철학적 문제가 아닌 실존의 문제이며, 인간의 구체적 역사에서 문제가 되는 질문이다. 그래서 그는 신이란 철학자나 신학자의 것이 아니라 인간의 역사와 함께하는 신, '아브라함과 이삭과 야곱의 하느님'이라고 말한다.

신은 인간이 자신의 존재를 걸고 결단하도록 요청한다. 존재가 삶의 자리에서 아무런 의미도 갖지 못한다면 신 존재는 어떠한 생명력도 갖지 못할 것이다. 오늘날 신에 대해 말할 수 있는 것은 존재자의 근거로 해명된 신이나 창조와 계시의 신, '위로부터 이해'하는 것이 아니라 인간의 구체적 실존과 경험의 지평에서 드러나는 존재,

즉 '아래로부터 이해'할 때 가능하다. 현대 세계의 모순과 무의미함, 근대의 역사에서 목격하는 세상의 고통과 악, 무죄한 이들의 고난과 죽음은 신의 본성과 신 존재의 모순, 이른바 '하느님 안에서의 모순'을 남김없이 드러낸다. 이런 문제에 직면해서 신 이해의 전환이 요구되는 것이다.

신을 최고의 가치로 설정하고, 그의 말을 선험적이며 교조적으로 수용하는 것은 결과적으로 무신론을 초래하고 종교 간의 갈등과 대립만을 낳을 뿐이다. 마침내 신의 이름으로 불의가 행해진다는 사실은 신 이해의 역사를 통해 분명히 보게 된다. 자신의 이념과 이해를 정당화하는 기재器財로 신을 이용하거나 자신의 관념과 체계, 이익에 가두는 행위는 신의 인간화를 초래할 것이다. 그러한 신은 결국 그 존재를 부정당하게 된다.

신을 작업가설로 설정하거나 변증법적으로 옹호하는 철학적 체계는 한계를 지닌다. 선험적 최고 가치로 설정된 신, 최고의 존재자로 설정된 신 이해는 결국 '신의 죽음'이란 명제를 초래한다. 하지만 최고의 존재자가 아닌 존재자의 존재로 수용되는 신, 신 죽음에의 경험을 성찰하는 작업은 새로운 신 이해의 길을 열어줄 것이다.

현대는 신이 떠난 시대란 경험을 안고 있고, 이 시대는 포괄적인 무신론적인 상황을 낳는다. 이에 대해 신의 죽음을 말하는 사신신학死神神學자들은 "신은 더 이상 필요하지 않다. 아니면 필요하지도 않고 필요 없지도 않은, 대수롭지 않은 존재일 것이다. 그는 죽었다"

라고 이야기한다.

그러나 실상 죽은 것은 세계내적 원인이나 객체성과 혼동되었던 신, 전통적으로 창조된 세계의 궁극적 근거이며 목적으로 나타나고 표현되었던 신이다. 무신론적 주장들은 오히려 이러한 신 관념을 넘어서는 계기를 제공할 것이다. 신 없음을 예찬하는 현대의 수많은 과학자들이나 그 외의 무신론자들의 말은 신 존재 자체를 거부한다기보다 오히려 새롭게 이해해야 할 신의 얼굴을 필요로 하는 목소리로 들린다.

—

무신론은 무엇을 뜻하는가

독일의 신학자 하센휘틀G. Hasenhuttl은 신 이해를 위해 넘어야 할 유신론의 형태를 세 가지로 정리한다. 첫 번째는 인간 삶의 요구에 이용되는 신, 만사형통의 신, 정치적 유신론으로 불리는 형태이고, 두 번째는 존재론적 근거로 설정된 신, 존재 자체에 치중하는 신의 개념이며, 세 번째는 유대 그리스도교적 신, 세계에 군림하는 인간화된 신의 형태다.

현대의 체험은 이러한 전통적 신이 사라졌다고 선언한다. 그러한 신은 '존재 자체ipsum esse'이며 모든 것의 총괄개념으로 자리할 뿐이다. 존재의 근거로 이해하는 신, '스스로 있는 존재 자체'로 이해되는 신은 전통적 형이상학에 근거한 영원불변하는 존재이고 만물의 근거이자 그 정립의 원리이며, 그에 따라 세계의 궁극적 목적으로 간주되는 존재다. 신은 진선미와 성스러움의 근거이자 그 원천인 유일한 존재다.

전통적 신관은 이러한 철학에 근거한다. 영원불변하는 존재, 플라톤적 철학에 근거한 신의 존재는 인간의 구체적 실존, 기쁨과 고통에는 관여하지 않는 '전적인 타자'의 존재일 뿐이다. 인간에게 군림하는 신, 복종과 경배를 요구하며 생명의 열쇠를 쥐고 인간을 위협하는 폭군적 신의 모습이 그것이다.

도스토옙스키F. M. Dostoevskii가 쓴 『카라마조프 가의 형제들』(1880)에서 이반이 한 말은 이런 사실을 잘 보여준다. "나는 하느님을 부인하지 않는다. 그러나 나는 그 세계로의 입장권을 하느님에게 가장 공손히 돌려주려고 한다. 나는 하느님을 인정하며 이해한다. 그러나 하느님에 의해 창조된 세계, 그 하느님의 세계를 인정할 수는 없다. 그 세계를 나는 결단할 수 없다."

세계의 악이나 부조리, 이해할 수 없는 엄청난 폭력이나 개인의 죽음과 같은 고통에 접할 때 인간은 그런 사실을 인격적인 신과 연결 지어 해결 혹은 부정하려 한다. 신을 세계의 모순과 폭력, 야만에 대한 해결책으로 제시할 때 인간은 그러한 신을 부정적으로 인식하게 되는 것이다.

또는 신의 존재 자체에 매여 맹목적 신앙에 빠져드는 것은 오히려 이러한 신의 거울을 왜곡시킬 뿐이다. 신을 자신의 맹신이나 좁은 관념, 또는 그러한 이해관계에 가두는 행위는 신을 자신의 편견에 가두는 독선이다. 그럴 때 인간의 얼굴을 비추는 신은 자신의 야만과 폭력, 자신의 한계를 벗어나지 못하는 추한 모습으로 드러난다. 그 신은 만물의 '궁극적인 원인'이며 스스로 있는 최고의 존재자다. 이러한 철학의 신에게 인간은 결코 기도하거나 경배의 음악도 드릴 수 없으며, 경외하는 마음으로 그 앞에 무릎을 꿇을 수도 없다. 그래서 하이데거는 "자기원인causa sui으로서의 신 개념을 포기할 때", 그러한 "신 없는 사유"가 더욱 신을 신답게 드러낸다고 말한다.

하센휘틀은 현대의 신 이해가 처한 위기의 이유를 인격적 신에 대한 체험의 결핍에서 찾는다. 이러한 상황은 무신론을 향한 허무주의의 움직임, 혹은 새롭게 자신을 드러내는 신의 모습으로 나아가게 한다. 그것은 신을 영원불변한 존재로 이해하는 관념에서 벗어나 인간사회와 무관한 신앙을 끝내는 길이며, 이로써 신에 대해 새롭게 물어볼 가능성이 생기게 된다.

한편, 세계를 해석하는 원리로 신을 필요로 하거나 어떤 전능한 초세계적 존재가 신이라고 여기는 견해는 결국 무신론으로 귀결될 수밖에 없다. 신을 존재라는 틀을 벗어나 인간의 삶과 실존 이해와 연결 지어 이해하는 태도는 신학자 틸리히P. Tillich와 본회퍼D. Bonhoeffer에서 공통적으로 찾아볼 수 있다.

틸리히가 "신의 존재 또는 비존재에 대한 물음으로 시작한다면 절대로 신에 도달할 수 없"다고 말한다면, 본회퍼는 "'존재하는' 한, 신이란 존재하지 않는다"라고 말한다. 그러한 이해를 넘어 유신론적으로 이해하기를 포기하고, 인간의 실존 깊은 곳에서 마주하는 존재로 신을 받아들일 수 있어야 한다는 것이다.

그래서 본회퍼는 신은 "없는 듯이 존재"하기에, 현재를 사는 인간은 "신 앞에서 신과 함께, 신 없이" 살아야 한다고 말한다. '없이 있다'는 것은 존재자처럼 존재하는 것이 아니라 모든 존재자의 근거로서 있다는 의미다. 그것은 최고의 존재자로 있는 것이 아니고, 실체처럼 존재하거나 객관적 실재로 이해되는 존재가 아니란 뜻이다. 오히려 '없이 있는' 신은 존재자가 있게 되는 그것, 생성과 과정, 무無 등으로 존재한다.

이 신은 객관적 실재라기보다 깊이와 초월에서 체험되는 존재다. 신은 언어로는 결코 표현할 수 없는 존재로, 인간 내면의 모호함과 모순, 한계와 이해 불가능함을 표현하는 곳에 자리한다. 그러한 "신은 하나의 외계적 존재가 아니라, 인간이 스스로에 대한 자각을 통해 실현하는 인간 내면에 초월적으로 있음"이다.

"신은 죽었다"라는 니체의 선언은 이러한 체험을 표현하고 있다. 니체는 최고의 가치가 무가치해지는 것을 유럽 허무주의의 근원이라고 보았다. 그것은 신의 존재를 가치로 타락시키고, 신을 죽음으로 몰아가는 행위다. 왜냐하면 신은 서구의 형이상학 안에서 주어진 진리로서 최고의 자리에 위치하기 때문이다. '초감각적 근거와 모든 현실적인 것의 목적'인 신은 죽었다. 근거와 목적으로서의 신이 죽었다는 선언은 '그리스도교와 그리스 형이상학'의 근거인 신의 죽음으로 체험된다. 그래서 니체는 신에 대한 믿음으로서 '기독교는 민중을 위한 플라톤주의'에 지나지 않는다고 말한다.

현대의 무신론은 서구 형이상학의 역사 전체를 되돌아보는 과정에서만 비로소 이해할 수 있다. 최고의 가치가 상실되고 모든 가치들이 새롭게 전환되는 이행의 과정은 형이상학의 변화를 요구한다. 따라서 "신은 죽었다"라는 말은 서구의 형이상학을 넘어선다는 명제에서 나타난 개념이다. 신을 믿는다면서 자신의 관심사나 현실의 가치를 추구하는 행위, 인간을 위한 존재로 신을 이용하는 것이야말로 신에 대한 가장 큰 모독이다.

허무주의는 바로 '존재 부재의 역사'이고 신을 최고의 존재자처럼 이해하는 형이상학으로 완성되기에, 이런 도식을 극복하는 것은 무엇보다 중요하다. 그것은 하이데거의 말처럼 형이상학의 변화이며, 그 근거로 돌아가는 것이다. 존재의 소리를 듣고 존재 드러남의 사유를 보존해야만 신을 새롭게 이해할 수 있는 가능성이 생기기 때문이다.

이렇게 이해하는 신을 현대의 여러 철학자들은 "다가오는 신"이란 말로 표현한다. 역사는 인간 삶의 구체적 터전이자 하느님과의 만남이 이루어지는 터전이기에 신을 그 존재의 지평으로서 역사성에 따라 사유하는 것이다. 역사는 신의 역사와 계시, 창조와 완성의 터전인 보편적인 시간이다.

인간의 실재와 역사성을 진지하게 수용하는 신 이해는 신의 부재와 다가옴, 감추어짐과 드러남의 역사를 성찰하는 경향으로 이어진다. 남아메리카의 열악한 정치경제적 상황에서 생겨난 해방신학을 보라. 여기에서의 신은 해방과 구원의 거울로 비춰진다. 『구약성서』에 나타난 수많은 신의 얼굴은 그 모두가 매 순간마다 인간이 처해진 벗어날 수 없는 상황을 구원하고 해방하는 신의 모습을 띠고 있다. 역사의 신은 인간의 역사, 고통과 모순, 계몽의 변증법을 떠나 존재하지 않는다. 로마의 평화Pax Romana가 지배하던 시대와 '아우슈비츠 이후' 신의 얼굴은 달리 비춰질 수밖에 없지 않은가.

무신론의 올바른 주장은 신을 현실 세계를 해설하기 위해 요청하는 작업가설로서의 신 이해의 오류를 벗어나고, 인간에 의해 사용되는 신을 거부하도록 이끌어간다. 무신론은 '신 위의 신'으로, 즉 존재의 근거로 설정된 신 이해로부터 해방하게끔 해준다. 그럴 때 우리는 유신론과 무신론의 이중적 구조를 넘어 다시금 신 존재를 올바르게 이해할 용기를 가질 수 있을 것이다. 무신론은 '그 시대의 신 개념을 거부하는 일체의 행위' 또는 자신과 다른 신 이해를 가리키는 말로 사용되어왔던 것이 사실이다. 그럼에도 신에 대한 이해는 인간의 자기이해에 필수적인 요소다.

인간의 이해와 관심, 신념체계를 위해 이용되거나 그렇게 만들어진 신이 아니라, 존재의 근거에서 체험되고 그러한 내재적 초월성을 수용할 수 있을 때 신은 부재하는 가운데 존재하는, 없는 듯이 존재하면서 초월해가는 존재다. 그것은 우리 존재의 깊은 곳에 내재하면서, 그를 초월해가는 데서 체험된다. 이러한 초월적 의미를 드러내는 영역을 포기할 때 인간은 무의미함과 허무로 파멸될 것이다. 그렇기에 신의 부재와 도래, 내재와 초월을 생각할 때에야 신 존재는 우리 실존에 다가올 것이다.

03
형이상학의 몰락과
신의 부재

································

탈근대로서의 현재

독일의 철학자 하버마스는 현대의 철학적 경향을 형이상학 이후의 사유로 규정한다. 형이상학은 인간이 지닌 절대적 세계에 대한 이해, 인간의 경험적 영역을 근거 짓는 그 이상의 세계에 대해 생각하는 철학이다. 따라서 낯설고 어려우며 복잡하게 얽혀 있는 것도 사실이다. 형이상학을 말하는 까닭은 인간은 근본적으로 형이상학적 존재라는 생각이 그 뿌리에 놓여 있기 때문이다. 이 책을 읽는 우리들, 사랑과 믿음과 희망과 삶을 생각하는 모든 사람들은 형이상학적이다. 물질의 영역을 넘어서는 세계에 대해 생각한다면 그는 형이상학적이다. 형이상학이란 말 자체가 '물질과 형태를 넘어선 영역에 대한 학문'이란 뜻이 아닌가.

하버마스가 말하는 형이상학은 서구철학이 만들어놓은 철학 체계다. 이러한 전통적 형이상학은 더 이상 유효하지 않기에 그 이후에 새롭게 요구되는 철학을 '이후의 형이상학after metaphysics' 또는 '탈형이상학'이라 부른다. 그는 이 말로 서구철학의 세 가지 주제를 비판한다. 그 세 가지는 근본적인 세계를 설정한 뒤 세상의 모든 사물을 그것과 동일시하는 사유(동일성) 및 플라톤적 원형론적 세계론Idea, 그리고 그에 따라 만들어지는 철학 체계와 경향을 가리킨다.

문제는 이런 철학 안에서 신에 대한 이해가 그들이 말하는 최고의 존재자, 또는 존재의 근거와 동일시되어 해석되었다는 데 있다. 이러한 경향을 하이데거는 존재와 신을 동일시한 논리적 철학이라고 말한다. 이것이 이른바 존재-신-론으로 규정된 철학이며, 서구철학의 특성이기도 하다. 그것은 신을 최고의 존재자, 원형적 사유와 연결하여 이해하는 도식이며 근대, 특히 헤겔에 와서 완성에 이른 철학이다.

여하튼 이러한 서구의 전통적 사상 체계를 비판했거나 비판의 실마리를 제시한 사람으로는 흔히 18세기 이래 다윈과 마르크스, 니체와 프로이트 등이 꼽힌다. 철학적으로는 특히 비트겐슈타인L. Wittgenstein과 하이데거 이후의 철학이 이런 흐름을 대변한다. 이들에 의해 주어진 경향은 철학의 종말과 해체, 또는 새로운 사유란 말 등으로 표현되기도 한다. 새로운 사유란 우리의 삶이 이루어지는 지금 여기에 있음의 의미를 드러내는 행위다. '지금 여기'라는 현재는 언제나 인간이 존재하는 그 순간이기에 그 사유는 거듭 새롭게 나타난다. 신에 대한 사유를 통해 이러한 새로움을 만들어가려는 작업은 결국 형이상학적일 수밖에 없다. 그렇기에 우리는 신이해와 형이상학을 연결 지어 말하는 것이다.

이처럼 신에 대해 사유하고 신을 이해하려는 철학적 작업은 인간이 근본적으로 초월적 특성을 지니고 있고, 존재 의미를 떠나서는 살아갈 수 없는 본성을 지니고 있기 때문이다. 어렵고 복잡할 수밖에 없지만 우리 존재가 쉽지 않고, 우리 삶이 복잡하기에 이런 작업은 인간으로 존재하는 데 반드시 필요하다. 현대 철학은 전통적 형이상학에 기반한 신 이해를 넘어 근대 이후의 문화와 사유의 터전에 근거한 신 이해를 찾으면서 이런 작업을 해나가려 한다. 이것이 바로 전통 형이상학 이후의 형이상학이기에 탈형이상학이란 현학적 표현을 쓰고 있는 것이다.

이 형이상학은 전통 형이상학을 넘어 그 전통의 결과와 역사적 경험을 감내하면서 이를 극복해낼 새로운 사유를 지향한다. 탈형이상학의 '탈$_{post}$'이라는 말은 반대를 의미하는 것이 아니다. 즉, 형이상학을 부정하거나 포기하려는 태도가 아닌 것이다. 이 형이상학은 형이상학의 종말이 아니라 현재에 자리한 형이상학이다. 그것은 존재에의 근원적 경험에 자리하면서 언제나 우리 삶과 존재가 이루어지는 '지금 여기'에서 생겨나는 사유다.

또한 그것은 인간의 역사에 담긴 모순과 한계를 진지하게 수용해야 하지만, 그럼에도 그 안에 갇혀 있지 않고 이를 넘어서려는 사유다. 그 철학은 생성과 변화에 기반을 둔 철학이며, 무의미함과 허무를 넘어서는 새로움을 보려 한다. 이런 작업이 서구 근대의 철학적 토대를 벗어나려는 데서 유래하기에 이를 흔히 탈근대라고 부른다. 탈근대란 말도 쓰는 학자들에 따라 매우 다양한 모습을 보이는데, 그에 대한 논의는 또 다른 주제가 될 것이다.

어떤 경우에서든 이런 철학적 작업은 인간이 자기 존재의 힘으로 스스로 드러내야만 한다. 그렇지 못할 때 인간은 자기 존재 바깥에 있는 권위에 종속되고 말 것이기 때문이다. 그것은 철 지난 이데올로기, 더 이상 유효하지 않은 전통적 사고, 또는 그 밖의 어떤 다른 권위일 수 있다. 우리는 현대의 과학 지식 혹은 경제와 자본 등에 종속되거나 허무주의에 빠져 허덕이게 될 수도 있다. 어떤 경우라도 그것은 결코 우리 존재에서 비롯된 것이 아니다. 그럴 때 인간은 스스로 소외되고, '타인의 삶'을 살게 되며, 자기존재를 벗어나 방황할 것이다.

___

탈근대의 신 이해

'이후의 시대'에서 절실한 문제는 모든 실재의 근거로 설정된 전통적 형이상학의 신이 아니라 현재에서 드러나는 신을 이해하고 체험하는 것이다. 신 이해의 탈근대적 관점은 여기에서 의미를 지닌다. 이렇게 탈근대의 신 이해가 문제시되는 이유는 오늘날 신 부재의 경험이 전통적 형이상학의 몰락과 함께하기 때문이다. 이 시대의 신에 대한 물음은 신의 존재를 경험하는 것이 아니라, 오히려 신이 부재한다는 경험에서 출발한다. 존재의 체험보다 무의 체험이 신에 대해 묻는 우리의 상황인 것이다.

지금 우리가 신에 대해 말하기란 더 이상 불가능한 듯하다. 신 없는 삶과 사유의 시대, 독일의 신학자 판넨베르크W. Pannenberg의 말처럼 "살아 있는 무신론"의 시대인데 우리가 어떻게 신에 대해 말할 수 있을까? 이를 위해서는 새로운 철학이 필요할 수밖에 없다. 그 사유는 전통적 형이상학의 옷을 입은 신 개념을 벗어나 역사의 경험과 구원의 시대 체험, 인간의 한계상황에서 해방되는 체험을 가능하게 한다. 형이상학적 신학이나 사물의 근거로 설정된 철학적 신은 곧 이런 철학의 종말과 함께 죽음에 이를 것이다. 그래서 이러한 철학으로 길들여진 신에 대한 생각을 벗어나 새로운 시대에 걸맞는 신에 대한 이해를 펼치는 이중적 과제가 필요해진다.

이러한 형이상학 이후의 사유는 신의 부재를 복원하여 그 존재를 증명하려는 철학이 아니다. 그 사유는 차라리 '떠나버린 신들과 다가오는 신' 사이의 시대, 아직 아니 온 신과 이미 떠나간 시간 사이에서 체험하는 신 경험의 현재를 사유한다. 그 현재는 다가올 시대와 지나간 시대가 동시에 규정되고 만나는 순간이며, 그러한 현재의 시간이다. 지나간 시간과 다가올 시간은 현재에서 만나기 때문이다.

이런 시간은 존재에 대한 결단을 요구하는 순간인 한편 시간의 결단이기도 하다. 신의 거울에 비춰진 인간의 시간은 이러한 결단의 순간이며, 이때 인간은 신의 부재와 유보 사이에서 다가올 새로운 신을 언어로 드러낸다. 이 말은 신이 새롭게 태어난다는 것이 아니라 인간이 신을 새롭게 이해한다는 뜻이므로, 마치 인간이 신을 만들어낸다는 뜻으로 읽어서는 안 된다.

이러한 이중적 시간이 드러나는 현재는 신의 부재를 경험하면서도 다가올 신을 체험하는 순간이다. 이런 체험은 끊임없이 우리의 존재에 대한 사유로 드러나며, 시와 예술로 표현될 것이다. 그래서 여기에서는 신에 대한 이해와 인간의 자기이해가 통합된다.

신의 죽음에 대한 인식은 형이상학의 종말에 대한 통찰과 함께한다. 신적인 것을 확립하려는 전통 형이상학의 시도와 근거는 더 이상 가능하지 않다. 이 시대의 신은 하이데거의 말처럼 '사라져가버림'으로 체험된다. 존재 망각이 극치에 이른 시대, 존재의 가장 어두운 밤이 존재 진리 이해의 시작을 알리는 전환점이 될 것이다.

이 시대는 존재의 의미를 과학적 지식이자 기술문명의 대상, 또는 자본에 의한 소유의 대상으로 여기기도 한다. 그래서 이런 시대는 어두운 밤의 시대를 넘어 존재 의미를 드러내는 탁월한 방식으로 예술과 사유를 말한다. 이 시간은 예술과 사유를 통해 존재의 의미를 드러내는 시간이다. 신이 떠나버린 시대는 인간이 자신의 고향을 상실한 시대다. 다가올 신은 이런 고향 상실을 극복하고, 존재 사유를 통해 존재 의미를 드러내게 할 것이다. 그때서야 우리는 비로소 신의 떠나가버림을 극복하고, 인간의 신을 복원시킬 수 있다. 신이 떠나간 시대는 무의미와 허무로 몰락하는 철학이 극도로 번성하는 시대다. 이로써 인간이 필요로 하는 존재의 진리는 감추어지고 잊힌다. 이러한 허무의 철학을 극복하고 존재의 진리를 사유하는 것은 인간다움을 사유하는 길이기도 하다.

인간은 영원히 신의 부재와 도래 사이에서 그 없음과 다가옴을 사유한다. 인간의 현재는 신의 '이미 벌써' 주어져 있음과, 그럼에도 불구하고 '아직 아니' 다가온 신 사이의 시간이다. 그 현재는 이러한 '사이−시간'에 놓여 있다. 이 사이에 놓인 시간은 현재가 지니는 이중적 부정성, 이미 지나간 시간과 다가올 시간이 교차하는 현재의 특성을 드러낸다. 그것은 초월에의 결단이 이루어지는 터전이기에 신의 부재를 통해 신이 다가오는 경험을 가능하게 한다.

그래서 인간은 그 이중의 부정 속에서 신의 도래를 결단하게 된다. 인간은 끊임없이 신의 없음을 절감하는 가운데 신의 존재를 체험한다. 내 안에 없음에도 초월적으로 신의 존재를 체험하는 것이 인간의 본성인 것이다. 이러한 이중성은 '내재하면서 초월한다'라는 말로 표현할 수 있다. 내재적 초월은 인간의 존재 깊이에서 체험되는 부정의 경험임과 동시에, 그럼에도 미래를 앞당겨 현재화하는 초월을 의미한다.

인간은 존재의 도래와 부재 사이에서, 떠나간 신과 다가올 신 사이의 결핍된 시간을 산다. 이런 시대에 존재가 새롭게 다가오는 것은 진리에 대한 체험이기도 하다. 그래서 인간은 이러한 존재 진리를 들음으로서 시대의 결핍을 극복할 것이다. 그것은 성스러움과 근원을 이해하는 것임과 동시에 신의 부재와 도래를 체험하는 것이다. '떠나간 신과 다가올 신의 시간'인 이 시대는 신적인 것이 사라진 숨겨진 시간이자, 다가올 신이 감추어져 있는 시간이다. 그리고 우리의 현재는 그 가운데에서 성스러움과 의미를 유지하는 시간이며, 그러한 시간을 결단하는 순간이다.

04

신이 설 곳은
어디인가

철학이 신에게 던지는 질문

신 존재가 생성 중에 있다. 많은 신학자들은 "하느님의 존재가 다가오는 중"이라고 말한다. 이 말은 우리 삶과 실존에서 인간은 신과 관계 맺으며 그의 존재를 확인하고 새롭게 이해한다는 뜻이다. 신은 역사 속에서 역사를 통해 자신의 존재를 드러낸다. 그것은 '역사 안에서 일하시는 하느님'이란 체험으로 나타난다.

하지만 그러한 신은 근대의 신학에서 이해하는 신 개념과 같지 않다. 신은 결코 자기 스스로 존재하지 않으며, 세계의 첫 번째 원인이거나 실체론subsistence적으로 있지도 않다. 실체론적 신 이해란 신이 인간과 교류하는 인격적 하느님이나 또는 신앙의 역사에서 인간과 함께하는 살아 있는 하느님이 아니라 모든 존재의 근거로, 또는 그러한 원리로 있는 신을 의미한다. 신을 이렇게 이해한다는 것은 결국 인간이 사물의 최종 근거를 '있는 사물'처럼 이해한다는 뜻이기도 한데, 이런 생각이야말로 무신론을 초래한다.

새롭게 이해되는 신은 그러한 사물의 근거라는 관점을 넘어서는 데 자리한다. 신은 객체적이거나 실체적 존재가 아니라, 인간의 존재론적 체험의 근거로 이해되어야 한다. 그럴 때 인간은 더 이상 신의 존재에 매이거나 그에 종속될 필요가 없어진다. 신 존재의 이해는 어떠한 형태로든 신 체험의 역사적 경험과 과정을 떠나서는 이루어지지 않는다. "역사에서 인간과 함께 일하시는 하느님"이란 말은 이러한 이해를 잘 드러낸다. 신 이해가 실체적 관점을 넘어선다는 말은 존재가 드러나는 현재에서 신을 체험한다는 뜻이다.

그러한 신은 최고 존재자처럼 타자로 머무르지 않는다. 타자로 머물지 않는 신은 인간의 존재론적 현재present에서 드러나고, 그 현재는 역사성과 초월성이 상호작용하는 순간이다. 그러한 현재는 내 존재가 받아들여지는 순간이자, 내 존재 의미가 드러나는 시간이기도 하다. 그래서 히틀러를 제거하기 위한 거사를 준비하다 발각되어 감옥에서 죽어간 고백교회 목사 본회퍼는 "신은 세계 없이는 결코 체험되지 못한다"라고 말했다.

반대로 우리가 살아가는 세계와 삶 역시 신 없이는 절대로 체험할 수 없다. 따라서 신앙은 인간이라는 실존이 살아가는 하나의 형태이며, 그를 통해 이어가는 역사적 삶과 존재의 방식이다. 이러한 관점을 체계화하는 것이 신학적 인간학임에 반해 철학적 인간학은 그것을 존재에서부터 찾는 학문이다. 내가 있다는 사실에 대한 생각들, 그에 대한 나 스스로의 이해에 관계되는 인간학인 것이다.

그리스도교는 오직 한 번 있었던 역사적 사건인 예수 그리스도를 통해 드러난 신에 대한 이해이며, 그 사건에 대한 인간의 특정한 실존적 결단을 의미한다. 그렇기 때문에 그리스도교적 신 이해는 역사적 사건과 그에 대한 존재론적 결단 없이는 의미를 갖지 못한다. 그것은 인간의 실존적 관계 맺음에 관한 것이다. 따라서 신에 대한 이해가 반드시 신을 객체적 실재로 생각하거나, 그 존재를 인간적으로 증명해야 할 필요는 어디에도 없다. 그것은 오랜 서구철학의 유산일 뿐이다.

신 이해에 관한 철학은 인간의 존재 이해와 자기이해에 대한 질문을 떠나 이루어지지 않는다. 철학은 이러한 질문을 떠나 세계 속의 인간을 포괄적으로 정립할 수 없다. 신에 대해 생각하고 고뇌하는 철학이 반드시 그러한 신론으로 이어져야 하는 것은 아니다. 철학은 신의 존재를 위한 기초를 마련하거나, 그 신학적 근거를 제시하는 체계일 수 없기 때문이다. 오히려 철학은 신적인 질문을 올바르게 제기함으로써 인간으로 하여금 세계 내적인 경험 세계에서 초월을 만나게 할 것이다.

우리는 어떤 신을 원하는가

세계 이해가 변화하면 필연적으로 신 이해도 변화하게 된다. 시대정신의 변화는 그 시대 사람들의 자기이해와 전통적으로 '신'이라 불러왔던 궁극적 실재와의 관계를 새롭게 만들어갈 것이다. 이러한 변화에 상응하여 최고의 존재인 신의 얼굴이 새롭게 비춰진다. 변화된 세계 이해에도 불구하고 지나간 시대의 신 이해는 현재의 시대와 불화하며, 심한 경우 무신론을 초래하는 계기가 되기도 한다. 이런 사실을 우리는 신 이해의 역사에서 드물지 않게 보게 된다.

16세기 유럽의 종교개혁은 교회의 타락이나 종교적 열정의 쇠퇴에 대한 위기의식이 직접적인 계기를 제공했다. 그러나 보다 근본적으로는 유럽인들의 문화와 세계 이해의 틀이 변화했고, 개체에 대한 자각과 내면적 진리, 주체성 등이 더 큰 원인으로 작용했다. 인식론적이며 주체 중심의 근대 철학은 신을 객체적 실체, 초월적 존재자로 상정한다.

기독교에서는 신의 이름을 묻는 모세의 이야기를 기록한 「출애굽기」(3:14)에 따라 신을 전통적으로 '스스로 있는 자'로 해석하지만, 이 대목은 많은 논란을 초래했다. 이런 해석은 그리스 철학의 영향에 따라 존재론적으로 해명한 것에 지나지 않는다는 것이다. 그래서 이런 해석을 넘어 영국 신학자 맥쿼리J. Macquirrie는 신을 '존재하는 것들을 있게 하는 자'로, 암스트롱은 의도적인 모호함을 가리키는 히브리어 관용어로 설명한다. 즉, 신의 이름은 너의 몫이 아니니 "내가 누구인지 알려 하지 말라!"라는 경고로 해석된다.

그러나 그러한 신 이해는 탈근대를 말하는 오늘날 오히려 무신론 과 탈신앙을 초래하는 역설적 결과를 낳는다. 인간의 종교적 감정 과 경험에 의해 창조적인 형태로 변형되는 신 이해는 종교적 신앙의 주요한 원천이다. 그렇기 때문에 세계 해석의 틀로서 가지는 한계를 수용하지 못하는 강압적인 신 이해는 암스트롱의 말처럼 왜곡된 형 태로 드러나게 되며, 결국 신을 거부하는 결과로 이어진다.

왜곡된 신앙인 근본주의는 인간이 지닌 신성에 대한 잘못된 이 해, 그 이해에 담긴 자신의 불안한 마음이 불러낸 결과다. 모든 근 본주의는 왜곡된 형태로 드러난 신에 대한 막연한 기대, 때로는 노 예적이기까지 한 헌신을 나타내고 있다. 이슬람 근본주의는 서구 세 력에 침탈당한다고 느끼는 무슬림들의 절박함이 표현된 것이다. 이 런 형태의 근본주의는 수없이 찾아볼 수 있다. "예수 천당, 불신 지 옥"을 외치는 목소리는 자신의 불안과 두려움을 감추지 못해 드러 나는 절규에 가깝다.

존재와 의미 체험, 깊이에의 체험은 물론 신의 죽음에 관한 담론 은 암스트롱의 말처럼 "성서적 신을 도저히 인정할 수 없는 기술문 명 시대의 문화적 혼돈을 반영"하고 있다. 현대의 세속화된 세계의 인간은 이러한 신을 필요로 하지 않는다. 틸리히는 서구 유신론의 인격적 신 개념의 한계를 신랄하게 비판한다. 이 개념은 신을 자연의 현상과 사건을 설명하고 근거 짓는 원인이며, 인격적 존재로 이해하게 한다는 것이다. 그에 따르면 이런 생각은 신을 단지 세계 내 여러 존재 가운데 하나인 객관적 존재로 만들 뿐이다. 그래서 신적 존재를 자각하려는 인간에게 있어 신이 반드시 특정 종교에서 말하는 그러한 존재일 필요는 없다. 창조주이며 세계 관리인으로서의 신은 인간의 자유와 성숙을 막는 폭군에 지나지 않는다. 그러므로 우주론적 신관은 과학기술의 발달과 함께 새로운 신관으로 대체되어야 한다는 것이다.

이제 문제는 신의 존재 여부나 신에 대한 신앙의 문제가 아니라, 타당한 신 개념이 없을 때 빚어지는 결과에 있다. 이때 인간은 의미와 진리를 상실하게 되고, 허무의 늪에 빠져 신적이지 못한 것을 추종할 수 있다. 우리는 신의 이름으로 자신의 특정한 이념이나 사랑과 증오, 또는 욕망에 가득찬 모든 행위를 정당화하는 데서 벗어나야 한다.

또한 전통적 신 개념이 더 이상 수용될 수 없는 근대 이후의 시대에 필요한 신 이해를 제시하는 작업도 절실히 요구된다. 그것은 인간 편에서 인간의 존재 진리를 찾기 위한 가장 인간적인 노력일 것이다. 암스트롱의 말처럼 오랫동안 서구 그리스도교 사회를 지배하던 "인격적 최고 존재자로서의 전통적 신 개념은 이제 힘을 잃어가고" 있으며, 신에 관계된 개념들은 "당대의 인간 삶에 타당한 가치를 제시하지 못할 때마다 슬며시 사라지곤" 한다.

어떤 실체처럼 존재한다고 생각되는 신, 전통적 관점에서 이해된 신 개념이 탈근대의 시대에 더 이상 유효하지 않다면 그것은 마땅히 포기되어야 할 것이다. 인간은 존재론적 의미에 근거하여 살아가기에 자신의 내면에서 우러나는 공허와 무의미함을 견디지 못한다. 그래서 언제나 존재와 삶에 의미를 창조하기 위해 고뇌에 찬 작업을 전개한다. 신에 대한 질문은 이러한 차원에서 의미를 가진다. 그렇기 때문에 우리는 새로움을 향해 나아가려는 이 시대에 걸맞는 신 이해를 위한 해석 작업을 펼쳐가야 하는 것이다.

10장

거울 속의 거울

작은 물방울 하나에도 자아와 역사가,
세계와 우주가 비춰질 수 있다.
인간의 거울은 이렇게 비춰진 물방울과 같을 것이다.

01

언어적
존재인 인간

....

시, 존재를 드러내기 위한 도구

현대는 존재 망각의 시대다. 지금 이 시대에 인간은 '있다'는 것의 의미를 생각하지 않고, '있는 것'들에만 현혹되어 그것을 전부로 착각하고 있다. 이런 망각과 착각의 시대에 인간은 어떤 존재로 살아가야 할까? 존재를 잊어버린 시대에 존재 의미를 드러내는 일이 과연 가능하기는 할까? 앞선 철학의 스승들을 따라 '존재 의미를 드러내는 행위는 사유와 예술적인 삶에 있다'고 한다면 그 말은 어떤 의미를 지니는가. 왜 하필 생각하는 삶과 예술적인 삶을 말하는 것일까? 그러한 삶만이 인간을 인간답게 하는 길이라고 말한다면, 예술적인 삶과 인간의 길은 어떻게 같고 다른 것일까? 또, 같다면 그 길은 어떠해야 하는 것일까?

독일 철학자 하이데거의 단편을 살펴보면 이런 질문에 대한 답을 어렴풋하게나마 찾을 수 있다. 그 역시 인간적인 한계와 잘못을 저질렀지만 그는 누구보다도 존재 망각의 시대를 아파한 사람이었다. 그는 이러한 시대를 극복하고 우리에게 가장 절실한 존재 의미, 있음의 의미를 생각하고 그것을 철학적 사유로 표현했기 때문이다.

하이데거는 어쩌면 가장 야만스러운 시대, 인간이 가장 인간답지 못하게 살았던 그 시대가 낳은 비극적 인물인지도 모른다. 그는 제1, 2차 세계대전의 여운 속에서 횔덜린F. Hölderlin의 시 「비가Elegie」의 한 구절을 해명하면서 그 시대와 그 시대의 인간에 대해 질문한다. 당시 파시즘과 제국주의, 자본주의와 공산주의의 야만이 인간을 한낱 물건과 하찮은 숫자로만 다루던 시대였다. 그는 이 질문을 시인에 대한 말로 시작한다.

… 이 가난한 시대에 무엇을 위한 시인인가?

하이데거는 그의 시대가 결여되었으며 궁핍한 시대이기에 가난하다고 말한다. 그런데 왜 이 시대는 가난한 것일까? 또 우리는 왜 이러한 시대의 시인에 대해 질문하는 것일까? 왜 하필이면 시인일까? 또한 그는 왜 시인 그 자체가 아닌, 시인이 향하는 것이 무엇인지에 대해 질문했을까?

하이데거의 이 글은 현재의 시간을 사는 우리가 인간 존재를 위해 사유하는 데 중요한 의미를 지닌다. 우리 시대에 대한 질문은 존재 망각과 관련되고, 그 시대를 넘어서는 것은 지금의 우리에게 인간의 의미와 삶이 나아갈 방향을 가리키는 대답과 함께한다. 이 질문은 현대의 모든 인간에 관련된다. 그럼에도 그 사람은 보통의 사람이 아닌, 존재의 의미와 삶을 생각하는 시적 존재로서의 인간이다. 시적 존재로서의 인간은 누구일까? 그는 시인이나 예술가일까, 아니면 철학자일까. 그도 아니면 그 다른 어떤 존재일까. 어떤 경우라도 전문적 소양을 쌓은 시인이나 철학자가 아님은 분명하다.

하이데거는 트라클 해석Georg Trakl에서 언어의 본질을 사물과 연결 지어 해명한다. 인간은 언어를 통해, 언어와 더불어 경험한다. 그것은 사물이 사물로 존재하게 되는 경험이다. 언어의 본질은 시에서 탁월하게 드러나기에 이 명제를 해명하기 위해 하이데거는 게오르크S. A. Georg의 시 「말Das Wort」을 인용한다.

그래서 나는 슬프게도 체념을 배우는 거야
말이 부서진 곳에서는 그 어떤 사물도 존재하지 않으리라는 것을.

그러나 여기에서 말하는 언어는 사물을 가리키는 개념이나 단어가 아니다. 시작詩作을 통해 드러나는 언어의 본질은 개념이나 단어로 사물을 지칭하는 도구가 아니라, 사물을 이해하고 드러냄으로써 그 사물을 그것으로 있게 하는 행위다. 이를 철학적으로는 '존재 드러남'이라고 한다. 하이데거에 의하면 우리가 존재를 지각하는 것들은 먼저 그것이 지각되도록 드러나야 한다. 존재하는 것들이 있다는 사실이 바로 존재다. 그래서 그는 존재란 '감춰진 존재자를 그 감춰진 곳에서 이끌어내는 것'이라고 말한다.

그렇기에 존재는 매우 다양하게 이해된다. 그것은 존재자를 있게 하는 생성이거나, 존재자를 열어 밝히는 일이기도 하다. 그것을 하이데거는 감춰진 데서 존재자를 드러내는 행위, 즉 그리스어로 '알레테이아aletheia'라고 말하거나 또는 그것이 드러나는 숲속의 빈터라고 표현한다. '알레테이아'란 말은 잊힘leth이나 감추어짐에서 벗어나 드러난다는 의미다. 그는 이렇게 존재하는 것들이 드러나는 것, 그것이 바로 진리라고 이해한다.

존재는 본성적으로 감추어짐과 드러남이란 상관관계에서 이해되기 때문에 결여의 형태를 띠거나 드러내기 위해 뜯어내는 행동을 포함한다. 존재에서 보면 존재자를 이해함으로써 존재하게 하는 행위는 존재가 자신을 인간에게 보내는 과정이다. 그 과정은 시간과 역사를 통해 이루어지기에 그것을 일컬어 존재를 '모아보냄geschick'이라고 하기도 한다. 이 새로운 단어 안에는 역사geschichte를 뜻하는 말이 숨어 있는데 이는 하이데거가 벌인 말놀음이라 할 수 있다.

우리는 현재라는 지평에서 존재 의미를 드러내고 간직하는 존재이므로 현존재라고 불리기도 한다. 인간은 존재를 없음(無)으로부터 지키는 존재의 목동이다. 그 없음은 사물적으로 있지 않다는 의미다. 존재란 사물처럼 있지 않은 것, 사물에서 보면 없음처럼 있는 것이다. 인간 존재는 사물과 사물적인 것을 없애는 것 사이에 있다. 사랑하는 사람과 사랑을 생각해보면 이 난해한 말을 이해할 수 있을 것이다. 우리가 사랑하는 사람과 사랑 자체가 같은 형태로 있는 것은 아니지 않은가.

인간은 '지금, 여기'라는 현재의 지평에서 존재 의미를 드러내며, 이러한 행함을 통해 존재 망각의 시대를 극복한다. 이러한 존재 드러냄의 행위가 인간에게서는 언어로 이루어지기에 하이데거는 이러한 인간을 시인에 비유하고 있는 것이다. 존재 드러냄의 가장 탁월한 말은 시이다.

—

철학이란 고향을 그리워하는 마음

아름다움은 무엇일까? 무엇을 우리는 아름답다고 말하는가. 어쩌면 사물은 본래의 모습으로 있을 때 아름다운 것이 아닐까? 현대의 과학기술 문명과 자본주의 사회는 존재하는 모든 것을 인식 혹은 기술의 대상인 사물로 만들었다. 그래서 있는 모든 것은 그것이 자연, 사람, 혹은 살아 있는 그 무엇이든 관찰하고 인식하여 지식을 얻는 대상으로 바뀌거나 소유 또는 교환하기 위한 사물이 되기도 한다. "자본주의의 핵심은 사용하기 위해서가 아니라 교환하여 가치를 증식하기 위한 생산 체계에 있다"라고 마르크스가 말하지 않았던가. 그에 비해 존재하는 모든 것은 오히려 하늘과 땅, 죽을 자와 신적인 존재를 모아들이는 존재자다. 이런 관점에서 하이데거는 존재자를 사물thing이라 부르면서 그것의 특징을 하늘과 땅이 만나 신적인 존재를 향한 죽을 자의 축제와 놀이가 함께하는 모음터로 해석한다.

포도주를 예로 들어보자. 하늘과 땅의 축복 없이는 포도가 만들어질 수 없을 것이고, 이 포도로 술을 빚는 인간의 노력도 필요하다. 이것을 통해 우리는 다른 사람들과 함께 이를 즐기거나, 또는 인간을 넘어서는 존재를 위해 축제를 벌이기도 한다. 이처럼 모든 사물은 이런 특성을 모아들이는 집약처라는 의미다. 독일어로 '사물'을 뜻하는 'Ding'은 '모으다'라는 뜻에서 유래했다. 이처럼 하이데거는 사물이 사물로서 드러날 때, 사건이 사건으로 나타날 때 존재가 현재한다고 말한다.

이것이 존재 드러남의 아름다움이다. 현대 사회는 이 아름다움을 보지 못하고, 그 자리에 다만 소유와 인식의 대상만을 위치시키기 때문에 현대는 존재 드러남의 아름다움이 사라진 궁핍한 시대다.

이런·의미에서 과학기술과 자본에 의해 사물을 대상화하는 시대에 사물의 아름다움을 드러내는 것은 곧 존재 의미를 드러내는 행위다. 그래서 하이데거는 예술행위를 존재 진리와 연결 지어 생각하는 것이다. 이러한 예술행위는 본질적으로 시를 짓는 데 있다. 그에 따르면 '시를 짓는 일과 생각하는 일dichten und denken'은 가장 탁월하게 존재 진리를 드러내는 두 가지 길이다. 이 길은 언어를 통해 만나고, 드러남의 형상을 통해 다른 형태로 재현된다. '사유는 모두 어떤 시 지음이며 (중략) 시 지음은 모두 그 어떤 사유함'이다. 시인과 사유하는 사람은 그들의 본질적 행위를 통해 인간 현존재가 지닌 일상적 이해를 존재 드러남으로 이끌어간다. 본래적이지 않은 이해가 이들을 통해 본래적 이해와 해석으로 자리하게 되는 것이다. 일상적 인간이 본래적이지 않게 이해한다면, 시인과 사유하는 사람은 본래적으로 이해하고 해석한다.

하이데거는 이런 행위를 대표하는 사람으로 낭만주의 시인 휠덜린과 니체를 거론한다. 이들은 모두 존재의 근원을 새롭게 한 사람들이다. 그들은 잊어버린 근원으로 돌아가고자 했고, 그랬기에 시대와 불화하면서 새로운 사유의 길을 걸어가는 전형적인 모습을 보였다. 근원적 세계란 서구 형이상학으로 존재를 잊어버리게 된 역사 이전의 체험을 가리킨다. 이 시간의 체험은 인간으로 하여금 근대의 기술문명이 가려버린 성스러움과 진리를 다시금 경험하게 만든다.

존재의 의미를 묻는 하이데거의 질문은 매우 다양한 모습으로 나타난다. 그럼에도 그의 철학에는 서구 형이상학의 역사가 필연적으로 초래한 존재 망각의 역사를 되돌아 걸어가려는 노력이 때로는 시에 대한 것으로, 때로는 사유란 이름으로 일관되게 나타난다. '신들이 떠난 어두운 밤' '가난한 시대의 시인'이란 말로 존재 망각의 시대를 되돌아보면서 언어에 대한 사유가 시 짓는 것 같은 예술로 이어지는 것은 그의 이런 노력 덕분이다. 이 행위가 우리 시대의 존재 경험과 의미에 대한 사유를 돌아보게 하며, 인간을 본래적 인간으로 만드는 것이다.

이러한 근원적 생각함은 물론, 인간의 근본적 특성인 이해와 해석의 행위는 언제나 현재present란 시간에서 이루어진다. 모든 사유는 현재의 사유이며, 그 현재는 과거에 대한 해석과 미래의 결단이 이루어지는 시간적 '지금'과 공간적 '여기'다. 현재를 떠난 사유란 무의미하다. 모든 철학적 사유와 시적 예술은 언제나 현재적이기 때문이다.

이런 행위는 독일 낭만주의 시인인 노발리스Novalis의 말처럼 근원을 향한 발걸음, 귀향의 노래이며 고향을 그리워하는 마음을 표현한 것이다. 하이데거는 존재를 망각한 이 시대를 '신들이 떠나버린 어두운 밤' '성스러움이 사라진 시대'로 표현하거나 때로는 '고향 상실의 시대'로 묘사한다. 이 시대는 정신이 추락하여 "세계가 음울해지고, 신들은 자취를 감추고, 땅은 파괴되고, 인간들은 부화뇌동하고, 자유롭고 창조적인 모든 것에 대한 가증스러운 의심"이 휩쓰는 시간이다(하이데거, 『형이상학 입문』, 1953). 이러한 상실과 결핍의 시대, 이 가난한 시대에 시인은 귀향의 노래를 부름으로써 근원을 향한 본래적 갈망을 표현한다.

그래서 노발리스는 철학을 두고 향수鄕愁, 즉 '고향을 그리워하는 마음'이고 그래서 어디에서든 고향을 찾고 그것을 만들려는 마음의 충동이라고 말한다. 이때의 철학은 예술적 철학이며, 인간의 근본적 행위로 이해된다. 물론 이때의 고향은 자신이 태어난 곳 또는 어떤 구체적인 장소가 아니라 내 마음의 고향, 또는 나의 존재가 태어나고 머물러 있는 그곳을 일컫는다. 고향을 그리워한다는 것은 자신의 존재가 태어나고 머무르는 곳, 존재 근거의 발견을 근본적으로 갈망한다는 것을 의미한다.

우리는 매 순간 무언가를 이해하고 해석하면서 자기 나름대로 판단하고 생각하며 결단한다. 그렇게 행동하면서 살아가는 과정이 우리네 삶이다. 인간은 자신의 삶에서 자신의 존재를 결정한다. 우리의 일상적인 생각과 느낌, 행동이 모여 삶을 만들고, 그것이 결국 우리 존재를 결정하는 것이다. 그에 따라 우리의 과거와 현재가 만들어졌고, 미래 또한 그렇게 결정된다. 그 모든 것이 결국 나의 삶이며 나의 존재가 아닌가. 나의 존재와 삶을 이해하고 해석하면서 나의 근거로 돌아가려는 갈망이 있기에 인간은 근원적 향수를 안고 살아가는 존재인 것이다.

이 근원적 향수는 삶을 이해하고 현재에서 우리의 존재 근거를 향해 가려는 그리움이다. 우리는 우리가 태어나고 시작된 근거에 대한 그리움, 그리고 존재의 고향을 향한 갈망을 가지고 있다. 그 고향을 잊어버리면 우리는 자신의 근거를 상실하게 되고, 그 고향을 찾아가면 존재의 근거에 자리할 수 있게 된다. 우리의 현재는 바로 이 존재의 고향을 향하는 과정에 있다. 이런 행위는 전혀 실용적이지 않지만, 철저히 인간의 삶과 존재에 관계되는 생각의 그리움을 담고 그것을 드러내고 있는 것이다.

우리 삶과 존재를 그 근거, 고향에 자리하게 하기 위해서라도 우리의 현재는 그런 삶으로 이어져야 한다. 그것을 굳이 어떤 어려운 말로 표현할 필요는 없지만, 그럼에도 우리는 스스로 생각하고 이해하며 해석하고 살아가면서 자신의 삶과 존재를 결정해야 한다. 그렇지 못할 때 우리는 고향을 잊어버리고, 자신의 존재를 찾지 못하게 되기 때문이다. 존재의 고향에 머무르기 위한 생각과 행동이 필요한 이유는 바로 이것이고, 인간이라면 누구나 이런 과제를 지니고 있다. 삶은 근본적으로 이 과제를 향해 있기에 우리는 그에 대한 그리움을 간직하고 있는 것이다.

다가올 사유는 무엇인가

언어로 이루어지는 귀향의 노래를 이해하기 위해서는 먼저 예술이 무엇인지 밝혀야 한다. 시 지음과 사유는 근원적으로 예술이면서 철학이기 때문이다. 예술은 본질적으로 존재자를 존재하게 하는 것, 즉 사물을 그 본래적 사물로 드러내는 탁월한 행위다. 다시 말해 아름다움을 표현함으로써 존재자의 존재, 존재자의 진리를 드러내는 행위가 예술인 것이다.

하이데거에 있어 예술이란 "진리를 작품 안에 자리 잡게" 하며,

예술작품은 진리가 스스로 자리 잡은 터전으로 이해된다(『예술작품의 근원』, 1935). 이때의 진리는 결코 근대 형이상학에서 완성에 이른 정합성의 진리이거나 객체적 대상에 대한 지식이 아니다. 오히려 예술작품의 진리는 존재자가 존재자로서 있게 되는 진리, 존재자가 있다는 의미가 드러나는 과정이다. 하이데거에 있어서 진리란 존재자가 존재하는 과정, 존재자가 생겨나는 것이다. 문법적으로 사물을 지칭하는 허사 'there is……'처럼 사물이 있다는 것을 드러내는 것이 존재란 의미다. 책상이 있다는 것을 말할 때 우리는 "There is a table"이라 하지 않는가. 이러한 존재자의 존재인 진리는 탁월하게 예술을 통해 이루어진다. 예술작품의 목적은 작품 그 자체가 아니라, 진리가 스스로 자리 잡는 과정을 드러내는 데 있다. 그래서 하이데거는 예술작품을 두고 작품work이 아닌 길way이라고 말한다.

인간은 시적인 존재이자 사유하는 존재이기에 예술적 존재임과 동시에 철학적 존재이기도 하다. 하이데거는 '예술은 시 지음에서 독특하고 탁월하게 이루어진다'고 한다. 이때의 예술과 철학은 결코 직업으로서의 그것일 수 없으며, 어떤 경우라도 전문가로서의 지식에 기반을 둔 것일 수 없다.

오히려 이때의 예술과 철학은 인간의 근본적인 특성인 '이해하며 해석하는 행위'에 따른 것이다. 그 본질에서부터 무언가를 이해하고 해석하는 존재인 인간은 생각하거나 시 짓는 행위를 통해 이런 작업을 드러내고 표현한다. 그런 까닭에 인간은 누구나 예술하며 철학하는 존재다. 철학자와 시인의 길이 따로 존재하는 것이 아니라, 인간 자신이 본래 생각하며 시적으로 살아가는 존재인 것이다.

하이데거에 의하면 예술로 이해되는 진리는 서구 전통의 철학적 언어를 넘어서는 새로운 사유를 보여주는 계기가 된다. 근대에 와서 완성에 이른 서구 형이상학의 전통은 사물을 그저 실용적 대상이거나 기술로 만들어놓은 제작품, 또는 상품으로 이해할 뿐이다. 이러한 사물은 자신의 존재를 가리고 잊히게 만든다.

근대의 서구문화는 있는 사물을 현란한 제작품으로 만들어 인간의 마음을 유혹한다. 그럴 때 우리는 사물이 우리에게 어떤 의미를 지니는지를 잊어버리게 된다. 이 시대는 성스러움과 사유의 새로움이 사라져버려 궁핍되고 결여된 시간임과 동시에 인간이 자신의 존재 진리를 망각하고 다만 존재자처럼 있게 되는 시간이기도 하다.

인간은 어떠한 형태로든 성스러움의 이름으로서 신에 대한 표상을 필요로 한다. 시대의 변화는 그때마다 새로운 신에 대한 이해를 필요로 한다. 그러나 존재가 잊히고 성스러움이 사라진 시대는 이미 신이 떠나간 시대임과 동시에, 새롭게 이해해야 할 신이 아직 다가오지 않은 시대다. 따라서 이 시간은 궁핍한 시대이자 잊혀진 시대다.

'더 이상 아니not anymore' 존재하지만 '아직 아니not yet' 있는 시대, 그 사이에 존재하는 이중의 결핍이 인간을 고통스럽게 만들고, 진리를 외면하게 하며 존재를 철저히 잊어버리게 만든다. 다가올 신,

도래할 신에 대한 표상은 특정한 종교적 양식을 지칭하는 것이 아니다. 그것은 오히려 튜빙엔의 철학자 프랑크M. Frank의 말처럼 인간이 '잊힌 자신의 내면과 그 안의 신성을 다가올 신을 통해 재현하는' 행위다. 그렇기에 인간은 새로운 신화, 즉 다가올 신이 거주하는 공간, 도래하는 신의 시간을 드러내는 이야기를 필요로 한다. 역사 이전의 신화처럼 야생의 사고로 두려움에 떠는 신화가 아닌, 성스러움을 드러내는 새로운 그 신화는 사실적 진리가 아니라 존재론적 진실을 드러낸다.

서구의 철학은 존재자의 제일 원리와 최종 근거를 탐구한다. 그럼에도 이러한 철학의 역사는 존재를 존재자로 착각함으로써 근대에 과학으로 완성되기에 이르렀다. 과학은 근대 형이상학에 담긴 기술적 특성이 고스란히 재현된 학문 체계이기 때문이다. 근대 형이상학에 이르러 완성에 이른 플라톤 철학이 이 시대를 가장 극단적인 허무주의의 시대로 이끌어갔듯이, 기술적 학문의 완성은 철학의 종말을 초래한다.

그래서 니체는 플라톤주의의 결과는 허무주의일 수밖에 없다고 생각한다. 이제 그에 따른 존재와 진리는 감추어지고 잊히기에 이른다. 하이데거에 의하면 이러한 철학의 종말은 서구철학의 필연적 역사이자 운명적 결과다. 우리는 이제 이러한 필연적 과정을 벗어나 새로운 사유가 시작되는 계기를 마련해야 한다.

하이데거는 『숲길』에서 "다가올 사유는 더 이상 철학이 아니다"라고 말한다. 여기에서 말하는 철학은 학문적 철학이며, 근대 유럽에서 형성된 철학을 지칭한다. 그러한 철학은 실용주의적 철학이거나 혹은 논리실증적인 것, 또는 인간의 필요에 종사하는 일면적 학문이다. 그것은 거리의 인문학이 요구하는 철학이거나 자본이 불러내는 철학이며, 국가와 제도가 규정하는 철학이기도 하다.

그런 철학은 이 시대의 모순과 한계를 감추고 그 자리에 다만 헛된 위안이나 '힐링' 따위를 집어넣을 뿐이다. 그 철학은 그저 철학사에 대한 학문으로 이해되거나, 하나의 세계를 위해 설정된 이념에 지나지 않는다. 그에 비해 인간의 철학은 아름다움의 철학, 있음의 의미를 드러내는 철학이고, 다가올 사유로서 예술적 철학, 존재 진리와 그 새로움을 드러낼 사유의 철학이다. 이렇게 다가올 새로운 사유는 우리의 거울을 비추는 거울이다.

02
존재의
다섯 가지 거울

인간의 다섯 가지 특성

인간이란 존재가 가지는 특성은 잠정적으로 다섯 가지로 요약될 수
있다. 인간은 무엇보다 먼저 자연에서 태어나 자연적 조건을 갖춘
생명체임과 동시에 그 조건을 넘어서는 이중적 특성을 지닌다. 즉
두 조건 사이에 놓인 중간자中間子적 존재라고 할 수 있다.

사람들은 보통 인간을 동물보다는 우월하지만 그럼에도 완전한
존재는 아니라고 생각한다. 신적인 존재는 아니지만 동물보다는 뛰
어난 존재, 동물적 야만과 신적 완전함 사이에 자리한 존재로 인간
을 이해하는 것이다. 이런 이해는 사실 상당히 일반적이다. 인류의
오랜 경전 가운데 하나인 『구약성서』의 「시편」에서는 인간을 천사보

다 못하지만 다른 모든 생명보다는 우월한 존재라고 말한다.

파스칼B. Pascal 역시 인간을 '나약하기 그지없는 존재이지만 생각함으로써 우주보다 더 위대한 존재'라고 말한다. 인간은 동물과 신 사이의 존재, 우주보다 위대하지만 자신의 인간적 조건과 한계 때문에 몸부림치는 나약한 존재다. 그는 선과 악 사이, 하늘과 땅 사이에 있는 존재다. 그는 완전함과 선을 원하지만 현실의 한계와 잘못, 악에 굴복하기도 하고, 정신과 육체 사이에서 방황하거나 욕망과 절제 사이에서 몸부림치는 존재이기도 하다.

인간은 하고자 하는 것과 해서는 안 되는 것 사이, 간절히 원하지만 차마 하지 못하는 그 사이에 자리한다. 인간은 자신이 지닌 본성을 넘어서고자 하지만, 그 본성적 현실에 머물러 있기에 그 안에서 허덕이며 고뇌하는 존재다. 이 메워지지 않는 빈틈, 그 사이를 매듭짓고 그 사이를 연결 하고자 하는 갈망 때문에 인간은 잠시라도 머물러 있지 못한다. 넘어서려는 마음은 강하지만 그럼에도 현실에서 이 틈새를 메우는 데 성공하지는 못했기에 우리는 언제나 그 길 위에 있다.

그와 함께 인간은 모순된 존재이기도 하다. 인간은 우주보다 위대하지만 한편으로 한없이 나약한 존재, 자신의 인간적 조건 때문에 몸부림치는 모순된 존재다. 온갖 한계와 부족함을 넘어서려 하지만 어떤 경우에도 그 모두를 넘어서지는 못하는 인간, 죽음으로 끝날 때까지 그 한계와 함께 머물러 있는 존재가 인간이란 뜻이다. 우리의 삶은 근본적으로 모순과 한계 속에 자리한다. 자신의 모순성을 부정하고 싶지만, 그 모순을 벗어나지 못하는 것을 특징으로 함에도 그것을 넘어서고 메우려는 과정에 있는 것이 인간이다. 그렇기 때문에 자신의 모순과 한계를 보지 못하는 인간, 자신의 모순성을 부인하는 인간은 자신을 올바르게 이해하지 못한다. 자신의 모순성을 부인할 때 인간은 독선과 독단에 빠지고, 그래서 다른 생명과 다른 인간에게 폭력을 행사하는 강압적 존재로 남을 것이다.

인간의 삶은 자신의 모순을 뼈아프게 느끼면서도 그것을 넘어서려는 데 자리한다. 모순이 문제가 아니라 그것을 어떻게 넘어서며 일치시켜 극복하느냐에 인간다움의 의미가 있는 것이다. 인간의 삶은 결국 이처럼 자신의 한계와 모순을 넘어서는 과정, 그 길 위에 있다. 모순과 모순을 넘어서려는 과정 중에 있는 모습을 우리는 인간 존재의 세 번째 거울로 생각할 수 있다. 인간은 길 위의 존재, 과정의 존재다.

네 번째, 이해하며 해석하는 인간의 모습은 의미론적 존재란 거울에 비춰진다. 인간이 본성적으로 이해하고 해석하는 존재란 말은 그가 본질적으로 의미를 추구한다는 뜻이다. 인간은 어떤 경우라도 의미를 상실한 채로 살아가지 못한다. 인간이 인간다움을 상실하게 되는 때는 외적인 고통과 문제 때문에 죽음으로 몰릴 때가 아니라, 오히려 의미를 상실하고 무의미와 허무의 늪에 빠질 때다. 그럴 때 그는 살아 있지만 살아 있지 않은 존재, 좀비보다 못한 삶을 사는

407

거울 속의 거울

존재, 냉소의 늪에 빠져 허물어지는 존재가 될 것이다. 인간은 어떤 경우라도 의미를 찾아가는 존재이면서, 의미를 실현하는 그 길 위에 서 있다. 인간은 실존적으로 불안하고 허무한 존재이지만, 존재론적으로 의미를 찾아가며 이를 구현하는 충만한 존재이기도 하다.

이러한 의미에서 인간은 근본적으로 형이상학적 존재다. 세계는 의미를 추구하고 의미를 부여하는 인간이 있기에 이 우주 안에서 자체의 목적과 존재 이유를 지니게 된다. 이러한 형이상학적 존재인 인간이 없다면 자연과 우주의 역사 역시 그저 단순히 눈앞에 놓여 있는 생명 없는 사물과 다를 바 없을 것이다.

—

철학적 노력은 삶을 위한 움직임이다

또한 인간은 사유하는 존재, 사랑과 예술을 지닌 존재, 심지어 다른 이를 위해 자신을 희생하고 그 이상의 세계를 꿈꾸는 초월적 존재다. 인간은 자연에서 와서 자연으로 돌아가는 생명이지만 그럼에도 그의 자아는 자연과 물질 안에 묶여 있지 않다. 인간의 자아와 존재는 끊임없이 그 조건 지어진 자연을 넘어서는 데 있다. 그의 몸과 정신, 마음과 의식은 생명의 첫 시작에 근거하면서도 또한 초월적인 영성을 향해 가는 그 사이에 머물러 있다.

뿐만 아니라 인간은 자신을 그 사이 안에서 관련을 맺는 관계적 존재로 이해하기도 한다. 이러한 과정 중에 있는 존재는 결국 초월을 향한 길 위에 있는 것이다. 이러한 존재의 정체성identity을 이해하는 데 가장 필요한 것은 그 존재가 거쳐온 역사와 현재를 해석하고 성찰하는 행위다. 인간은 전 우주와 자연, 세계와 역사, 인간과 모든 생명체를 합쳐 이를 자신 안에 모아들인다. 이런 모음은 자신에게 주어진 조건을 벗어나고 넘어섬으로써 가능하다. 이것은 인간이 지닌 초월이란 특성 때문에 가능하다. 그렇다. 인간은 근원적으로 초월적 존재다.

이처럼 이중적이며 중간자적 존재인 인간, 그가 지닌 양면성과 과정성이란 특성은 결국 인간으로 하여금 끊임없이 걸어가는 존재로 자신을 규정하게 만든다. 끊임없이 걸어가야 하는 인간의 특성은 인간의 운명이고, 그런 점에서 존재론적인 성격을 지닌다. 이 길 위의 인간은 스스로 존재의 의미를 찾고, 그것을 자신의 존재에서부터 결단하는 존재다. 인간은 태어나는 것이 아니라 되어가는 존재이지만, 그럼에도 그 되어감은 완성되지 않고 정답도 존재하지 않는 과정이다. 그래서 인간은 의미론적 존재이자 과정의 존재이고, 초월적 존재이기도 한 것이다.

인간은 목적을 필요로 하고 인과율적 사고에 묶여 있으며, 모든 것에 의미를 부여하려 한다. 자신의 무의미함과 무목적성에 몸부림치며 그것을 어떤 외적인 것에서 찾으려 할 때 그 삶은 허무주의로 이어질 뿐이다. 허무와 무의미는 인간을 죽음으로 몰아간다.

우리의 인문학적이며 철학적인 노력은 이러한 무의미와 무목적성을 벗어나기 위한 존재의 몸부림이자 삶을 위한 움직임이다. 우리는 자신에서 비롯된 공허를 넘어서고자 한다. 무에서 이루어진 삶일망정 그 무를 넘어 존재와 의미를 향해 가는 데 인간의 존재가 자리한다. 근본적으로 이러한 지향 없이 인간은 존재할 수 없다. 우리는 그 길 위에 서서 끊임없이 걸어가고 있는 존재다.

03

인간다움을
다시 생각하다

우리에게 남겨진 과제

인간은 언제나 구체적인 '여기'와 '지금'이라는 시간에 사는 존재이기에, 구체적인 인간을 이해하기 위해서는 보편적이며 전통적인 본성과 함께 개별 인간이 지니는 차이와 구체성도 올바르게 받아들일수 있어야 한다. 또한 인간의 의미는 그가 존재한다는 사실과 추구하는 진리, 올바름이 있어야 가능하기에 그 원리와 이렇게 행위하는 인간의 자유 역시 매우 중요하다. 진리는 자유의 또 다른 이름이고, 자유 없이는 진리도 드러나지 않기 때문이다. 인간다운 삶을 위한 시간은 올바름과 아름다움, 사랑과 자유가 함께하는 의미로 충만한 시간이어야 한다. 그리고 그럴 때 인간은 인간다울 수 있다.

그럼에도 지금 이 시간은 전혀 그렇지 못하다. 우리는 아쉽게도 모순과 퇴행 속으로 함몰되고 있다. 한 줌의 도덕과 한 줌의 이념이 빚어내는 무심함 가운데에서 야만이 싹트고, 우리 삶이 무너지며, 우리 공동체와 이웃이 하나둘씩 죽어간다. 경제만능, 객체적이며 실용적 지식만을 찾는 이 시대에 우리는 끊임없이 퇴행하고 있다.

이 퇴행은 어디서 생겨나는가. 누가 이 야만을 허용했는가. 이 시대의 야만과 퇴행은 이 시대 사람들에게서 비롯된 것이다. 그것이 나와 무관한 정치나 사회에 의해 이루어지는 것으로 생각하지 마라. 그 누구도 여기에서 자유롭지 못하다. 한 시대와 그 정신을 공유하며 역사와 미래를 함께하고 있다면, 그래서 우리 삶이 하나로 연결되어 있다면 누구도 현재로부터 자유로울 수 없다.

그럼에도 우리는 이런 한계에 매여 그 안에 굴복하는 존재가 아니다. 인간은 자유로우며 끊임없이 이 한계를 넘어서려는 존재이기 때문이다. 이 시대가 때로는 야만이나 폭력, 몰상식함, 생각하지 않는 천박함으로 나타났지만, 분명한 것은 그조차도 우리의 것이란 사실이다.

다시금 사람다움을 말하고, 사람다운 삶을 살아야 한다면 우리는 현재의 한계와 역사의 경험을 딛고 일어나 새로움을 향해 걸어가야 한다. 퇴행적 정치나 일면적 문화, 경제란 이름으로 치닫는 퇴행과 사람을 죽음으로 몰아가고 의미를 상실하게 만드는 야만을 넘어서는 것은 그 누구도 아닌 너와 나의 숙제다. 인간답지 못함은 인간에서 비롯되었으며 인간다움도 인간에서 시작된다. 그 어느 누구도 이 과제로부터 벗어날 수는 없다.

그래서 우리는 미래를 앞당겨 현실로 만들어야 한다. 그 현실은 과거의 결과가 아닌, 과거에 대한 기억과 성찰의 결과다. 그 미래는 이러한 현재의 결과가 아니라, 지금 여기서 앞당겨 현재화한 미래에의 결단으로 만들어진다. 우리 모두에게는 이러한 삶의 과제가 있다.

다시금 사람에 대한 믿음과 내일의 희망을 되새겨보자. 진부하다고 내팽개친 그 흔한 일상에 진실이 자리한다. 우리가 받들어야 할 이념도, 향해야만 하는 어떤 초월적 세계나 당위도 선험적으로 누군가가 결정해서 우리에게 주는 것이 아니다. 무언가가 있다면 우리가 만들어가야 할 미래가, 우리가 받아들여야 할 이웃이, 우리가 함께해야 할 삶일 뿐이다.

인간답다는 것은 인간이 자신의 지성으로 욕망을 이기고, 야만과 갈등을 극복하며, 모순과 아픔을 견뎌낼 수 있을 때 가능하다. 소유와 누림의 욕망에 굴복하지 않고 그들이 말하는 이념과 온갖 종류의 허상에 지지 않는 것은 우리의 지성과 양심, 다른 사람과 함께하는 올바름과 따뜻함일 것이다.

소유와 성공이란 이름으로 내던져버렸던 지난날의 가치들, 정의와 평화, 진실과 헌신, 더불어 함께하는 삶을 되살려야 한다. 모순과 갈등을 견뎌내고, 야만과 폭력을 이기는 것이 인간의 과제이며 사람에 대한 믿음과 연대, 내일과 올바름을 위한 결단으로 사익私益에 함몰된 야만적 집단에 맞서 싸우는 것이 우리의 삶임을 잊지 말자.

박노해는 사람만이 희망이라고 노래한다. 희망찬 사람은 그 자신이 사람의 희망이고, 그 사람의 길과 그의 세상은 우리의 것이 된다. 그래서 모든 것은 사람 속에 들어 있고 사람에서 시작된다는 희망의 노래가 가능한 것이다. 삶은 아름답고, 사람은 고귀하며, 역사는 우왕좌왕하면서도 결국 한 걸음 더 진보한다. 그러나 그것은 우리의 결단과 헌신, 현실을 감내함으로써 만들어가는 진실의 현재에서만 가능할 것이다.

혁명은 나의 변화에서부터 시작된다

존재Being는 행함Doing에서 이루어진다. 나의 행함을 통하지 않은 존재는 있을 수 없다. 인간은 내가 성취한 어떤 결과나 지금의 위치 또는 나의 소유를 통해서가 아니라, 일상적 삶 안에서의 행위를 통해 존재한다. 그와 함께 나 자신의 변화는 물론 나의 삶이 이루어지는 현재와 사회, 그 문화가 바뀌는 것 역시 내 존재의 변화와 함께 이루어진다. 그것 역시 나의 행함을 통해 가능하다.

"평화를 원한다면, 지금 너 자신을 바꾸어라!"

제2차 바티칸 공의회를 열어 세기말의 암울함을 넘어 현대의 종교와 신학은 물론 문화·사회적으로의 결정적 전환을 이룩한 교황 요한 23세의 말이다. 무엇을 원한다면 그것을 소유하려 하지 말고 우리의 존재를 그렇게 변화시킴으로써 달성해야 한다. 진정 인간다운 삶을 원한다면 자신을 그렇게 바꿔야 한다. 길 위의 존재인 인간의 성취는 그 걸어감 안에서 가능하다. 다시금 인간이 인간답게 사는 길, 사람이 존중받는 삶의 원칙을 찾아야 한다. 삶이 무엇인지 거듭 되돌아보자. 우리는 다시금 자유와 자율성이 보장되며, 아름다움과 평등함, 평화가 넘치는 삶의 세계를 만들어가야 한다.

그럼에도 우리는 혹시 이 시대가 말하는 어떤 허상에 사로잡혀 정작 중요한 삶의 의미, 존재의 충만함을 포기하고 양보하지는 않았는가? 빈 거울에는 존재가 자리하지 않는다. 그들의 말을 나의 거울로 되돌아보지 않는다면 나는 나의 삶을 살지 않는 것이다.

우리는 우리가 진정 원하는 것을 원해야 하며, 그것을 위해 지금 나의 삶과 행동을 바꿔야 한다. 혁명은 나의 변화에서 시작된다. 옳은 것을 옳다고 말하며, 틀린 것을 틀렸다고 말하기 위해서, 원하는 것을 원한다고 말하고 사랑을 사랑이라 말하기 위해 나의 존재를 바꿔야 하는 것이다. 나의 거울은 거울에 비친 거울이다.

우리는 폭력과 야만이 사라진 사회, 우리의 가치를 지키는 사회를 만들어가야 한다. 그것이 인간다운 삶을 위한 길이다. 가짐과 누림에 매몰되어 사람을 보지 못하는 사회를 거부한다면 일상에서 싹트는 폭력과 야만, 부당함의 싹을 없애기 위해 노력해야 한다. 역사에 나타난 수많은 야만은 일상의 소홀함과 작은 타협, 내 이익 때문에 눈감은 그 사소함에서 싹터왔다. 그러니 진정 평화를 원한다면 이제 행동해야 한다. 지금 나의 존재 양식과 행동을 바꾸지 않는다면 정의와 평화, 아름다움과 규범, 우리가 지키고자 하는 가치는 지켜지지 않을 것이다. 나 자신을 바꿔야 한다면, 지금 그렇게 해야 한다.

——

한계와 모순을 넘어서는 인간

인간이 인간다운 까닭은 어디에 있는가. 그것은 결코 자신이 지닌 소유물이나 자리, 명예, 권력에 있지 않다. 인간이 인간인 까닭은 오히려 자신의 한계와 모순을 넘어설 수 있음에 있지 않은가. 그것을 위해 우리는 무언가를 배우고 깨닫는다. 배움은 깨닫기 위한 것이다. 배움은 결코 지식을 자신 안에 축적하는 것이 아닌, 자신의 자리와 자기 존재를 깨닫는 데 그 목적이 있다. 그것을 위해 우리는 배운다.

의미를 발견하고 이해하고 해석하는 모든 행위는 깨달음을 위한 것이다. 자신을 넘어서고 극복하는 삶, 인간의 삶은 그것을 이룩하기 위한 과정일 것이다. 우리는 자신을 넘어서는 만큼 그렇게 존재한다. 흔히 '초인超人'으로 번역되는 니체의 '인간상übermensch'이란 말에서 어떤 영웅이나 슈퍼맨superman 같은 느낌을 받는다면 이는 그것을 잘못 이해한 것이다. 오히려 이 말은 서구의 철학과 문화, 그 본질주의적 도덕과 종교를 감내하고 이겨낸 사람, 그 모두를 극복하고 이룩해가는 사람을 가리키기 때문이다.

우리는 본질적으로 이렇게 넘어서고 극복하는 삶을 살고자 한다. 슈퍼맨이 등장하는 영화가 다양한 형태로 끊임없이 되풀이되는 까닭도 어쩌면 인간이 지닌 이런 염원이 진부하게 드러나는 탓일지 모른다. 하지만 우리는 초능력을 지닌 영웅이 아니라 자신을 넘어서는 힘을 지닌 영웅이 되어야 한다.

인간은 한계 지어지고 모순된 존재이지만 그것을 넘어서는 데서 그 존재 의미를 찾아야 한다. 그러한 넘어섬 없이 어찌 사람이 사람이라고 말할 수 있을까. 자신의 한계와 어리석음을 넘어서지 못하고 허무와 무의미의 늪에 빠져 허덕이는 삶은 얼마나 졸렬하고 추악한가. 그 자리에 우리는 명품을, 민낯 대신 성형한 얼굴을, 더 많은 자본을 대신 집어넣으려 하지만 그 끝은 허무와 무의미함의 늪일 뿐이다.

죽음을 현재화하는 삶, 죽음의 거울에 비춰진 나는 물론이며, 신이란 거울도 인간이 가진 이러한 극복과 초월에의 갈망을 비춰준다. 우리는 죽기 전에는 죽지 않는다. 무의미와 허무의 늪에 빠져 그것에 섞인 물질과 권력의 동아리를 좇는 한 우리는 결코 그것에서 벗어나지 못한다. 벗어나고 넘어서기 위해 우리는 살아간다. 넘어선 그만큼이 나의 존재이고, 벗어난 나의 모습이 곧 나의 거울이다.

인간은 근원적으로 부족한 존재, 결여된 존재다. 이때의 결여는 생물학적이라기보다 존재론적이다. 이 결여가 존재론적이기에 물질로 결여를 채우려는 행위는 결코 가능하지 않을 뿐 아니라, 결국 갈등하며 끊임없는 부족함으로 빠져드는 모순적 과정으로 되풀이될 뿐이다. 자본과 경제, 자신의 욕망에 갇힌 인간 존재는 이 결여를 그렇게 채우려 하지만 그 끝에는 파멸만이 기다리고 있다. 존재자로 채우려는 결여는 존재론적 허무함을 낳는다. 결여된 존재로서 인간은 자신의 존재를 비움으로써 존재를 채울 수 있다.

따라서 모든 참된 종교와 철학은 끊임없이 비움kenosis의 존재와 결여의 실천을 말한다. 인간은 비움을 통해 자신의 존재를 알아가고, 비움을 의미로 길러내면서 그 공허를 채워가는 존재다. 그 길 위에서 끊임없이 방황하는 존재가 인간이다. 모순된 인간, 결여의 존재인 인간은 자신을 벗어나려는 과정에 서 있는 존재, 끝없는 길을 끝없이 걸어가는 나그네의 존재다. 나그네의 벗은 나그네이지 않은가. 길 위에서 만나는 모르는 벗과 함께 이 길을 끝없이 걸어가는 존재가 인간이다.

인간은 이처럼 자신을 스스로 만들어가고 그렇게 이해하면서 존재하게 하는 자기 지시적 존재다. 인간은 자기이해를 통해 자신을 그렇게 만들어가야 한다. 우리가 인간임을 알고 인간답게 되려 할 때 우리는 인간이 될 수 있다. 그 과정은 인간다움을 끊임없이 성찰하는 길이며, 그렇게 행동하는 가운데 이룩되는 길이다.

작은 물방울 하나에도 자아와 역사가, 세계와 우주가 비춰질 수 있다. 인간의 거울은 이렇게 비춰진 물방울과 같을 것이다. 거울에 비친 인간은 거울에 비친 거울을 통해 자신을 바라본다. 자연적 존재이며 결여의 존재인 인간, 시간적 존재인 인간은 결코 영원한 거울, 거울 그 자체를 볼 수 없다. 다만 거울에 비친 거울을 바라볼 뿐이다. 인간의 거울은 나의 얼굴이 비춰진 거울이며, 성찰하는 나의 마음은 그 거울에 비친 거울을 바라본다. 이 책은 나를 바라보는 거울 속의 작은 거울일 것이다.

KI신서 9685

철학, 인간을 답하다 (개정판)

1판 1쇄 발행 2021년 5월 24일

지은이 신승환
펴낸이 김영곤 **펴낸곳** (주)북이십일 21세기북스
디자인 표지 씨디자인 **본문** 전지선 윤인아
영업팀 한충희 김한성
제작팀 이영민 권경민

출판등록 2000년 5월 6일 제406-2003-061호
주소 (10881) 경기도 파주시 회동길 201(문발동)
대표전화 031-955-2100 **팩스** 031-955-2151 **이메일** book21@book21.co.kr

(주)북이십일 경계를 허무는 콘텐츠 리더

21세기북스 채널에서 도서 정보와 다양한 영상자료, 이벤트를 만나세요!
페이스북 facebook.com/jiinpill21 **포스트** post.naver.com/21c_editors
인스타그램 instagram.com/jiinpill21 **홈페이지** www.book21.com
유튜브 www.youtube.com/book21pub
당신의 인생을 빛내줄 명강의! 〈유니브스타〉
유니브스타는 〈서가명강〉과 〈인생명강〉이 함께합니다.
유튜브, 네이버, 팟캐스트에서 '유니브스타'를 검색해보세요!

ⓒ 신승환, 2014

ISBN 978-89-509-9528-7 03100
책값은 뒤표지에 있습니다.